PROPÄDIX

Unterrichtsmaterialien für den Pädagogikunterricht

Hrsg. von Eckehardt Knöpfel und Carsten Püttmann

Band 22

Ullrich Bauer / Carsten Püttmann / Nils Weinberg

Produktive Realitätsverarbeitung als Herausforderung für pädagogisches Handeln

Fünf Zugänge zu Sozialisation und Persönlichkeitsentwicklung im Pädagogikunterricht

Schüler*innenband

Schneider Verlag Hohengehren GmbH

Umschlaggestaltung: Simone Spörckmann

Quellenangabe des Titelfotos: ©PantherMedia/serrnovik

Bibliografische Information der Deutschen Nationalbibliothek

Die Deutsche Nationalbibliothek verzeichnet diese Publikation in der Deutschen Nationalbibliografie; detaillierte bibliografische Daten sind im Internet über ›http://dnb.dnb.de‹ abrufbar.

ISBN 978-3-8340-2142-7: Band für Lehrerinnen und Lehrer
ISBN 978-3-8340-2141-0: Band für Schülerinnen und Schüler
Schneider Verlag Hohengehren, 73666 Baltmannsweiler
Homepage: www.paedagogik.de

Struktur dieses Bandes

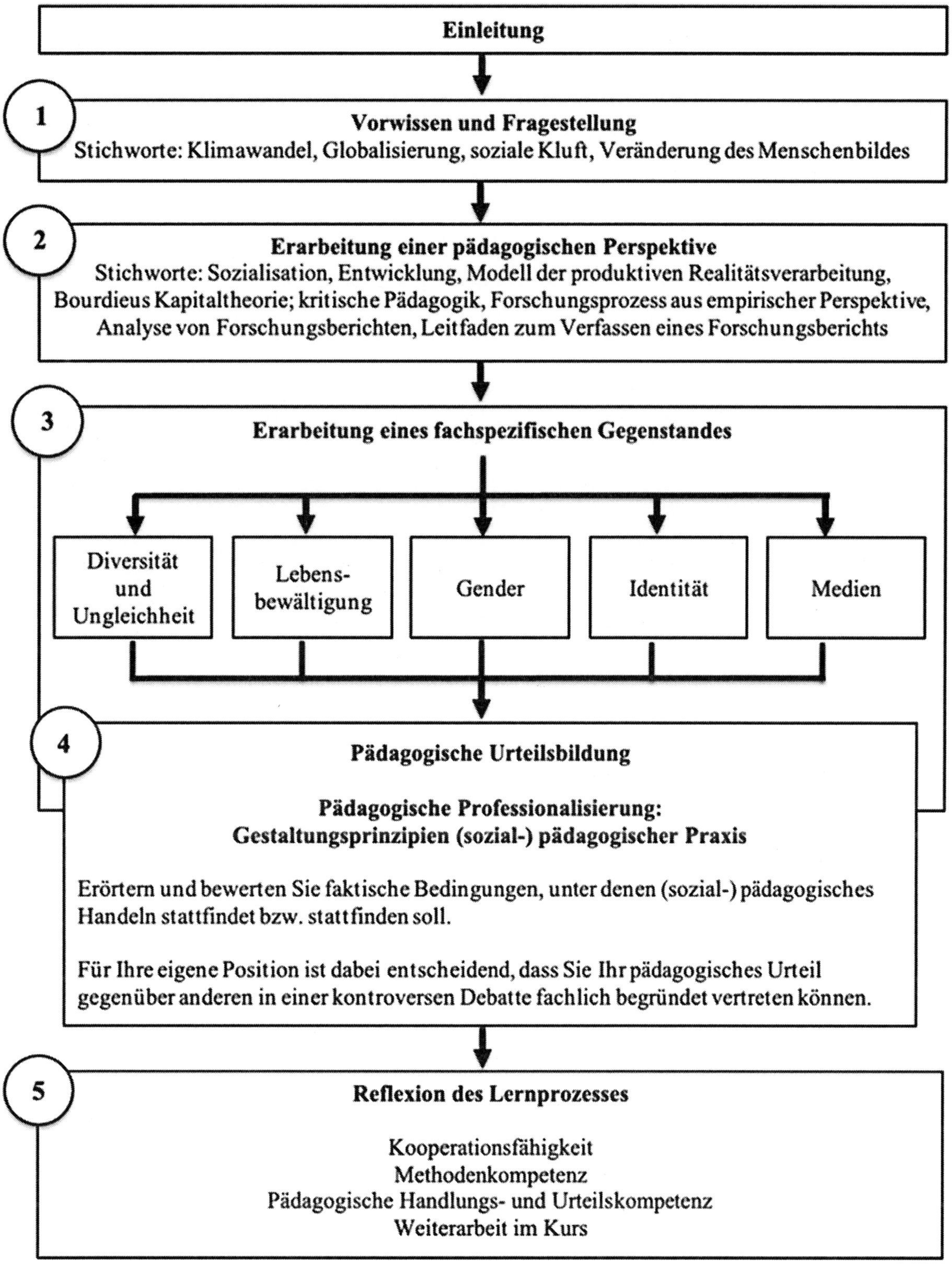

Inhaltsverzeichnis

Vorwort des Reihenherausgebers

Liebe Kolleginnen und Kollegen!

Wenn sich die Autor*innen dieses Bandes „Produktive Realitätsverarbeitung als Herausforderung für pädagogisches Handeln“ als Titel gewählt haben, so beruht die erneute Auseinandersetzung mit dem theoretischen Ansatz von Klaus Hurrelmann auf einer langen unterrichtlichen Tradition im Pädagogikunterricht. Bereits im Band acht der Reihe **Propädix** hat Mariana Durt das Modell der produktiven Realitätsverarbeitung für den Pädagogikunterricht didaktisch aufbereitet. Ergebnis war eine Materialsammlung, die auf der Grundlage von Hurrelmanns „Acht (später dann 10) Maximen der sozialisationstheoretischen Jugendforschung“ Einblick in dessen Theorie gibt. Die Neuauflage von 2016 enthält neben den zehn Maximen zusätzliche Sachtexte, Fallbeispiele und Abbildungen, welche die Maximen konkretisieren und vertiefen inklusiv des Themengebiets „Umgang von Jugendlichen mit dem Web 2.0.“

Diese Forschungstradition hat der Bielefelder Soziologe und Sozialisationsforscher Ullrich Bauer aufgenommen und in Kooperation mit Klaus Hurrelmann dessen Ansatz weiterentwickelt. Klaus Hurrelmann, der sein Modell auf Pädagogiklehrertagen mehrfach vor großer Kulisse entwickeln konnte, war in sozialisationstheoretischer Hinsicht prägend für den Pädagogikunterricht der letzten 20 Jahre. Nicht zuletzt die Durchsicht der Abiturvorgaben belegt das nachhaltig. Dass wir in der Reihe **Propädix** nach Hurrelmanns Emeritierung mit Ullrich Bauer einen prominenten deutschen Sozialisationsforscher als (Mit-)-Autor gewinnen konnten, ist ein Glücksfall.

Überblickt man das Inhaltsverzeichnis des neuen Bandes, so wird schnell deutlich, dass dieses Buch zum Einsatz im Pädagogikunterricht bestens geeignet ist. Die ausdrücklich vorgesehene Erarbeitung einer pädagogischen Perspektive sowie die Ermöglichung einer pädagogischen Urteils- und Handlungskompetenz seien hier als Beispiele genannt. Im Vorwort schreiben die Autor*innen des Bandes, dass in den Theorien, die sich mit Sozialisation beschäftigen, immer eine doppelte Perspektive steckt. „Zum einen auf die gesellschaftlichen Bedingungen, in die Sozialisationsprozesse eingebettet sind, zum anderen auf die sich entwickelnden Menschen, die in der Fachdebatte unterschiedlich als Subjekte, Akteure oder Individuen bezeichnet werden. Das Modell der produktiven Realitätsverarbeitung ist innerhalb der Sozialisationstheorien ein Ansatz, der genau diese Doppelorientierung beinhaltet: Der Blick auf die gesellschaftlichen Ausgangsbedingungen und auf das sich entwickelnde Individuum. Für die Propädix-Reihe ist deshalb der Versuch unternommen worden, diese Orientierung weiterzuführen und dabei insbesondere auf die pädagogischen Institutionen und die Herausforderungen der Professionalisierung im Themenfeld zu blicken.“ (Schülerband)

Eher bildungstheoretisch bestimmte fachdidaktische Ansätze (z. B. Wortmann, Beyer, Geissler) kommen in ihren Einordnungen zu anderen Ergebnissen, weil die Sorge überwiegt, dass die sozialisationstheoretische Schwerpunktsetzung unsachgemäß zu einer Überfremdung des Pädagogikunterrichts führen könnten, die im Ergebnis die Auflösung des Primats der Pädagogik beförderten. Die Frage ist also nicht ob, sondern wieviel Soziologie verträgt der Pädagogikunterricht ohne sein „Gesicht“ zu verlieren. Die Diskussion darüber wird weitergehen.

Angesichts der Thematik dieses Bandes ist es notwendig, nochmals an die Maximen dieser Reihe zu erinnern, wie sie bei der Konzeptionierung vorgegeben wurde:

Propädix ist eine Reihe für die Fächer der pädagogischen Fächergruppe (Erziehungswissenschaft(en) / Pädagogik / Sozialpädagogik / Sozialwesen / Erziehungskunde / etc.), die in loser Folge methodisch gestaltetes Material für Ihren Unterricht zur Verfügung stellen möchte. …

Propädix bietet mehr als Einzelinformationen über zeitgemäße Erziehung und Bildung. Die Reihe ist den Grundgedanken einer aufklärerischen, emanzipatorischen Pädagogik und damit dem klassischen Bildungsgedanken verbunden. Die Bände wollen den Schüler*innen – altersstufengerecht – zu mehr pädagogischer Kompetenz und Verantwortung verhelfen. Der Name **Propädix** unterstreicht, **dass Wissenschafts- und Handlungspropädeutik zu den Grundprinzipien des Arbeitens im Pädagogikunterricht** gehören. Durch den Umgang mit den Materialien sollen primäre Aufgabenbereiche des

Faches erreicht werden: Im Sinne der Förderung der Persönlichkeitsentfaltung sowie der Studierfähigkeit entfalten die Schülerinnen und Schüler in der Auseinandersetzung mit paideutischen Aufgaben, Fragen und Problemen immer zugleich auch **allgemeine** kognitive, ethische und soziale Kompetenzen.“

Propädix repräsentiert keine durchgängige, sequentiell strukturierte Schulbuchreihe für die gesamte gymnasiale Oberstufe oder die entsprechenden Bildungsgänge des Berufskollegs/der berufsbildenden Schule, sondern ein Materialangebot für Schüler*innen in unterschiedlichen Schulformen.

Propädix ist keiner fachdidaktischen Konzeption des Unterrichtsfachs Pädagogik fest verbunden. Es wird davon ausgegangen, dass die Klammer, die die verschiedenartigen Bände zusammenbindet, durch die fachdidaktische Leistung der jeweiligen Pädagogiklehrer*innen gefunden wird. Fachdidaktik bedeutet mehr als das Sahnehäubchen, das man draufsetzen kann, wenn das unterrichtliche Konstrukt bereits entstanden ist. Fachdidaktik ermöglicht sachgerechte Reduktion, stellt die Frage nach dem inneren Zusammenhalt, nach den Kompetenzanforderungen und der Legitimation unterrichtlichen Tuns. Im Umgang mit unterschiedlich strukturierten Materialien ist das Fundament einer fachdidaktischen Konzeption unverzichtbar.

Dass dies immer wieder und immer besser gelingt, wünsche ich den Kolleg*innen von München bis Hamburg; egal ob sie in einer Stadtteilschule oder einer Fachoberschule unterrichten, in einer Gesamtschule oder einem Gymnasium, einem Berufskolleg oder einer Berufsbildenden Schule.

Pädagogik als das Bildungsfach ist unverzichtbar im Konzert der Unterrichtsfächer, weil es in unvergleichlicher Weise zur Generierung von Selbstkompetenz und Sozialkompetenz anregt. Mehr Expertise zu gewinnen in einem zentralen gesellschaftlichen Handlungsfeld, dem der Pädagogik, gehört auch in der Zukunft zu den großen Herausforderungen einer guten Schule.

Mit besten Grüßen verbleibe ich als

Ihr Eckehardt Knöpfel Wesel, im Herbst 2021

Vorwort

Das sozialisationstheoretische „Modell der produktiven Realitätsverarbeitung“ (MpR) hat eine inzwischen 40-jährige Geschichte. Es entstand in der Blütezeit der Sozialisationsforschung, die damals eine ungewöhnlich prominente Rolle im Wissenschaftsbetrieb einnahm. Besonders das Konzept der „schichtspezifischen Sozialisation“ fand eine breite Resonanz. Mit ihm konnte erklärt werden, warum Ungleichheiten sich von einer Generation zur nächsten reproduzieren und welche Schlüsselrolle dafür die soziokulturell tief verankerten Erziehungsstile in Familie und Schule einnehmen. Die Sozialisationsforschung bot einen multi-disziplinären Ansatz für das Verständnis der Persönlichkeits- und Leistungsentwicklung von Kindern und Jugendlichen in Abhängigkeit von ihrer sozialen Herkunft, an der sich maßgeblich die Disziplinen Soziologie / Gesellschaftswissenschaften, Psychologie / Psychoanalyse und Pädagogik / Erziehungswissenschaften beteiligten.

Der Ansatz war multi- aber nicht interdisziplinär. Ein Austausch der Perspektiven fand nicht statt, ein verbindlicher Dialog kam nicht zustande. Die einzelnen Fachdisziplinen verabsolutierten ihre jeweilige Sichtweise und blendeten die der anderen aus. Die Soziologie konzentrierte sich auf die soziale Determination, die Psychologie auf die innerpersonale Eigendynamik der Persönlichkeitsentwicklung. Beide Ansätze bekämpfen sich gegenseitig mit fast schon ideologisch anmutenden Argumenten. Die Pädagogik als praxisorientierte Disziplin stand hilflos dazwischen.

Ich hielt die Polarisierung zwischen den soziologischen und den psychologischen Ansätzen für völlig unergiebig und plädierte für eine gleichgewichtige Beachtung beider Ansätze und ihre Überführung in eine Synthese. Um eine tragfähige Verbindung herzustellen, bedurfte es meiner Ansicht nach eines „erkenntnisleitenden Subjektmodells“. Im Beitrag „Das Modell des produktiv realitätverarbeitenden Subjekts in der Sozialisationsforschung“ in der Zeitschrift für Sozialisationsforschung und Erziehungssoziologie (ZSE) habe ich im Jahr 1983 dieses Modell skizziert. Ich plädierte „gegen Modellvorstellungen der linearen einfaktoriellen Determination der Persönlichkeitsentwicklung, die von einer passiv-hinnehmen Prägung des Individuums entweder durch gesellschaftsstrukturelle oder durch psychophysische Faktoren ausgehen“. Ich warb für „die Vorstellung, die Persönlichkeitsentwicklung geschehe im Prozess einer Auseinandersetzung mit der inneren und der äußeren Realität, wobei jedes Individuum von Anfang an bestimmte Fähigkeiten der Realitätsverarbeitung, Problembewältigung und Realitätsveränderung besitze, einsetze und weiterentwickle“. Meine Schlussfolgerung war: „Was hier proklamiert wird, ist also ein Modell der dialektischen Beziehung zwischen Subjekt und gesellschaftlich vermittelter Realität, eines interdependenten Zusammenhangs von individueller und gesellschaftlicher Veränderung und Entwicklung. Dieses Modell stellt das menschliche Subjekt in einen sozialen und ökologischen Kontext, der subjektiv aufgenommen und verarbeitet wird, der in diesem Sinne also auf das Objekt einwirkt, aber zugleich immer auch durch das Individuum beeinflusst, verändert und gestaltet wird.“ (Hurrelmann 1983, S. 92/93)

Damit war damit den Grundstein für das meta-theoretische Modell der produktiven Realitätsverarbeitung mit seinem charakteristischen Anspruch der Einheit von Struktur- und Subjektperspektive, also der Doppelperspektive auf die inneren und die äußeren Entwicklungsimpulse der Persönlichkeit gelegt. Das Modell bildete fortan den Rahmen für ausgewählte Einzeltheorien, die sich sowohl auf die Lebensbedingungen eines Menschen als auch auf seine subjektiven Bedürfnisse und Antriebe richten, also von ganz unterschiedlichen erkenntnistheoretischen Blickwinkeln aus die Potenziale der Persönlichkeitsentwicklung erkunden.

In der ersten Ausgabe des Lehrbuches „Einführung in die Sozialisationstheorie“ habe ich diesen Ansatz dann weiter ausgebaut und Persönlichkeit definiert als „die individuelle, in Interaktion und Kommunikation mit Dingen wie mit Menschen erworbene Organisation von Merkmalen, Eigenschaften, Einstellungen, Handlungskompetenzen und Selbstwahrnehmungen eines Menschen auf der Basis der natürlichen Anlagen und als Ergebnis der Bewältigung und Entwicklungs- und Lebensaufgaben zu jedem Zeitpunkt der Lebensgeschichte.“ (Hurrelmann 1986, S. 71) Dieses Lehrbuch ist in der inzwischen 14. Auflage vorhanden und wird seit 2015 gemeinsam mit Ullrich Bauer als Ko-Autor aktualisiert und weiterentwickelt.

Ich freue mich sehr darüber, dass von Mitte der 1980er Jahren das MpR intensiven Eingang in die wissenschaftliche Fachdiskussion gefunden und anschließend auch in die Hochschulausbildung zahlreicher Professionen aufgenommen wurde. Von dort aus fand das Modell schrittweise auch seinen Eingang in die Lehrpläne von Schulen, besonders der Gymnasialen Oberstufe und berufsbezogenen Kollegstufe. Die Etablierung der damals neuen Schulfächer Pädagogik, Erziehungswissenschaft, Sozialwissenschaft, Sozialkunde, Gesellschaftskunde, Gesundheitswissenschaft und viele andere mehr haben diesen Prozess stark beschleunigt.

Der hier vorliegende Band bietet eine breite Palette von didaktischen Materialien für den schulischen Unterricht. Er knüpft an die intensiven, teilweise sehr engagierten und oft auch erfreulich kontroversen Diskussionen zur Weiterentwicklung und zur Zukunft des MpR an, die in immer mehr Lehrerkollegien geführt werden. Seit vielen Jahren nun schon ist das MpR fester Bestandteil in den erziehungswissenschaftlichen, pädagogischen und sozialwissenschaftlichen Curricula. Auch in vielen Abiturprüfungen taucht das MpR regelmäßig auf. Durch den Kontakt mit vielen Fachlehrerinnen und Fachlehrern, zunehmend aber auch ganz direkt mit Schülerinnen und Schülern vor allem in der Gymnasialen Oberstufen, erfahre ich immer wieder, wie kreativ mit dem Modell umgegangen wird, wie groß aber auch der Bedarf an gutem Material für den Unterricht ist. Die hier vorliegende Materialsammlung geht auf diesen Bedarf ein und schließt eine immer noch bestehende Lücke, damit neue Anwendungsbeispiele die Realitätsnähe und Aktualität des MpR erhalten.

In diesem Sinne wünsche ich den beiden Propädix-Bänden eine gute Resonanz und eine anhaltende Diskussion über das MpR in der Schule.

Berlin im November 2021 Klaus Hurrelmann

Literatur

Hurrelmann, K. (1983): Das Modell des produktiv realitätsverarbeitenden Subjekts in der Sozialisationsforschung, in: Zeitschrift für Sozialisationsforschung und Erziehungssoziologie, 3. Jg., H. 3, 91–103

Hurrelmann, Klaus (1986): Einführung in die Sozialisationstheorie. Über den Zusammenhang von Sozialstruktur und Persönlichkeit. Weinheim und Basel: Beltz

Einleitung
Produktive Realitätsverarbeitung als Herausforderung für professionelles Handeln in pädagogischen Institutionen

Das Aufwachsen in modernen Gesellschaften ist ein Dauerthema in den Erziehungs- und Sozialwissenschaften. Wie gelingt Aufwachsen? Was sind die Bedingungen, unter denen junge Menschen ihre Realität erfahren? Welche Bedingungen sind ungünstig, welche günstig? Wie groß sind die Unterschiede zwischen heute und früher?

Häufig wird für diese Fragestellungen das Thema Sozialisation herangezogen. Sozialisationsforschung fragt immer nach den konkreten Umständen, die die Prozesse des Aufwachsens rahmen. Sie schaut auf die Lebensbedingungen, die Menschen prägen, und die Mechanismen, die dazu führen, dass junge Menschen zu erwachsenen Mitgliedern einer Gesellschaft werden. Dabei können diese Lebensbedingungen ganz unterschiedlicher Natur sein. Die Familie hat einen ganz eigenen Einfluss auf die Entwicklung von Menschen, der vor allem in den ersten Lebensjahren dominiert. Daneben stehen gesellschaftliche Rahmenbedingungen, die erst weniger, dann immer mehr Einfluss nehmen. Zum Beispiel digitale Medien: Je älter Kinder heute werden, desto intensiver sind sie dem Einfluss von Medien ausgesetzt, die eine wirkliche Alternative zum Familienleben darstellen. Hat dies einen Einfluss auf die Entwicklung? Und wenn ja, einen negativen oder positiven?

Weil diese Fragen schwer zu beantworten sind, hat das Thema Sozialisation noch eine andere Seite. Diese ist darauf gerichtet, wie Menschen sich entwickeln, Einflüsse verarbeiten und eigene Entscheidungen treffen. Warum das wichtig ist, zeigt die Forschung recht deutlich. Wir sind zwar immer einer Realität ausgesetzt, mit der wir uns auseinandersetzen müssen, wie wir das aber machen, hängt davon ab, welche Möglichkeiten uns als Person zur Verfügung stehen. In den Theorien, die sich mit Sozialisation beschäftigen, wird darum immer versucht, eine doppelte Perspektive einzunehmen. Zum einen auf die gesellschaftlichen Bedingungen, in die Sozialisationsprozesse eingebettet sind, zum anderen auf die sich entwickelnden Menschen, die in der Fachdebatte unterschiedlich als Subjekte, Akteure oder Individuen bezeichnet werden.

Das Modell der produktiven Realitätsverarbeitung ist innerhalb der Sozialisationstheorien ein Ansatz, der genau diese Doppelorientierung beinhaltet: Der Blick auf die gesellschaftlichen Ausgangsbedingungen und auf das sich entwickelnde Individuum. Für die Propädix-Reihe ist deshalb der Versuch unternommen worden, diese Orientierung weiterzuführen und dabei insbesondere auf die pädagogischen Institutionen und die Herausforderungen der Professionalisierung im Themenfeld zu blicken. Dabei soll vor allem an die Komplexität angeschlossen werden, die eine sozialisationstheoretische Perspektive eröffnet. Gesellschaftliche Rahmenbedingungen, die sich unaufhörlich verändern – und Menschen, die durch die Art und Weise, wie sie ihre Realität wahrnehmen und verarbeiten, können dazu beitragen, diese zu gestalten.

Dass es sich dabei auch noch um eine außerordentlich zeitgemäße Thematisierung handelt, macht das Thema des Bandes besonders brisant. Egal, ob auf die Bedingungen sozialer Ungleichheit, die Herausforderungen der Lebensbewältigung, die Veränderungen im Bereich der neuen Medien, die Geschlechter- und Genderperspektive oder das Thema Identitätsentwicklung reflektiert wird, der Band knüpft an umkämpfte Themenfelder an. Diese sind auch in der Schule angekommen. Junge Menschen sind heute einmal wieder stärker in gesellschaftliche Auseinandersetzungen involviert. Es hat eine Politisierung stattgefunden, die sich in politischem Interesse, politischer Beteiligung, nicht aber in der Stärkung der politischen Parteien ausdrückt. Junge Menschen betreiben Agenda Setting; sie bringen ihre Expertise zu Themen ein, bei denen sie viel mehr Kenntnis besitzen als die ältere Generation. Junge Menschen fordern Veränderungen. Gleichzeitig wird ihnen eine Last aufgebürdet, die Probleme kommender Generationen zu lösen.

Den Konfliktstoff, den dies beinhaltet, zeigen schon unsere beiden einleitenden Texte an. Wir erleben eine voll durchstrukturierte Welt, globale Vernetzungen und Sachzwänge, die es kaum erlauben, in Alternativen zu denken. Gleichzeitig soll alles auf den Kopf gestellt werden. Nachhaltige Gesellschaften verlangen nach alternativen Überlegungen, die auch den Bereich heutiger Denkgewohnheiten überschreiten. Dass damit auch Schule und schulisches Lernen angesprochen werden, ist für uns selbstverständlich. In diesem Sinne sind die hier versammelten Texte, Aufgaben und Diskussionsanlässe eine Einladung an die Gestaltung kommender Lebensbedingungen. Aus der sozialisationstheoretischen Perspektive kann man dazu sagen: Wer versteht, wie Menschen geprägt werden und sich verhalten, kann umso leichter versuchen, hierauf Einfluss zu nehmen.

1. Vorwissen und Fragestellung

Aufgabe

Im Folgenden finden Sie zwei Materialien, die auf unterschiedliche Krisen und Entwicklungen aufmerksam machen, mit einem Fokus auf äußere Einflüsse auf den Menschen. Jeweils aus einem ganz persönlichen Blickwinkel.

1. Arbeiten Sie die Argumente und Interessen der Autoren heraus. Finden Sie eine erste eigene Position zu diesen Meinungen.
2. Entwickeln Sie anhand Ihrer Auseinandersetzung Fragen und Vorstellungen darüber, welchen pädagogischen Herausforderungen sich Heranwachsende und Institutionen zu stellen haben.

M 1 Menschheit und Klima außer Kontrolle
(Hans Oette)

Greta Thunberg sagte am 21.09.2019 beim UN-Klimagipfel in New York: „Menschen leiden, Menschen sterben, ganze Ökosysteme brechen zusammen. Wir stehen am Anfang eines Massenaussterbens. Und alles, worüber ihr reden könnt, ist Geld und die Märchen von einem für immer anhaltenden wirtschaftlichen Wachstum."

Das galt nicht zuletzt der deutschen Regierung. Denn Deutschland wurde beim Klimaschutz vom Vorreiter zum Bremsklotz. Der militärische Tiger auf dem Globus sind die USA, wegen ihrer weltweiten Militärbasen und Militäreinsätze. Die wirtschaftlichen Tiger sind im Osten China und im Westen Deutschland. Diese Länder haben eine hoch entwickelte Wirtschaft, die viele Arbeitsplätze und einen großen Exportüberschuss schafft und von den Regierungen stark gefördert wird. Der Exportüberschuss hat reiche Gläubiger-Länder und hoch verschuldete arme Länder geschaffen. Das ist wirtschaftliche Eroberung, vergleichbar mit der feindlichen Übernahme bei Unternehmen.

Soziale Kluft

In Deutschland vergrößert sich laufend die Kluft zwischen Arm und Reich. Auch der deutsche Staat ist hoch verschuldet. Damit ist auch die Allgemeinheit an die Reichen verschuldet, die Inhaber der Staatsanleihen sind. Steuern sollen unter anderem dem sozialen Ausgleich dienen. Doch dieser Ausgleich wurde abgebaut. Die großen Konzerne werden gehätschelt und ihre Gewinne immer weniger besteuert. Zwischen den Ländern ist der soziale Unterschied noch größer. Hier gibt es so gut wie keinen sozialen Ausgleich. Daher sind die armen Länder kaum mehr demokratisch regierbar.

Dagegen haben die zehn reichsten Personen der Welt ein Vermögen zwischen 50 und 100 Milliarden US-Dollar, also zusammen weit über 500 Milliarden US-Dollar. Nur 400 Milliarden US-Dollar ergäben einen Stapel von 40.000 km Höhe, wenn man Ein-Dollar-Geldscheine mit 0,1 mm Dicke übereinander legen würde. Mit diesem Stapel könnte man den ganzen Erdumfang umrunden. Mit jedem dieser Scheine könnten sich aber auch hungernde Menschen etwas zu essen kaufen.

Gewiss stellen diese Superreichen Arbeitsplätze zur Verfügung und machen sich zum Teil als Sponsoren verdient. Doch das Versäumnis der Politik, der Globalisierung eine soziale Komponente zu geben, gleicht das nicht aus. Allein in New York leben 60.000 Menschen als Obdachlose auf der Straße. In vielen armen Ländern erzeugen Hunger und Elend Chaos, Diktaturen und Flüchtlingsströme. Deutschland steht vor der unangenehmen Alternative, für Flüchtlinge die Grenzen zu öffnen oder sie im Mittelmeer und in Lagern leiden und sterben zu lassen. Das alles spaltet die Gesellschaft. So verloren in vielen Ländern und zuletzt auch in Deutschland die etablierten Parteien massiv an Boden. Nun muss man z. B. bei einem Tempolimit auf Autobahnen fürchten, noch mehr Wähler an die AfD zu verlieren. Erst recht, wenn es zu einer Wirtschaftskrise kommt. Und Angst frisst Verantwortungsbewusstsein.

Nach dem Scheitern des totalen Sozialismus kam der totale Kapitalismus. Seine Wirtschaftslehre sagt, vereinfacht, der Staat müsse schrumpfen, und die Wirtschaft müsse wachsen. Und die Wirtschaft sei ein empfindliches Uhrwerk, das wir noch nicht einmal verstehen. Im Buch „Makroökonomie" von Blanchard und Illing kommt der amerikanische Ökonom Milton Friedman (1912–2006) zu Wort, nach dessen Meinung die Wirtschaftsprozesse noch immer nur wenig verstanden werden. Das Buch gipfelt im Bekenntnis „Die Makroökonomie und damit auch die politischen Entscheidungsträger, die sich auf den Rat der Makroökonomen verlassen, wissen wenig. Deshalb sollten sie auch wenig tun.“

Dieses „Finger weg von der Wirtschaft“ (außer Förderung derselben), also der Neoliberalismus, wird naturgemäß der Lobby der Wirtschaft unterstützt. Und ihr Einfluss reicht tief in die Entscheidungsprozesse der Politik. So heißt es auch „Hände weg von den Milliardengewinnen der Konzerne“. Und so konnte eine CO2-Steuer, die diesen Namen verdient, in Deutschland nicht zustande kommen, obwohl sich auch die fünf Wirtschaftsweisen dafür ausgesprochen haben. In der Schweiz beträgt die Steuer pro Tonne CO2 seit dem 1. Januar 2018 96 Franken pro Tonne CO2, also etwa 80 Euro. Der Ertrag daraus wird den Bürgern pro Kopf und Nase zurückgegeben.

Wachstumsfolgen

Sozialpolitik und die Klimapolitik wurden fatal geschröpft. Daran schuld ist auch der Wachstumszwang unserer ungeregelten Wirtschaft. Es müssen da nämlich die enormen Gewinne immer wieder lukrative Anlagemöglichkeiten finden. Denn andernfalls hat der Geldkreislauf ein Leck, das zur Wirtschaftskrise und zu Massenarbeitslosigkeit führt. Das Leck bedeutet, dass zu viel Geld auf Bankkonten landet (von wo man es gegenwärtig mit Minuszinsen vertreiben will), oder dass Geld auf die internationalen Finanzmärkte flieht.

Die Lösung dafür ist, dass der Staat genügend Überschüsse der Reichen durch Steuern abschöpft. Mit dem Erlös kann der Staat Produktionsstätten für die Energiewende in strukturschwachen und Kohleausstiegs-geschädigten Regionen aufbauen. Doch weil es keine Grenzen mehr für das Geld gibt, ist das „scheue Reh“ Kapital schnell in ein Land mit niedrigen Steuern geflüchtet. Schon 1996 sagte der damalige Chef der Deutschen Bundesbank, Hans Tietmeyer: „Die meisten Politiker sind sich noch nicht im Klaren darüber, wie sehr sie unter der Kontrolle der internationalen Finanzmarkte stehen und sogar von diesen beherrscht werden“. Die Aufgabe der Politik ist heute, die Zügel wieder in die Hand zu nehmen. Leider ging man durch die Privatisierung und die Freihandelsverträge in die entgegengesetzte Richtung.

Der Staat muss wieder die oberste Macht werden und diese Macht zum Wohl der Menschen einsetzen. Und der wirtschaftliche Eroberungskrieg gegen andere Länder muss beendet werden. Die Macht der Konzerne, die dabei die Sturmspitzen sind, muss überwunden werden. Konzerne verdienen auch an der militärischen Hochrüstung. Doch statt Verteidigungsbündnissen gegen Staaten, deren Politik uns nicht gefällt, benötigen wir Verteidigungsbündnisse gegen den Klimawandel. Reiche Länder müssen nicht nur ihre Klimaziele erreichen, sondern auch noch arme Länder dabei unterstützen. Länder, die weiterhin auf wirtschaftliche Eroberung setzen, sind mit Wirtschaftssanktionen zu belegen.

Um die Wirtschaft in die richtigen Bahnen zu lenken und Wirtschaftskrisen vorzubeugen, ist auch ein besseres Verständnis der wirtschaftlichen Zusammenhänge notwendig. Dazu dient mein Buch „Im Licht der Geldströme – Die Wirtschaft verstehen und dem Wohl der Menschen unterordnen“. Es macht die Wirtschaft durch viele Bilder verständlich, wie eine Schnittzeichnung mit Zylinder, Kolben, Ventilen, Kurbelwelle usw. einen Verbrennungsmotor verständlich macht. Das Buch zeigt auch der Politik den Weg zwischen totalem Kapitalismus und totalem Sozialismus, und wie eine Wirtschaft ohne Wachstum stabil gehalten werden kann. Und es räumt mit dem Irrglauben auf, wenn nur genügend Wirtschaftswachstum generiert würde, würde das „Steigen des Wasserspiegels“ auch die kleinen Boote (der armen Menschen) nach oben heben. Tatsächlich hebt sich nun ja der Spiegel der Weltmeere. Die Klimagerechtigkeit fordert, dass Deutschland seine Rolle als wirtschaftlicher Eroberer aufgibt und die Rettung des Klimas in Angriff nimmt. Ist das ungenügende Klimaschutzpaket der Bundesregierung vielleicht der zaghafte Anfang einer neuen Ära? Doch die Zeit drängt. Warnungen, steuerliche Belastungen würden die Wettbewerbsfähigkeit der deutschen Wirtschaft bedrohen, sind angesichts des deutschen Exportüberschusses von jährlich etwa 200 Milliarden Euro grotesk. Außenhandelsgleichgewicht ist die Formel für Frieden und Gerechtigkeit unter den Ländern.

Entrüsten wir uns mit Greta Thunberg über die alte Politik und fordern wir Verantwortungsbewusstsein für die ganze Menschheit und die ganze Schöpfung lassen wir uns anstecken von Fridays for Future, auch wenn uns Leugnung der Klimazusammenhänge veraltetes Wissen und aggressive Verteidigung von Machtpositionen, Geldquellen und luxuriösem Lebensstil entgegen stehen. Verzichten wir auch gelegentlich auf etwas!

Bewegen wir uns aber nicht, und bewegt sich insbesondere die deutsche Politik nicht, werden dadurch mehr Menschen sterben als durch den Nationalsozialismus.

Quelle: Der Spiegel, 09/2019. Verantwortlich für den Inhalt der Anzeige: Hans Oette. 74196 Neuenstadt. hansoette@posteo.de. Über den Autor finden Sie Informationen unter https://hans-oette.de (27.11.2020; 09:12 Uhr)

M 2 Wenn sich das Menschenbild ändert, ändert sich alles

(Rutger Bregman)

Jeder Historiker weiß, dass eine Krise zum Wendepunkt einer Gesellschaft werden kann. Jetzt erleben wir gerade die größte Krise unseres Lebens – größer als die Finanzkrise 2008, größer als 9/11 –, und die Konsequenzen werden gigantisch sein. Doch die Zukunft ist wie immer offen: Wird die Krise dazu benutzt werden, Bürgerrechte dauerhaft einzuschränken? Wird sich das Virus der Angst und des Misstrauens weiterverbreiten? Durchaus möglich.

Ich sehe allerdings Anzeichen, die mich auf das Gegenteil hoffen lassen. Man muss sich nur mal die Listen der unverzichtbaren Berufe angucken, die Regierungen in den vergangenen Wochen veröffentlicht haben. Es sind eben nicht die Manager, Banker, PR-Leute – nein, es sind Krankenpfleger, Lehrerinnen, Müllmänner, also Leute, die nicht immer den Respekt und den Lohn bekommen, den sie verdienen. Allein diese Lektion der Krise könnte zu einem neuen Wertesystem führen. Und zu einer Neubewertung der Rolle des Staates. Jahrzehntelang wurde uns erzählt, dass er sich so weit wie möglich aus der Wirtschaft heraushalten muss. Nun stellen wir fest: Wir brauchen die Regierung. Wer weiß, wenn jetzt so viele Leute merken, wie sehr wir aufeinander angewiesen sind, werden einige nach der Krise vielleicht sogar bereit sein, höhere Steuern zu zahlen. Das zentrale Dogma des neoliberalen Zeitalters war: Der Mensch ist egoistisch. An dieser Annahme wurden alle unsere Institutionen ausgerichtet, Schulen, Firmen, Demokratien. Die Sache ist die: Was man den Leuten unterstellt, bekommt man von ihnen zurück. Das Menschenbild ist die Grundlage jeder Ideologie. Wenn es sich ändert, ändert sich alles. Daher ist es heute höchst subversiv, zu behaupten, dass die meisten Leute ganz anständig sind. Natürlich fällt uns schlechtes Verhalten stärker auf als gutes: Man sieht Leute im Park, die zu eng beieinanderstehen, und regt sich über sie auf. In Wirklichkeit tun die allermeisten Menschen zurzeit alles, was sie können, um dieses Virus zu stoppen. Auf jeden Hamsterkäufer kommen tausend Krankenpflegerinnen, die sich für uns alle verausgaben.

Meine Hoffnung ist, dass wir jetzt in eine neue Ära gelangen – mit einem realistischeren Menschenbild, das auf neuesten Forschungen beruht. Denn viele Wissenschaftler sind in den vergangenen Jahren zu einer positiveren Sicht auf den Menschen gelangt. In meinem Buch verbinde ich neue Erkenntnisse von Psychologen, Soziologen, Archäologen. Einige von ihnen waren ganz überrascht, wenn ich ihnen erzählte, dass es in anderen Wissenschaften ähnliche Verschiebungen gibt. Niemand behauptet, dass die Menschen Engel sind. Aber die Evolution des Menschen basiert tatsächlich auf Kooperation und Freundlichkeit.

Zurzeit ist das Allerwichtigste, Menschenleben zu retten. Wir sollten aber nicht die Gelegenheit verschwenden, die sich jetzt bietet: grundsätzliche Fragen zu unserem Zusammenleben zu stellen. Viele tun das gerade. Und ich glaube, dass es auf diese Fragen einige ziemlich gute Antworten gibt, zum Beispiel die Idee des garantierten Mindesteinkommens für alle, bessere Arbeitsbedingungen und Institutionen, die auf das Gute im Menschen setzen. Das sind auf jeden Fall die Dinge, von denen ich träume.

Über den Autor: Rutger Bregman, 31, ist ein niederländischer Historiker. Anfang 2019 wurde er weltberühmt, als er beim Weltwirtschaftsforum in Davos die Steuervermeidung der Milliardäre anprangerte. Sein Bestseller „Utopien für Realisten“ wurde in 32 Sprachen übersetzt. Soeben ist sein Buch „Im Grunde gut: Eine neue Geschichte der Menschheit“ erschienen (Rowohlt).

Quelle: Bregman, R. (2020): Wenn sich das Menschenbild ändert, ändert sich alles. Verfügbar unter: https://www.zeit.de/zeit-magazin/2020/16/rutger-bregman-autor-historiker-traum (07.04.2020; 16:49 Uhr)

2. Erarbeitung einer pädagogischen Perspektive

Das Ziel der folgenden Texte ist es, dass Sie ausgehend von der eigenen Perspektive eine pädagogische Perspektive einnehmen. Diese eröffnen wir im Folgenden durch Materialauswahl, die Sie in die Begriffe Sozialisation und Habitus sowie in die kritische Pädagogik und das Modell der produktiven Realitätsverarbeitung einführen. Hinzugestellt werden Materialien, die Sie auf Analyse von Forschungsberichten sowie die Durchführung eigener kleinerer Forschungsvorhaben vorbereiten.

M 1 Sozialisation

(Hermann Veith)

Mit dem Begriff der „Sozialisation" verbindet sich die Vorstellung, dass die gesellschaftlichen Verhältnisse, in denen Menschen aufwachsen und leben, ihre Kompetenz- und Persönlichkeitsentwicklung nachhaltig beeinflussen. Neben der Familie und der Schule werden in der Regel Freunde, Peergruppen und Medien als die wichtigsten Bedingungsfaktoren des biografischen Lernens wahrgenommen. Die Tatsache jedoch, dass man selbst im Alltagshandeln unentwegt in sozialisatorisch wirksame Praktiken verstrickt ist, gerät bei dieser umweltzentrierten Betrachtungsweise sehr leicht in Vergessenheit.

Stellen Sie sich deshalb einmal folgende Situation vor: Sie steigen gut gelaunt in eine U-Bahn und wünschen den Mitfahrenden einen „schönen guten Morgen". Sehr wahrscheinlich wird Ihr Gruß unerwidert bleiben. Das heißt aber nicht, dass er wirkungslos war, im Gegenteil. Wenn Sie sich umsehen, werden Sie entdecken, wie einige Fahrgäste schon längst dabei sind, ein Spontanpsychogramm über Ihre Person anzufertigen: Musiker, Zeitungsverkäufer, Obdachloser, Fahrkartenkontrolleur? Da nichts von alledem auf Sie zutrifft, ist der Fall für die anderen schnell erledigt: „Stadtneurotiker!" Sie nehmen diese Typenzuschreibung ganz intuitiv zur Kenntnis und fühlen sich mit einem leichten Anflug von Peinlichkeit und Kränkung missverstanden. Ohne dass auch nur ein Wort gewechselt wurde, sehen Sie sich aufgefordert, Ihre Heiterkeit hinter der umgänglicheren Maske demonstrativer Gleichgültigkeit zu verbergen. Man wünscht, in der kalten Behaglichkeit der morgendlichen Rushhour einfach nicht gestört zu werden. Darum gibt man Ihnen schweigend zu verstehen, dass Ihre Begrüßungsformel deplatziert ist und Sie mit Ihrer beschwingten Art zu weit gegangen sind, wenn auch nur geringfügig, aber immerhin. Sie haben nichtsahnend eine ungeschriebene Norm der Massengesellschaft übertreten und die Anonymitätsregel verletzt, die das Leben der Großstadtmenschen von solchen Bekanntschaftsritualen entlastet. Ihr Fauxpas wird Ihnen allerdings verziehen, vorausgesetzt, Sie sind bereit, auf Anschlusshandlungen zu verzichten und lautlos in der Menge abzutauchen.

Es sind gerade diese winzigen Normverstöße, welche die *immense Wirkmacht alltagspraktischer Ordnungen* anschaulich werden lassen. Denn würde man sich nicht darauf verlassen können, dass die Menschen, denen man tagtäglich begegnet, unsere Sicht der Welt und der darin geltenden Regeln zumindest ungefähr teilen, wäre der kommunikative Orientierungs- und Verständigungsaufwand nicht zu bewältigen. Mit jedem Schritt vor die Wohnungstür würde man in das Laufrad einer sich schier endlos drehenden Fragemaschinerie einsteigen: „Wie geht es Ihnen?", „Was machen Sie?", „Wo wollen Sie hin?" – oder noch irritierender: „Wer sind Sie eigentlich überhaupt?" Damit nicht genug, denn schon nach wenigen Sekunden würde man selbst den anderen mit den gleichen Fragen auf die Nerven gehen.

Bekanntermaßen handeln wir jedoch unter den Normalitätsbedingungen unserer Alltagspraxis etwas anders. Wir wissen, dass Fremde sich in der U-Bahn nicht grüßen müssen. Zur erfolgreichen „Kommunikation" genügt der unverwandte Blick ins Leere. Es reicht, einfach so zu tun, als ob sich die Art, wie wir uns verhalten, von selbst versteht- und tatsächlich verhalten sich alle so. Dass dieses so funktioniert, ist die *Wirkung von Sozialisation.* Man kennt intuitiv die Normen und Prinzipien, die „regeln", was zu tun ist, und man weiß, welche Relevanz dabei andere Menschen und Dinge haben. Wir wissen, ohne uns darüber Klarheit zu verschaffen, dass wir „Individuen" und „Subjekte" sind – eine für andere Gesellschaften unvorstellbare Form des In-der-Welt-Seins. Wir senden starke Ich-Botschaften, wenn wir uns über objektive Sachverhalte unterhalten. Wir fordern die Anerkennung unserer persönlichen Rechte, wenn wir uns mit anderen über soziale Praktiken verständigen und sprechen mit großer Ernsthaftigkeit

über unsere subjektiven Erlebnisse. Auch das ist in anderen Kulturen keineswegs selbstverständlich. Ganz offenbar bewegen wir uns, in dem, was wir tun und denken, in gesellschaftlich vorgespurten Bahnen. Wir haben im praktischen Miteinander gelernt, wie „man“ sich verhält und was „man“ wie gebrauchen darf. In einigen Fällen geschieht dieses, wie in der U-Bahn, ganz *indirekt und beiläufig,* in anderen werden konkrete pädagogische *Absichten und Verhaltenserwartungen* wirksam.
Tatsächlich bilden und entwickeln sich unsere Handlungsfähigkeiten und damit in Verbindung unser Selbst- und Weltverständnis in den unterschiedlichen sozialen Praktiken, in die wir vom ersten Lebenstag an eingebunden sind: Kaum ist man geboren, wird man gemessen und gewogen. Während die Eltern noch damit beschäftigt sind, das Individuelle an ihrem Kind zu entdecken, hat die Verwandtschaft längst das Familientypische ausgemacht: „Die Fingerehen hat sie von der Oma, die Haarfarbe von Opa, als er noch jung war.“ Die Bekannten interessieren sich für das Geschlecht und kommentieren den Namen, das Klinikpersonal überwacht den Gesundheitszustand, die Behörden bescheinigen die Geburt, der Stadtanzeiger will ein Foto und die Babybranche wirbt mit ihren Begrüßungsgeschenken um Kundschaft. So folgen alle Abläufe einer bestimmten Ordnung, und jeder macht sich gemäß der Eigenlogik des Sozialsystems, dem er sich zugehörig fühlt, sein ganz spezielles Bild von dem Neuankömmling.

Wie Säuglinge dieses rührige soziale Treiben und Einbinden um sie herum erleben, lässt sich – auch aus wissenschaftlicher Sicht – nur hypothetisch rekonstruieren. Können Babys ihre Mitmenschen schon als Personen erkennen oder empfinden sie nur ihre eigenen, mit ersten sinnlichen und kulturellen Bedeutungsfragmenten angereicherten leiblichen Aktivitätszustände? Klar ist aber, dass ihnen die Welt durch ihre Bezugspersonen nahegebracht wird. Im wechselseitigen Geben und Nehmen der ersten Lebensmonate lernen sie, ohne sich dessen bewusst zu sein, wie man sich in der Gegenwart anderer sinnvollerweise verhält. Sie übernehmen die körperlichen Bewegungsschemata ihrer Handlungspartner und stellen sich mit ihrem ganzen Organismus physisch, psychisch und pragmatisch auf ihre Umwelt ein. Als Kleinkinder entwickeln sie sodann ganz allmählich die Fähigkeit, ihr eigenes Verhalten an den Absichten und Erwartungen ihrer Handlungspartner auszurichten und die elementaren Ordnungszusammenhänge ihrer Lebenswelt zu verstehen. Sie entdecken physikalische Kausalzusammenhänge, soziale Regelmäßigkeiten und kulturelle Sinnstrukturen. Je mehr die Heranwachsenden dabei lernen, ihre eigenen Tätigkeiten zu reflektieren und selbstbestimmt zu handeln, desto komplexer werden die Formen der sozialisatorischen Auseinandersetzung mit der Umwelt und der eigenen Person.

Definition: Von Sozialisation spricht man in diesem Zusammenhang, weil sich die Persönlichkeit mit ihren Sprach- und Handlungsfähigkeiten stets unter historischen Kulturbedingungen in gesellschaftlich strukturierten Lebenswelten entwickelt.

[...] Sozialisationstheoretiker wollten und möchten verstehen, unter welchen gesellschaftlichen Bedingungen die Verinnerlichung sozialer Normen individuelle Autonomie ermöglicht, oder aber zur Entwicklung eingeschränkter Handlungsfähigkeiten führt.

[...] Wer im Erziehungs- und Bildungsbereich beschäftigt ist, übernimmt für andere Menschen Verantwortung. Die Entscheidungen, die in der pädagogischen Praxis zumeist schnell und vor allem zielsicher getroffen werden müssen, bedürfen dabei stets der fachlichen Begründung und Legitimation. Zur professionellen Planung, Beurteilung und Auswertung von Handlungsstrategien in den unterschiedlichen Praxis- und Berufsfeldern ist deshalb theoriegeleitetes Wissen über den Sozialisationsprozess unerlässlich.

Quelle: Veith, Hermann (2008): Sozialisation. München/Basel: Ernst Reinhardt Verlag München Basel, S. 7–10

Aufgabe

1. Veith gibt Argumente, warum Pädagog*innen sich mit Fragen der Sozialisationsforschung auseinandersetzen müssen. Geben Sie diese mit eigenen Worten wieder.
2. Entwickeln Sie ausgehend von der Definition »Sozialisation« Ideen, welche Prozesse damit angesprochen sein könnten. Geben Sie dazu auch konkrete Beispiele an.

M 2 Sozialisation und Entwicklung
(Hermann Veith)

Im Sozialisationsprozess werden soziale Normen und kulturelle Wissensbestände übertragen, angeeignet und verinnerlicht. Dort, wo diese Übertragung systematisch geplant und mit klaren pädagogischen Absichten organisiert wird, handelt es sich um „Erziehung" – in Durkheims Worten: um „socialisation methodique" (Durkheim 1902/03).

Erst in der Auseinandersetzung mit anderen Menschen lernen die Einzelnen, sich in ihrer Umgebung zu orientieren. Sie beginnen, die Welt durch die Brille ihrer Kulturgemeinschaft zu betrachten, und nach nur wenigen Jahren bewegen sie sich wie die anderen, sprechen deren Sprache, verfolgen dieselben Ziele und denken in den gleichen kognitiven, ethischen und ästhetischen Kategorien.

[...] Nach der heute gängigen Definition des Bielefelder Sozialisationsforschers Klaus Hurrelmann bezeichnet der Begriff der Sozialisation „den Prozess der Entstehung und Entwicklung der menschlichen Persönlichkeit in wechselseitiger Abhängigkeit von der gesellschaftlich ermittelten sozialen und dinglich-materiellen Umwelt" (Hurrelmann 2006, 70). Diese noch sehr allgemeine Bestimmung lässt sich in fünf Punkten konkretisieren:

- Sozialisationsprozesse basieren auf dem komplexen Zusammenwirken von sehr unterschiedlichen konstitutionellen, genetischen, physiologischen, psychischen, ökologischen, sozialen und kulturellen Faktoren. Die wesentlichen Triebkräfte der Individualentwicklung sind die tätigkeitsgebundenen Erlebnisse und Erfahrungen, die ihren Ausdruck und Niederschlag in den sich bildenden Handlungsfähigkeiten und den auf Selbstreflexion angelegten Persönlichkeitsstrukturen finden (Fend 2003).
- Sozialisation ist ein das ganze Leben andauernder Prozess. In der Sozialisationsforschung war es lange Zeit üblich, die besondere Bedeutung der Lernerfahrungen im frühen Kindes- und Jugendalter durch die Unterscheidung zwischen einer „primären" und „sekundären" Sozialisationsphase hervorzuheben (Berger/Luckmann 1969). Dabei wurde angenommen, dass sich die grundlegenden, die weitere biografische Entwicklung bestimmenden Kompetenzen und Charakterstrukturen schon in den ersten Lebensjahren herausbilden. Allerdings entspricht die damit assoziierte Vorstellung, dass mit dem Erwachsenenalter ein relativ stabiler Reifezustand erreicht wird, nicht mehr den heutigen Lebenserfahrungen. Darum wird der Sozialisationsprozess nunmehr mit Blick auf die gesamte Lebensspanne und die jeweils dominanten „altersspezifischen" Probleme und Entwicklungsaufgaben thematisiert (Eider 2000).
- Sozialisationsprozesse sind immer in historisch vermittelte, kultur- und sprachgemeinschaftliche Kontexte eingebettet. Durch die Einbeziehung in unterschiedliche Sozialsysteme, Institutionen und Interaktionszusammenhänge lernen die Einzelnen, ihre praktischen und kommunikativen Aktivitäten auf die verschiedenen Erwartungen und Sprachgewohnheiten ihrer Bezugspersonen, Gruppen und Sozialmilieus einzustellen (Grundmann 2006).
- Die individuellen Handlungsfähigkeiten entwickeln sich im Sozialisationsprozess auf der Grundlage der subjektiven Auseinandersetzung des Einzelnen mit den vorgefundenen Umweltbedingungen. Dabei wird angenommen, dass der Umgang mit Dingen und anderen Menschen, aber auch das Verhältnis zur eigenen Person stets von den individuellen Vorerfahrungen abhängig ist. Das heißt, dass die Art und Weise, wie eine Situation erlebt wird, nicht allein von den „objektiven" Gegebenheiten, sondern von der persönlichen Wertigkeit und Erwartungshaltung abhängt (Mansel/Hurrelmann 2003).
- Im Zentrum der sozialisationstheoretischen Diskussionen steht die Erklärung der Entwicklung von Subjektautonomie und alltagstauglichen Handlungsfähigkeiten (Hurrelmann 2006). In dem Maße, in dem Gesellschaften Individualisierungsprozesse ermöglichen und erfordern, können und müssen die Einzelnen ihr Leben in Eigenregie in die Hand nehmen und lernen, kompetent, verantwortungsbewusst und autonom zu handeln (Zinnecker 2000, Bauer 2002). Insofern sind wir auch heute, wenngleich in veränderten gesellschaftlichen Konstellationen, ganz entschieden zur Selbstbestimmung gezwungen.

[...] Die moderne sozialisationstheoretische Diskussion wurde von sehr unterschiedlichen Wissenschaftlern beeinflusst und geprägt. Bis heute gibt es keine allgemein akzeptierte Theorie, dafür aber eine Vielzahl von einzelnen Erklärungsansätzen. [...]

Quelle: Veith, Hermann (2008): Sozialisation. München/Basel: Ernst Reinhardt Verlag München Basel, S. 14–16

Aufgaben

1. Theoretische Modelle haben den Anspruch, möglichst umfänglich über eine Sache aufzuklären. Diskutieren Sie, inwieweit kulturelle und sprachliche Unterschiede Grenzen von Theorien ausloten.
2. Der Begriff der Sozialisation bezieht sich auf individuelle Veränderungsprozesse im Hinblick auf gesellschaftliche Kontexte. Erläutern Sie ausgehend von den unterschiedlichen Definitionen, was Pädagog*innen über Sozialisation wissen sollten.
3. Vergleichen Sie Ihre Ideen aus A 2 mit den folgenden Ideen von Veith (M 3).

M 3 Warum ist sozialisationstheoretisches Wissen wichtig?
(Hermann Veith)

Falls Sie sich jetzt fragen, wozu diese konzeptionellen Erläuterungen und diese vielen Theorien in der Praxis nützlich sein sollen, stellen Sie sich bitte einmal vor, Sie selbst hätten Kinder. Welche pädagogischen Angebote würden Sie sich wünschen? Ganz sicherlich wären Sie froh, wenn es in Ihrer Nachbarschaft Spielplätze und Sportvereine gäbe. Noch besser wäre es, wenn gute Kindergärten und Schulen, vielleicht auch noch Elterncafés und Beratungseinrichtungen vor Ort wären. Vor allem aber würde es Sie beruhigen, zu wissen, dass diejenigen, denen Sie Ihre Kinder anvertrauen, *professionell* arbeiten, d. h. konkret: über ein fundiertes fachliches Wissen in ihren jeweiligen Spezialgebieten verfügen, methodisches Geschick zeigen, diagnostischen Sachverstand besitzen, Einfühlungsvermögen haben und ihre eigene Tätigkeit selbstkritisch reflektieren. Solche Erwartungen sind legitim. Gerade im Erziehungs- und Bildungsbereich müssen die Fachkräfte heute sehr hohen theoretischen und praktischen Kompetenzansprüchen genügen:

- Von *Erziehern* wird erwartet, dass sie hinreichende Kenntnisse über die vielschichtigen Bedürfnisse von Kleinkindern mitbringen. Sie sollten in der Lage sein, über Pflege- und Betreuungsleistungen hinausgehend eine pädagogisch anregende, ja sogar bildungswirksame Atmosphäre herzustellen. Außerdem sollten sie ihre eigene Rolle als besondere Bezugs- und Bindungspersonen entwicklungssensibel hinterfragen (Tietze et al. 2005).
- Von *Lehrern* wird verlangt, dass sie gleichzeitig unterrichten, erziehen, beurteilen und aktiv ihre Schule entwickeln. Dabei arbeiten sie mit Kindern und Jugendlichen zusammen, die bereits früh unter Leistungsdruck gestellt, noch ganz am Anfang ihrer biografischen Entwicklung stehen. All das erfordert neben schulfachbezogenen Kompetenzen ein hohes Maß an psychosozialem Feingefühl, praktischer Perspektivenübernahmefähigkeit und selbstkritischer Reflexion (Beutel et al. 2006).
- *Sozialpädagogen und Sozialarbeiter* sind Experten im Umgang mit verhaltensauffälligen Personen. Sie beschäftigen sich mit Fällen von körperlicher und seelischer Gewalt, von sexuellem Missbrauch, Vernachlässigung oder Verwahrlosung. Dabei wird von ihnen erwartet, dass sie in der Lage sind, psychosoziale Gefährdungslagen zu erkennen und hilfebedürftige Menschen bei der Bewältigung ihrer Probleme oder beim Aufbau neuer Handlungsfähigkeiten zu unterstützen (Böhnisch 2005).
- *Berater* sehen sich mit einer Vielzahl von Problemen konfrontiert. Ob Ehekonflikte, Erziehungsschwierigkeiten, Schulprobleme oder Drogenmissbrauch, immer hängt der Beratungserfolg entscheidend davon ab, wie es ihnen gelingt, gemeinsam mit ihren Klienten alltagstaugliche, auf die konkreten Personen und deren Lebenssituation zugeschnittene Handlungsperspektiven zu entwickeln (Nussheck 2006).

Alle diese Berufe setzen ein hohes Maß an körperlicher und psychischer Belastungsfähigkeit voraus. Vor allem aber erfordern sie theoriegeleitetes Wissen über den menschlichen Sozialisationsprozesse.

Wer professionell pädagogisch arbeiten will, sollte in der Lage sein, individuelle Entwicklungsstände zu erkennen. Zum Verständnis der Lebenssituation einer Person ist es außerdem wichtig, zu wissen, wodurch sich die Interaktionspraktiken in den verschiedenen Sozialisationsinstanzen unterscheiden. Dazu gehören ganz konkrete Kenntnisse über die sozialisatorischen Funktionen von Bezugspersonen, Gruppen und Organisationen. Vor allem aber benötigt man Wissen über die Kompetenz- und Persönlichkeitsentwicklung. Gerade in der pädagogischen Praxis steht man immer wieder vor der Frage, was noch „normal" und was bereits abweichendes Verhalten ist. Wer sich hier auf seinen gesunden Menschenverstand verlässt, stößt sehr schnell auf Widerstände und Grenzen. Häufig wird dann die Arbeit, die man mit viel Idealismus angefangen hat, zu einer überfordernden Belastung.

Quelle: Veith, Hermann (2008): Sozialisation. München/Basel: Ernst Reinhardt Verlag München Basel, S. 16–19

M4 Das Modell der produktiven Realitätsverarbeitung (MpR)

(Ullrich Bauer/Klaus Hurrelmann)

Soziologische und psychologische Zugänge fokussieren auf unterschiedliche Bereiche von Sozialisation, betonen unterschiedliche Perspektiven auf Prozesse der »Vergesellschaftung« und »Individuation« und sind in ganz unterschiedlicher Weise Sprungbrett für die Weiterentwicklung von Theorieansätzen [...]

Das MpR [...] wird von zehn »Prinzipien« gerahmt. Diese »Prinzipien« stehen jetzt an der Stelle, an der in anderen und früheren Publikationen zum MpR von »Thesen« oder »Maximen« gesprochen wurde. Die Prinzipien des MpR haben sich über die Jahrzehnte immer wieder leicht gewandelt und [...]. [Sie] beleuchten unterschiedliche Ebenen der Modellbildung, sie sind theorie- und forschungsbezogen und wollen so umfassend wie möglich den Gegenstandsbereich Sozialisation ausfüllen. Im Folgenden werden diese Bereiche und die dazugehörigen zehn Prinzipien des MpR stichwortartig vorgestellt (s. Tabelle 3).

Tab. 3 Die 10 Prinzipien des MpR im Überblick.

Erkenntnistheoretische und konzeptionelle Grundannahmen	
1. Prinzip	Verhältnis von innerer und äußerer Realität – soziale, körperliche und Anlagefaktoren spielen zusammen und treten in eine Wechselbeziehung ein
2. Prinzip	Produktion der eigenen Persönlichkeit – Menschen produzieren ihre Entwicklung, weil sie eine Verarbeitung der inneren und äußeren Realität vornehmen
Produktive Realitätsverarbeitung im Lebenslauf	
3. Prinzip	Bewältigung lebenslaufspezifischer Anforderungen der Realitätsverarbeitung – jeder Lebensabschnitt beinhaltet normierte Bewältigungsanforderungen
4. Prinzip	Bildung der Ich-Identität – Ausgleich der Spannungen zwischen persönlicher Individuation und sozialer Integration um eine stabile Identität aufzubauen
5. Prinzip	Persönlichkeitsentwicklung im Lebenslauf – in jedem Lebensabschnitt ergeben sich unterschiedliche Anforderungen an die Verarbeitung der Realität
Kontexte der Sozialisation	
6. Prinzip	Bedeutung der Familie für die Sozialisation – als primärer und wichtigster Sozialisationskontext, der sich in den vergangenen Jahrzehnten rasant verändert
7. Prinzip	Bedeutung der Bildungsinstitutionen – als sekundäre Sozialisationsinstanz mit Qualifikations-, Selektions- (Auslese) und Allokationsfunktion (Statuszuweisung)
8. Prinzip	Bedeutung der alltäglichen Lebenswelt für die Sozialisation – Menschen leiten aus ihren alltäglichen Erfahrungen in informellen zentrales Realitätswissen ab
9. Prinzip	Bedeutung intersektionaler Ungleichheiten – Ungleichverteilung von Ressourcen bedingt die lebenslang andauernde Ungleichverteilung von Lebenschancen
Aktuelle Herausforderungen im Prozess der Sozialisation	
10. Prinzip	Gestaltung und Bewältigung gesellschaftlicher Herausforderungen – die nachwachsende Generation übernimmt die Aufgabe der Krisenbearbeitung

Erkenntnistheoretische und konzeptionelle Grundannahmen (Prinzipien 1 und 2)

Zu den Basisannahmen des MpR gehört, dass Sozialisation als ein Interaktionsprozess definiert wird, der das gesamte Leben erfasst und die Beziehung zwischen der sich entwickelnden Persönlichkeit, den organismischen und ererbten Strukturen sowie den umgebenden sozialen und materiellen Strukturen, ihrer Prägungs-, Ermöglichungs- und Verhinderungstendenz, einschließt. Im Kern bezeichnet Sozialisation damit die Persönlichkeitsentwicklung als eine ständige Interaktion zwischen dem Individuum und den umgebenden gesellschaftlichen Bedingungen. Diese Interaktionserfahrungen werden aktiv und produktiv verarbeitet und dabei sowohl mit den inneren körperlichen und psychischen als auch mit den äußeren sozialen und physischen Gegebenheiten vermittelt.

Das *erste Prinzip des Verhältnisses von innerer und äußerer Realität* umfasst genau dieses Verständnis von produktiver Verarbeitung der inneren Realität von körperlichen und psychischen Dispositionen und der äußeren Realität aus sozialer und physisch-räumlicher Umwelt. Der Blick auf die innere Realität hat dabei in den vergangenen Jahren vor allem die Erkenntnisse der Genetik, Epigenetik und Neurowissenschaften aktuell werden lassen. Lange Zeit hatte die Sozialisationsforschung befürchtet, die Neurobiologie würde einseitig die genetische Komponente betonen und die Persönlichkeitsentwicklung ausschließlich als eine Entfaltung angeborener Anlagen erklären wollen. Man sah sich mit der naturwissenschaftlichen Herangehensweise in einem Konkurrenzverhältnis und hatte die Sorge, Neuro- und Hirnforschung könnten Belege für die innerorganische Determination von Persönlichkeitsmerkmalen erarbeiten, die Umwelteffekte als unbedeutend erscheinen ließen. Diese Sorge erweist sich heute als unberechtigt. Die neurobiologischen Ansätze liefern interessante Befunde zur Wechselbeziehung von Anlage und Umwelt. Sie zeigen, wie eng genetische Dispositionen und soziale Umweltfaktoren zusammenwirken und sich gegenseitig beeinflussen. In kaum einem Ansatz der Neuroforschung wird die sozial bedingte Beeinflussung und Ausprägung der Persönlichkeitsstruktur eines Menschen infrage gestellt.

Der Begriff »produktive Verarbeitung« drückt aus, dass es sich bei der Auseinandersetzung mit der inneren und äußeren Realität um einen aktiven Prozess handelt, in dem der einzelne Mensch eine individuelle, den eigenen Voraussetzungen und Bedürfnissen angemessene Form wählt. Das *zweite Prinzip der Produktion der eigenen Persönlichkeit* hebt daher darauf ab, dass Menschen als Produzentinnen und Produzenten ihrer eigenen Entwicklung angesehen werden, weil sie von der frühesten Entwicklung als Säugling und als Kleinkind an, über das Jugendalter und das Erwachsenenalter hinweg bis ins hohe Alter hinein eine Verarbeitung der inneren und äußeren Realität vornehmen, die ihren individuellen Merkmalen, Fähigkeiten und verfügbaren Ressourcen entspricht. Die Verarbeitung ist »produktiv«, weil sie sich aus der jeweils individuell besonderen Auseinandersetzung mit den inneren und äußeren Bedingungen ergibt.

Für die aktuelle Einordnung der zweiten These des MpR sind heute viele neue Theoriestränge relevant. Hierzu gehören u. a. die Selbstbestimmungstheorie der Motivation (im Englischen »Self-Determination Theory«), die als eine neue Lern- und Motivationstheorie anzusehen ist. Eine weitere Ergänzung in der Theorieentwicklung des kognitiven Paradigmas sind die Arbeiten zum Thema «Agency». Agency bezeichnet im Englischen das Handlungszentrum eines Menschen. In der psychologischen Debatte ist Agency als Fachterminus entwickelt worden, um die Bedeutung personengebundener Fähigkeiten der Informationsverarbeitung, des Wissensaufbaus und der Verhaltenssteuerung zu beschreiben. In diesen Kontext gehört auch das »dynamisch-interaktionistische Modell« der Entwicklung, das ebenfalls aus der Psychologie stammt.

Produktive Realitätsverarbeitung im Lebenslauf (Prinzipien 3 bis 5)

Die dritte, vierte und fünfte These beinhalten eine Konkretisierung und erste empirische Annäherung zum Gegenstand Sozialisation. In diesem Kontext wird schwerpunktartig eine lebenslaufspezifische Perspektive eingenommen, die der Maxime folgt, dass Sozialisation als ein lebenslanger Prozess der Interaktion mit inneren und äußeren Anforderungen angesehen wird. Das *dritte Prinzip der Bewältigung lebenslaufspezifischer Anforderungen der Realitätsverarbeitung* fokussiert entsprechend darauf, dass in jedem Lebensabschnitt Erwartungen an die Verarbeitung der Realität vorhanden sind, die gesellschaftlich mehrheitlich akzeptiert werden und als Normen der Entwicklung gelten. Im Lebenslauf kommt es damit zu einer ständigen Konfrontation mit neuen Situationen, die jeweils mit angemessenen Formen des Handelns bewältigt werden müssen.

Das *vierte Prinzip der Bildung der Ich-Identität* verstärkt die Orientierung auf einige Aspekte der Bewältigung lebenslaufspezifischer Anforderungen der Realitätsverarbeitung. Sie fokussiert darauf, dass die Fähigkeit eines Individuums erwartet wird, den Ausgleich der Spannungen zwischen persönlicher Individuation und sozialer Integration vorzunehmen. Diese Fähigkeit, die sich im Aufbau einer Ich-Identität ausdrückt, beinhaltet die hohe Bedeutung von Belastungen und Spannung im Lebenslauf. Werden lebenslaufspezifische Anforderungen der Realitätsverarbeitung nicht bewältigt, ist der Aufbau der Ich-Identität gefährdet oder sogar unmöglich. Von der Ich-Identität eines Menschen ist zu sprechen, wenn über verschiedene Entwicklungs- und Lebensphasen hinweg eine Kontinuität des Selbsterlebens auf der Grundlage eines positiv gefärbten Selbstwertgefühls und des Empfindens einer Selbstwirksamkeit gegeben ist. Heute werden diese Annahmen durch mannigfaltige Erkenntnisse der Stress- und Bewältigungsforschung bestätigt. Hinzu treten Befunde aus der Forschung zu kritischen Lebensereignissen, die deutlich machen, wie zum Beispiel der unerwartete Verlust einer wichtigen Bezugsperson, Trennung oder Scheidung der Eltern, das plötzliche Eintreten einer schweren Krankheit oder eines Unfalls die Bewältigungsmuster und den Aufbau einer stabilen Identität erschweren.

Das *fünfte Prinzip der Persönlichkeitsentwicklung im Lebenslauf* hebt darauf ab, dass sich in jedem Lebensabschnitt unterschiedliche Anforderungen an die Verarbeitung der Realität ergeben, die an die Veränderungen der inneren und äußeren Realität gekoppelt sind. Vor alldem durch sich verändernde ökonomische, politische, soziale und kulturelle Bedingungen stehen Menschen in den jeweiligen Lebensphasen vor der Herausforderung, ihren biografischen und gesellschaftlichen Standort zu akzeptieren oder neu zu definieren. Durch die Verlängerung der Lebensdauer und die heute typischen Anforderungen der individualisierten Lebensführung stehen steigende biografische Freiheitsgrade den Individuierungszwängen gegenüber, die auch in den Bereich außerhalb von Beruf und Qualifikation einen wettbewerblichen Charakter übertragen. Deswegen ist die Persönlichkeitsentwicklung trotz der elementaren Fundierung, die sie in Kindheit und Jugendalter erfährt, nie abgeschlossen, sondern befindet sich in mehr oder weniger großen Schüben ständig im Fluss.

Kontexte der Sozialisation (Prinzipien 6 bis 9)

Der zentrale Bereich, in dem die Sozialisationsforschung wahrgenommen wird, ist bis heute die Analyse von Kontexten der Sozialisation. Als Kontexte werden soziale, materielle und immaterielle (z. B. durch Gemeinschaften konstituierte) Räume verstanden, in denen Menschen agieren. In hoch entwickelten Gesellschaften entsteht ein breites Spektrum gesellschaftlicher Kontexte, in denen Menschen leben, aufeinander angewiesen sind und Erfahrungen machen. Die meisten dieser Kontexte sind in Form von sozialen Organisationen verfasst, die nach spezifischen Regeln und Verfahrensweisen operieren. Mit dieser sozialen Differenzierung verlagern und verbreitern sich die Sozialisationseffekte, denn immer mehr ursprünglich nicht für die Sozialisation entstandene soziale Systeme üben Einfluss auf die Persönlichkeitsentwicklung der Menschen aus, die sich längere Zeit in ihnen aufhalten und mit ihnen in Kontakt kommen.

Das *sechste Prinzip der Bedeutung der Familie für die Sozialisation* hebt auf diese Prägewirkung durch Kontexte auf der Mikroebene ab. Als primärer und wichtigster Sozialisationskontext fungieren in den meisten Kulturkreisen die Familien. Sie agieren seit Jahrhunderten als die einflussreichsten Vermittler der äußeren Realität. Sie werden oft als »primäre Sozialisationsinstanz« bezeichnet, da sie für die meisten Menschen die erste und wichtigste soziale Umwelt bilden. Wie in einem Mikrokosmos spiegeln sich in einer Familie von früher Kindheit an soziale, kulturelle und ökonomische Lebensbedingungen, die auf die Persönlichkeitsentwicklung einwirken und frühe Formen der Realitätsverarbeitung rahmen.

Dabei ist ein Hauptmerkmal der gesellschaftlichen Veränderungen seit dem 19. Jahrhundert die Aufgliederung eines ursprünglich zusammenhängenden, umfassenden sozialen Systems mit verschiedensten Funktionen in verschiedene neue, funktional spezialisierte Systeme. Vor und während der Industrialisierung waren Familien ökonomische und praktische Zweckbündnisse, die ihren Mitgliedern alle Lebensfunktionen bis hin zu Sicherheit und Schutz boten. In den vergangenen Jahrzehnten entsteht eine breite Vielfalt verschiedener Ausprägungen und Formen von Familien. Diese reicht von der Ein-Eltern-Familie über die Familie mit zwei berufstätigen Eltern, neu zusammengesetzten Familienteilen bis hin zur Familie mit homosexuellen Eltern. Zudem haben sich die Erziehungsstile mehrheitlich demokratisiert, obwohl wir immer noch eine große Spannbreite zwischen autoritären und Laissez-faire Erziehungsmentalitäten ausmachen können.

Das *siebte Prinzip der Bedeutung der Bildungsinstitutionen* fokussiert auf die darüber liegende Ebene der so bezeichneten sekundären Sozialisationsinstanzen, die über den Mikrobereich der Familie hinausgehen. Bildungsinstitutionen besitzen zum einen eine Qualifikationsfunktion, zum anderen eine Selektions- (Auslese) und Allokationsfunktion (Statuszuweisung). Durch Bildungsprozesse werden sozial ungleiche Chancen legitimiert und Schülerinnen und Schüler bauen ein Selbstkonzept auf, das auf den Bewertungen von Bildungsinstitutionen basiert. Von immer größerer Bedeutung werden sekundäre Sozialisationsinstanzen und -kontexte, darunter öffentliche Erziehungs- und Bildungsinstitutionen wie Kindertagesstätten, Horte, Schulen, Ausbildungseinrichtungen, Hochschulen, sozialpädagogische Institutionen sowie Einrichtungen der beruflichen Aus- und Weiterbildung, die eigens zu diesem Zweck etabliert wurden. Während in der Sozialisationsinstanz Familie Mütter und Väter als »Laienerzieher« tätig sind, arbeiten im Erziehungs- und Bildungssystem professionell ausgebildete Berufsgruppen. Dabei ist zusätzlich zu beachten, dass der deutsche Sonderweg im Bildungssystem nachwirkt. Vor allem im internationalen Vergleich fällt auf, dass in Deutschland ein immer noch konservatives Wohlfahrtstaatsdenken nachwirkt, das traditionell wenig Bildungsinvestitionen vornimmt und wenig auf Chancengleichheit setzt.

Im Unterschied dazu sind die alltäglichen Lebenswelten differenzierter. Sie bilden einen Ort der Interaktion, die bestimmte Ziele verfolgen kann, gleichzeitig aber auch der Entspannung, der ungerichteten Vergesellschaftung. Das *achte Prinzip der Bedeutung der alltäglichen Lebenswelt für die Sozialisation* hebt darauf ab, dass neben den primären und sekundären Sozialisationsinstanzen ein breites Spektrum von sozialen Systemen existiert, deren wesentliche gesellschaftliche Funktion nicht in Erziehung, Bildung und Qualifizierung besteht. Auch informelle Kontexte wie die intime Partnerschaft, der Freundes- und Bekanntenkreis und andere, zumeist frei gewählte Lebenswelten gehören dazu. Sie bilden den Alltag der Menschen ab und sind gerade dadurch, dass kein offenkundiges Ziel verfolgt wird, sozialisationswirksam. Sie bilden die Wirklichkeit der Lebensrealität ab, weil sie so erscheinen, als ob sie nicht anders sein könnten. Menschen leiten aus ihren alltäglichen Erfahrungen Handlungswissen ab, verleihen ihrem Alltag Sinn und sind dadurch in der Lage, sich an ihre Lebensrealitäten zu adaptieren (also anzupassen).

Zwei Beispiele hierzu: Die Ordnung der Geschlechter basiert wie kaum eine andere Unterscheidung der alltäglichen Lebenswelten auf Erfahrungen im Prozess der Sozialisation. Menschen lernen von Beginn an die unterschiedlichen Rollenbilder in ihrem Umfeld und die damit verbundenen Erwartungen an sich selbst und ihre Entwicklung. Das gilt auch für die Veränderung von Rollenzuschreibungen. Sich selbst als Frau oder als Mann zu sozialisieren, wurde sehr lange als eine Selbstverständlichkeit erachtet. Noch vor einer Generation wäre unvorstellbar gewesen, was heute für Jugendliche möglich ist: die Infragestellung enger geschlechtlicher Zuordnungen und die Möglichkeit, Geschlechtsidentitäten aufzubrechen oder neue Identitäten zu leben. Die Rolle neuer digitaler Medien ist ein anderes Beispiel, das zeigt, wie schnell sich Entwicklungen Bahn brechen, wenn der Erfahrungshorizont keine Alternativen zulässt. Junge Menschen wachsen heute selbstverständlich mit den digitalen Medien auf. Der Verzicht auf sie, den »Erwachsene« häufig verlangen, bedeutet für sie den Verzicht auf eine Lebenswelt, die für sie so selbstverständlich ist wie der ausschließliche Rekurs auf eine »analoge Erfahrungswelt« unverständlich.

Das *neunte Prinzip der Bedeutung intersektionaler Ungleichheiten* ist der Rekurs darauf, dass auch technisch weit entwickelte Wohlstandsgesellschaften durch ein großes Ausmaß an ökonomischer, sozialer und kulturell-symbolischer Ungleichheiten gekennzeichnet sind. Dadurch kommt es zu Unterschieden in den Sozialisationsprozessen der Bevölkerungsgruppen mit einem hohen und einem niedrigen sozioökonomischen Status. Menschen, die in privilegierenden Kontexten leben, steht in ihrer alltäglichen Lebenswelt von Geburt an ein reichhaltigeres Ausmaß an personalen und sozialen Ressourcen zur Verfügung als Menschen, die in einem benachteiligenden Kontext leben. Auf diese Weise kommt es zu einer lebenslang andauernden ungleichen Verteilung von Lebenschancen.

In der Sozialisationsforschung hat die Forschung zu der Produktion und Reproduktion sozialer Ungleichheiten eine lange Tradition. Am bekanntesten ist die schichtspezifische Sozialisationsforschung. Sie ist vor 50 Jahren ein Kernthema der Sozialisationsforschung gewesen und ein international wie interdisziplinär verfolgter Forschungsstrang. Heute geht die Frage der Ungleichheitsreproduktion weit über die Frage ökonomischen Verteilungsungleichheiten hinaus. Der Fachbegriff der Intersektionalität (im Englischen »intersectionality«) ist in dieser Hinsicht ein wesentlich neues Element in der Debatte. Er bezeichnet die Überschneidung von unterschiedlichen Benachteiligungs- oder Diskriminierungsformen. Hierzu gehören das Vermögen, der Bildungsgrad, die ethnisch-kulturelle und geschlechtliche Heterogenität. Das heißt, dass beispielsweise Männer auch arm oder ethnisch diskriminiert sein können, Frauen aber auch einer weißen Mehrheit angehörend und wohlhabend, Ungleichheiten sich also gegenseitig beeinflussen. Sie können sich »ausgleichen«, aber auch verstärken wie im Falle von Frauen aus ethnisch diskriminierten Gruppen mit wenig ökonomischen, kulturellen oder sozialen Ressourcen.

Aktuelle Herausforderungen im Prozess der Sozialisation (Prinzip 10)

Das *zehnte Prinzip der Gestaltung und Bewältigung gesellschaftlicher Herausforderungen* hebt darauf ab, dass die nachwachsende Generation von wirtschaftlichen, ökologischen und politischen Herausforderungen global betroffen ist und die Lösung komplexer Krisenphänomene von einer gemeinsamem Gestaltungsfähigkeit abhängt. Es ist auffällig, dass Kinder und Jugendliche ein globales Krisenbewusstsein bereits ausgebildet haben und sich dieses auch artikuliert.

Die Auseinandersetzung mit der realen und medial vermittelten Krisenwahrnehmung ist zu einem festen Bestandteil der Entwicklung der Persönlichkeit geworden. Dabei ist nicht entscheidend, dass Krisenphänomene heute zum Grund für eine intensivere Auseinandersetzung mit politischer Gestaltungsfähigkeit geworden sind (die vergangenen 20 Jahre zeigen das sehr eindrücklich, weil das Interesse für Politik und die politische Beteiligung in der jüngeren Generation immer stärker zunimmt). Mitunter ist auch das Gegenteil, der Rückzug und die Opposition, der Hang zu Populismus und einer Politik der starken Hand, ein Beispiel für die zunehmende Bedeutung globaler Krisenphänomene in den Erfahrungswelten einer heranwachsenden Generation. Die äußere Realität ist jetzt nicht nur Herausforderung der produktiven Realitätsverarbeitung auf einer individuellen, sondern auch auf der gesellschaftlichen Ebene. Hierüber sind sich junge Menschen im Klaren. Einige brechen bereits mit eingespielten Routinen, sie stellen Bildung und Ausbildung und den starren Takt von Ökonomie und Arbeitsleben infrage.

Was über zwei bis drei Generationen hinweg als selbstverständliche Abfolge im Lebenslauf anerkannt wurde, gilt vielen heute nicht als Teil der Lösung, sondern als Teil des Problems. In diesem Sinne soll das zehnte Prinzip eine inhaltliche Öffnung vornehmen, die auch als Chance zur Partizipation gesehen werden soll. Kinder und Jugendliche in Schule und Ausbildungsgängen sollen in Unterrichtseinheiten erarbeiten, a) welche Krisenphänomene sie sehen und wie sie sich Formen der Krisenbearbeitung wünschen, b) Herausforderungen eines Zusammenwirkens globaler Konflikte, ökonomischer und ökologischer Anforderungen begegnen wollen und c) welche Chancen bzw. Risiken sie in den neuen Technologien einer digitalisierten Welt sehen. In dem Maße, in dem wir heute von den Herausforderungen einer Gesellschaft im Zeitalter der künstlichen Intelligenz sprechen, ist das zehnte Prinzip die Frage nach den Möglichkeiten des menschlichen Gestaltungswillens in der nachwachsenden Generation.

Quelle: Bauer, Ullrich & Hurrelmann, Klaus (2020): Einführung in die Sozialisationstheorie. Weinheim: Beltz

Aufgabe

Erläutern Sie die Prinzipien des MpR anhand des folgenden Gedankenexperiments.

Ein 17-jähriger Jugendlicher wartet um 22.30 Uhr im U-Bahnhof im Zentrum einer Großstadt auf seinen Anschluss. Jemand tippt ihm von hinten auf die Schulter. Wie reagiert er darauf? Seine Reaktion

wird von seiner biografischen Erfahrung und von seiner Wahrnehmung der Situation abhängen. Situativ: Er kann schlechte Laune (nach langer Arbeit und einer missratenden Prüfung am Vormittag) oder gute Laune (nach einem gemeinsamen Shopping mit Freunden) haben und entsprechend offen oder nicht-offen sein für die Frage, die das Tippen auf der Schulter signalisiert. Biografisch: Er kann aus einem Umfeld stammen, in dem er viel Aggression erlebt, das ihn deshalb disponiert, auf eine Bewegung von hinten, die direkt seinen Körper adressiert, sofort zu reagieren, herumzuschnellen und eine Abwehr- oder Angriffsgeste einzusetzen. Er kann aber auch schlechte Erfahrungen mit dieser Reaktion gemacht haben und sich deshalb entscheiden, keine Gewalt einzusetzen. Er kann die Erwartung haben, eine aggressive Handlung könne folgen, er hat sich aber vorher selbst entschlossen, dieser Dynamik zu widerstehen. Im Gedankenexperiment können wir uns den 17-jährigen Jugendlichen auch als jungen Violinisten vorstellen, der gerade von Ensemble-Proben kommt und die manifeste Idee der Gewalt oder Gegengewalt gar nicht in seinem Handlungsvorrat hat und völlig defensiv reagiert. Oder ein überzeugter Gläubiger ist, der aufgrund einer intensiven religiösen Bindung jegliche Gewalt von sich weist.

Quelle: Bauer, Ullrich & Hurrelmann, Klaus (2020): Einführung in die Sozialisationstheorie. Weinheim: Beltz

M 5 Bourdieus Kapital-Theorie
(Joseph Jurt)

Nachdem sich Pierre Bourdieu während seiner Algerien-Zeit (1956–1960) das soziologische Rüstzeug angeeignet hatte, das ihm erlaubte, diese Gesellschaft im Umbruch zu verstehen, widmete er sich unmittelbar nach seiner Rückkehr nach Frankreich der Bildungssoziologie. Im Zentrum standen dabei die gesellschaftlichen Reproduktionsweisen des Bildungssystems. Das forschungsstrategisch wichtigste Resultat der bildungssoziologischen Untersuchungen war seine Kapital-Theorie und hier namentlich das Konzept des kulturellen Kapitals. [...]

Zum Kapitalbegriff Bourdieus

Unter dem Begriff des Habitus werden verkörperte Eigenschaften des Sozialen verstanden, Dispositionen, die sich der Sozialisation verdanken und die bestimmte Handlungs- und Wahrnehmungsschemata generieren. Im Handeln werden aber auch Handlungsobjekte geschaffen. Um diese zu bezeichnen, führt Bourdieu den Begriff *Kapital* ein, den er Marx entlehnt, aber nicht in einem marxistischen Sinn interpretiert. [...]

Der Kapital-Begriff wird von Bourdieu nicht in einem marxistischen Sinne verwendet, weil er ihn nicht ökonomisch definiert oder andersherum gesagt: das ökonomische Kapital ist nur eine der möglichen Kapitalarten. Schon in der präkapitalistischen Gesellschaft Algeriens hatte er festgestellt, dass das Handeln einer Ökonomie gehorchte, die nicht die einer Geld-Ökonomie war, sondern eine Logik der Ehre. Immer werde das Handeln durch eine Rationalität bestimmt, der die Suche nach Optimierung zugrunde liegt: es gelte hier, die Ehre, das Ansehen zu vermehren. Bourdieu nannte dieses Gut, das die Akteure der präkapitalistischen Gesellschaft anvisierten *symbolisches Kapital*. [...]

Das kulturelle Kapital

In seinen zahlreichen Untersuchungen widmete sich Bourdieu der immensen Bedeutung des kulturellen Kapitals. [...]

Nicht so sehr oder nicht allein der Besitz ökonomischen Kapitals, sondern der des kulturellen Kapitals macht den entscheidenden Unterschied in der Ansehens-Hierarchie aus. Bourdieu unterscheidet dabei zwischen drei Formen des kulturellen Kapitals; es kann existieren: 1.) im verinnerlichten, *inkorporierten* Zustand, in Form von dauerhaften Dispositionen, 2.) in *objektiviertem* Zustand, in Form von kulturellen Gütern wie Bildern, Büchern, Nachschlagewerken, in denen bestimmte Theorien und Gegentheorien Spuren hinterlassen haben, und schließlich 3.) in *institutionalisiertem* Zustand in der Form von Stellen und Titeln, die einen besonderen Besitz von kulturellen Kapital offiziell bestätigt.

Inkorporiertes kulturelles Kapital

Auch hier trennt Bourdieu nicht zwischen Bewusstsein und Körperlichkeit. In seinen Augen ist das kulturelle Kapital auch körpergebunden („inkorporiert"); es ist das Produkt einer Verinnerlichung. Der Erwerb der Bildung ist ein Prozess, der Zeit kostet. Diese Zeit muss der einzelne persönlich investieren und kann die Aufgabe nicht delegieren. Der Faktor der Zeit spielt hier eine nicht unwichtige Rolle: die schon in der Primärerziehung erworbene Bildung stellt *gewonnen Zeit* dar. Die in diesem Kontext nicht erworbene Bildung ist in doppeltem Sinne verloren, weil das Verlorene überdies später nachgeholt werden muss. An der Gesamtdauer des Bildungserwerbs lässt sich so das Volumen des Bildungskapitals in etwa messen. Die in der familiären Primärerziehung und der anschließenden schulischen Sekundärerziehung erworbene Bildung wird zu einem Bestandteil der Person („den man nicht wegnehmen kann"); dieser verinnerlichte Besitz kann darum in Unterschied zu Geld oder zu Adelstiteln nicht durch Geschenk, Vererbung oder Tausch unmittelbar weitergeben werden. Indirekt wirkt sich der Besitz von kulturellem Kapital innerhalb der Familie schon aus; Bourdieu spricht hier von hochgradig verschleierten, ja unsichtbaren „sozialen Vererbung" (Bourdieu 2001: 114). Entscheidend ist auch der Seltenheitswert des jeweiligen kulturellen Kapitals (Hochschulabschluss in einem Land mit niedriger Abiturientenquote, Lesekompetenz in einer Welt von Analphabeten), aus denen sich weitere Extraprofite ziehen lassen. Dieser Seltenheitswert wird erhalten, weil nicht alle Familien über die Mittel verfügen, um ihre Kinder über die obligatorische Schulpflicht hinaus ausbilden zu lassen. So wird auch durch diese Kapitalform Ungleichheit geschaffen, bzw. verstärkt. Die Übertragung von Kulturkapital ist nach Bourdieu die am besten verschleierte Übertragung von Kapital. Wenn die sichtbaren Formen der Übertragung des (ökonomischen) Kapitals sozial missbilligt werden, gewinnen große Investitionen in die individuelle Bildung und Ausbildung an Gewicht, um die bestehenden Verhältnisse aufrecht zu erhalten. Die Verbindung zwischen den ökonomischen und dem kulturellen Kapital stellt die *Zeit* dar („Zeit ist Geld"). Man muss über ökonomisches Kapital verfügen, um den Bildungsprozess möglichst früh einsetzen zu lassen und bis zu einem optimalen *Abschluss* ausdehnen zu können.

Objektiviertes kulturelles Kapital

Objektiviertes kulturelles Kapital – Bücher, Bilder – ist materiell übertragbar wie ökonomisches Kapital. Man kann das materielle Substrat verkaufen; es handelt sich aber um *symbolische* Güter, deren *Wert* sich nicht auf den materiellen Wert des Substrats reduzieren lässt; diese Güter sind gleichzeitig Bedeutung. Um diese Bedeutung erfassen oder entziffern zu können, muss man über Bildungskapital, d. h. inkorporiertes kulturelles Kapital verfügen. Der Eigentümer muss selbst das für die Aneignung und *Nutzung* der symbolischen Güter erforderliche inkorporierte Kulturkapital erwerben oder sich auf die Dienste von Inhabern eines solchen Kapitals stützen. [...]

Institutionalisiertes kulturelles Kapital

Das institutionalisierte kulturelle Kapital existiert in Form von Titeln und Stellen wie Schul- und Universitätsabschlüssen. Diese von offiziellen Institutionen verliehenen Ausweise erworbener Bildung verleihen dieser einen juristisch garantierten Wert. Der Titel oder das Examen schafft eine scharfe Grenze zwischen dem, der *bestanden* hat und dessen kulturelle Kompetenz ein für allemal garantiert scheint, und dem, der nicht ausgezeichnet (mit anderen Worten: stigmatisiert) wurde oder Autodidakt ist und der seine Kompetenz stets unter Beweis stellen muss. „Im krassen Unterschied zu den Inhabern eines kulturellen Kapitals ohne schulische Beglaubigung, denen man immer abverlangen kann, den Beweis für ihre Fähigkeiten anzutreten, da sie nur sind, was sie tun, schlichte Produkte ihrer Leistung, brauchen die Inhaber von Bildungspatenten – ähnlich Trägern von Adelstiteln [...] nur zu sein, was sie sind [...]" (Bourdieu 1982: 48–49). Der Erwerb von schulischen Titeln setzt die Investition von Zeit voraus und damit auch von ökonomischem Kapital, dass in kulturelles verwandelt wird, in der Hoffnung, dass sich dieser Prozess wieder umkehrt und der schulische Titel auf dem Arbeitsmarkt materielle und symbolische Gewinne abwirft.

Bourdieu hat die Hypothese des *kulturellen Kapitals* entwickelt, um die Ungleichheit der schulischen Leistungen von Kindern aus unterschiedlichen sozialen Klassen aus einem sozialen Kontext (unterschiedliche Ausstattung mit kulturellem Kapital) und nicht bloß über die individualistische naturalistische These der *Begabung* zu erklären.

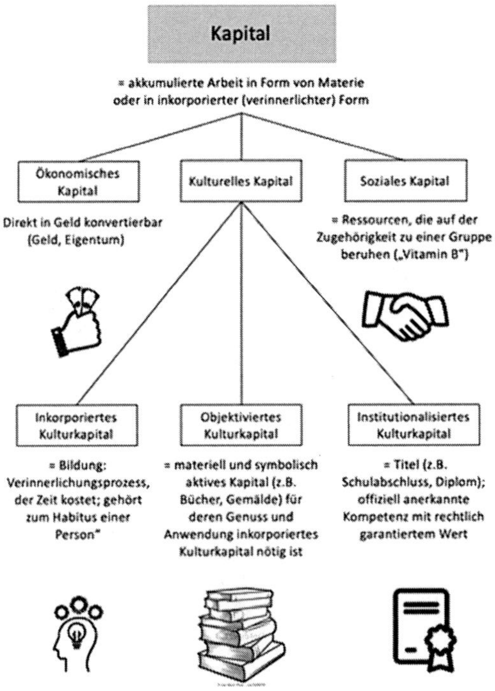

Quelle: Jurt, Joseph (2012): Bourdieus Kapital-Theorie. In: Bergman, Manfred Max (Hrsg.) (2012): Bildung, Arbeit, Erwachsenwerden: ein interdisziplinärer Blick auf die Transition im Jugend- und jungen Erwachsenenalter. Wiesbaden: Springer Fachmedien. S. 21–41.

Aufgabe

Bourdieu entwirft mit seinem Modell eine Idee von gesellschaftlichen Verteilungsstrukturen, die auf drei Kapitalformen beruhen, mit denen das Individuum *handeln* kann. Erläutern Sie diese Idee mit Hilfe geeigneter Beispiele. Denken Sie dabei auch an Ihre eigene Bildungsbiografie und die politische Forderung nach einer Bildungsgerechtigkeit.

M 6 Kritische Pädagogik
(Armin Bernhard)

Pädagogik ist fundamental auf Theorie angewiesen: Weil Pädagogik stets in eine gesellschaftlich vermittelte pädagogische Praxis eingreift, muss gerade sie sich dessen bewusst sein, was sie tut, in wessen Auftrag sie handelt, und welches die Konsequenzen ihres eigenen Handelns sind. Als verantwortlich kann pädagogisches Handeln erst dann eingestuft werden, wenn es sich nicht auf den sogenannten gesunden pädagogischen Menschenverstand verlässt, sondern eben dessen naiven Blick auf die pädagogischen Verhältnisse durchbricht. Theorien stehen dabei in einer gewissen kritischen Distanz zur Realität, sie sollen durch ihre begriffliche Ordnung und ihre systematische Verdichtung der Erfahrungen in dieser Wirklichkeit orientieren. – Theorien stellen eine kritische Distanz gegenüber den Zwängen der pädagogischen Alltagsarbeit dar, sie sollen aufklären über die Voraussetzungen und Bedingungen pädagogischen Handelns, d. h. sie stellen eine Art Kompass in einer komplizierten Erziehungswirklichkeit dar.

Pädagogische Theorien helfen also nicht unmittelbar bei der Lösung pädagogischer Probleme, sie stellen keine Regeln oder Rezepte für die pädagogische Praxis auf, sie systematisieren und ordnen lediglich die pädagogischen Erfahrungen.

Pädagogik als Begriff enthält sowohl die Theorie wie die Praxis der Erziehung und Bildung. Pädagogik ist auf die wissenschaftliche wie auf die Erfahrungsebene, auf Theorie wie Praxis gleichermaßen bezogen. – Während der Begriff der Pädagogik sich auf die Gesamtheit von Theorie und Praxis der Erziehung und Bildung bezieht, konzentriert sich die Kategorie der Erziehungswissenschaft auf die Ebene der wissenschaftlich-theoretischen Erforschung der gesellschaftlichen Wirklichkeit von Bildung und Erziehung.

Was ist Kritische Pädagogik?

Kritische Pädagogik bezeichne eine grundlegende erziehungswissenschaftliche Theorieposition, deren Spezifikum in der sozialkritischen Reflexion der Bedingungen von Bildung und Erziehung in der Gesellschaft besteht. Kritische Pädagogik tritt Ende der 1960er, Anfang der 1970er Jahre in die erziehungswissenschaftliche Landschaft ein. Sie entsteht in diesem Zeitraum insbesondere durch die gewaltige Schubkraft der studentischen Protestbewegung.

Was ist das Besondere gesellschaftskritischer Ansätze?

Die gesellschaftskritischen Ansätze der Erziehungswissenschaft gehen von einem spezifischen Wissenschafts- und Theorieverständnis aus. Leitend ist dabei die Unterscheidung zwischen traditioneller und kritischer Theorie. Der Vorwurf kritischer Erziehungswissenschaft gegenüber traditionellen Theoriemodellen besteht in dem Umstand, dass diese ihre Forschungspraxis weitgehend losgelöst von den jeweiligen gesellschaftlichhistorischen Verhältnissen und ihren politischen Interessenkonstellationen entwickelte, also beispielsweise das pädagogische Interaktionsverhältnis als eine relativ autonome Beziehung zwischen Erzieher und Zögling beschrieb und ihre Bemühungen auf die Optimierung dieses pädagogischen Interaktionsverhältnisses und damit auf das Gelingen der Erziehung anlegte. Ausgeblendet wurde in diesen Theorietypen allerdings der Umstand, dass die pädagogischen Beziehungen in ihrer Qualität von Bedingungen abhängig sind, die nicht im pädagogischen Verhältnis selbst, sondern in den gesellschaftlichen Macht- und Herrschaftsverhältnissen begründet sind. – Weder wird so ein Zugriff auf die Herrschaftsdimension und damit auch die emanzipationsfeindlichen Tendenzen im Bildungsprozess zugelassen, noch werden die gesellschaftlichen Interessen im Bildungsprozess identifiziert bzw. der politische Charakter von Erziehung herausgestellt.

Das Modell Kritischer Erziehungswissenschaft dagegen orientiert auf die Ermittlung von Widersprüchen und Zwängen im Feld der Erziehung. Sie fragt nach den gesellschaftlichen Reproduktionsbedingungen, in denen alle pädagogischen Beziehungen und Prozesse angelegt sind. Kritische Erziehungswissenschaft stellt den Schlüssel zum Verständnis von Bildung und Erziehung zur Verfügung; ohne diese systematische Analyse können pädagogische Handlungsperspektiven nicht entwickelt werden.

Im Rahmen der Kritischen Erziehungswissenschaft werden also Gesellschaft, Macht und Herrschaft zu zentralen Kategorien, mit denen Bildungsprozesse analysiert werden können:

- Welche Bedingungen stellt die Gesellschaft Kindern und Jugendlichen zur Verfügung?
- Welche Interessen schlagen sich im Bildungsprozess nieder?
- Welchen Verwertungsbedürfnissen sind pädagogische Vorgänge unterworfen?

Was bedeutet „Kritik“?

Kritik meint die begründete Beanstandung der Gesellschaft im Hinblick auf die Gestaltung von Erziehungs- und Bildungsprozessen. Kritik ist auf die systematische Überprüfung der gesellschaftlich-politischen Voraussetzungen angelegt, denen sowohl die Praxis der Erziehung wie die Erziehungs- und Bildungswissenschaft unterworfen sind. Diese Kritik ist keineswegs willkürlich gesetzt: Maßstab der Kritik in der Pädagogik ist der Grad der Realisierung individueller und kollektiver Mündigkeit – zwei Ebenen, die untrennbar miteinander verknüpft sind.

Im Hinblick auf die Gesellschaft intendiert Kritische Pädagogik eine radikale Demokratisierung und Zivilisierung der gesellschaftlichen Beziehungsverhältnisse, deren Ideal in der Zukunft einer vernünftig organisierten Gesellschaft besteht – jenseits der gesellschaftlichen Beschränkung des Menschen auf seine Funktion als privater Warenbesitzer.

Mit Blick auf die Subjektwerdung ist Kritische Pädagogik orientiert an den Leitideen der Emanzipation, der Mündigkeit, der Autonomie, die je nach gesellschaftlicher Situation und ihren Erfordernissen immer wieder konkret bestimmt werden müssen. Jede sich als neutral verstehende pädagogische Forschung (und Praxis) verkennt den politisch-gesellschaftlichen Charakter von Bildung und Erziehung und dient der Verteidigung einer schlechten Wirklichkeit. [...]

Erziehung im Kontext einer Kritischen Pädagogik

In der Lebensgeschichte des Individuums ist Erziehung wesentlich durch die persönliche Beziehung zu Vater und Mutter bestimmt. Erziehung aber ist darüber hinaus und vor allem ein gesellschaftliches Verhältnis. Erziehung steht in größeren gesellschaftlichen und politischen Zusammenhängen, die sich dem voreingenommenen lebensgeschichtlichen Blick entziehen. Erziehung ist also einerseits ein privat-personales Verhältnis; doch sie repräsentiert immer auch ein gesellschaftliches Beziehungsverhältnis; denn: keine Gesellschaft ist in der Lage, ohne Erziehung ihren Bestand und ihre Weiterentwicklung zu sichern. Erziehung ist zuständig für die Übermittlung der historischen Erfahrungen von einer Generation zur nächsten; ohne Erziehung ist weder ein Erfahrungstransfer denkbar, noch die durch Tradition gestiftete Weiterentwicklung der menschlichen Gattung. Erziehung ist ein Vorgang, der den Entwicklungsprozess des heranwachsenden Menschen einleitet, begleitet und fortführt; Erziehung ist zu verstehen als eine zielgerichtete, bewusst geplante, intentionale, mit Absicht vollzogene Handlung.

Meint „Sozialisation“ die gesamten Einflüsse der Lebensumstände auf die Subjektwerdung, so bezieht sich der Begriff der Erziehung lediglich auf ein Teilmoment dieser Gesamtheit. Erziehung als zielorientiertes gesellschaftliches Handeln ist der Versuch, bewusst gestaltend in das Gesamtfeld der Sozialisation einzugreifen. Erziehung und Manipulation, Förderung und negative Beeinflussung liegen jedoch nahe beieinander. Der Übergang von Erziehung in Manipulation kann fließend sein.

Die Aufgabe von Erziehung aus der Perspektive einer kritischen Pädagogik formulierte Herwig Blankertz: Thema der Pädagogik ist die Erziehung, die den Menschen im Zustand der Unmündigkeit antrifft. Erziehung muss diesen Zustand verändern, aber nicht beliebig, sondern orientiert an einer unbedingten Zwecksetzung, an der Mündigkeit des Menschen. Die geplanten Einflussnahmen auf die Persönlichkeitsentwicklung sind nur dann als Erziehung zu bezeichnen, wenn sie in pädagogischer Verantwortung stehen, wenn sie also auf die Verminderung von Fremdbestimmung und damit auf die Erhöhung von Autonomie des Subjekts angelegt sind.

Erziehung meint also soziale Handlungen, die aus pädagogischer Verantwortung heraus organisiert werden mit dem Ziel des Aufbaus und der Erweiterung des Handlungsspektrums des Kindes. Erziehung im Kontext einer Kritischen Pädagogik besteht also nicht einfach darin, die Heranwachsenden nach bestimmten Wertmaßstäben (der Erwachsenen) zu fördern, sondern sie systematisch an die Schwelle zur Mündigkeit zu führen. [...]

Erziehung ist Mittlerin zwischen Kindes-Entwicklung und Gesellschaft: Erziehung ist weder bloße Formung des Menschen (technizistisches Erziehungsverständnis) noch bloße Freilegung seiner naturhaften Anlagen (naturalistisches Erziehungsverständnis). Erziehung gestaltet vielmehr den Prozess der Vermittlung zwischen heranwachsenden Menschen und Gesellschaft, indem sie dessen Entwicklungspotentiale mit den gesellschaftlichen Anforderungen verknüpft. – Dieser Prozess der Vermittlung zwischen kindlichem Entwicklungsprozess und Gesellschaft heißt Erziehung.

Dieser Prozess der Vermittlung zwischen kindlichem Entwicklungsprozess und Gesellschaft, den wir Erziehung nennen, steht unter der pädagogischen Verantwortung der Gewährleistung von Autonomie! Erziehung ist eine Gratwanderung zwischen kindlichen Entwicklungsbedürfnissen und gesellschaftlichen Anforderungen, sie ist mit Zwang verknüpft, aber zugleich auf die Autonomie des Kindes hin orientiert. Je weiter wir in der Entwicklung des menschlichen Subjekts zurückgehen, umso stärker ist der formende Einfluss der Erziehung. – Von Beginn an ist also der Erziehungsprozess in ein Machtverhältnis eingelagert.

Dies ist die Hypothek, die der Erziehung wesenseigen ist: ein Grundmuster der Unterwerfung, unter die Machtansprüche der primären Bezugspersonen. Die Gesellschaft übt mit Erziehung einen massiven Einfluss auf die Subjektwerdung aus, weil die noch plastische, die noch formbare Subjektivität der Heranwachsenden kaum Widerstand gegen die Erziehungsmaßnahmen zu leisten in der Lage ist.

Und dennoch gilt:

1. Ungeachtet dieser totalitären Tendenz ist der Zwang erforderlich, da er sich aus der Selbstgefährdung von Kindern begründet;
2. Ohne diese Fremdbestimmung durch den Erwachsenen gibt es keine Loslösung, gibt es keine Autonomie.
3. Ohne die Herstellung von Sozialität durch Erziehung werden die zivilen Grundlagen des gesellschaftlichen Zusammenlebens ebenso untergraben, wie die Entwicklung selbstbestimmter Handlungsperspektiven des Menschen.

Erziehung muss so angelegt werden, dass die Überleitung von anfänglicher Fremdbestimmung in Selbstbestimmung prinzipiell ermöglicht wird. Nur von dieser Perspektive her ist Erziehung zu legitimieren! Erziehung ist damit eine Form humanen Zwanges, der für die Entbindung von Autonomie unerlässlich ist. Wir können von einer dialektischen Verknüpfung von Zwang und Autonomie sprechen: Erziehung ist ein Vorgang, der den Menschen nicht nur zu einem bestimmten Zustand hin „zieht“, sondern ihn auch „herausführen“ kann aus Zuständen der Abhängigkeit und Unterwerfung.

Quelle: Bernhard, Armin: Kritische Pädagogik. Zusammenfassung aus „Pädagogisches Denken“. Aufgerufen am 04.12.2020 unter http://www.kritischesozialearbeit.de/dokumente/Erziehung_und_Bildung_BERNHARD.pdf

Aufgabe

1. Erläutern Sie die Position einer kritischen Pädagogik.
2. Bernhard beschreibt das Verhältnis von Erziehung und Sozialisation. Erörtern Sie dieses mit eigenen Worten.

M 7 Der Forschungsprozess
(Dietmar K. Pfeiffer / Carsten Püttmann)

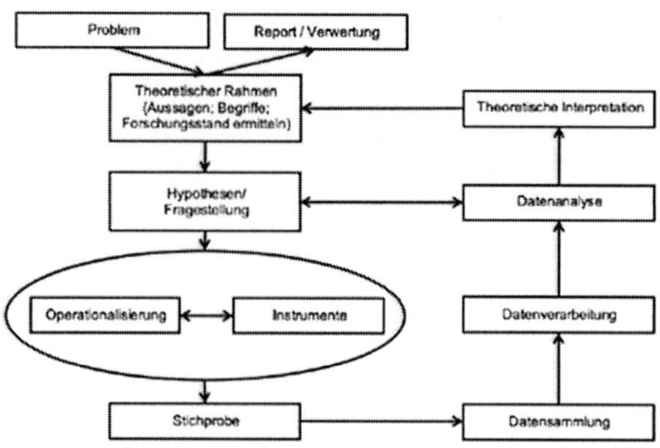

Quelle: Pfeiffer, Dietmar. K. & Püttmann, Carsten (2018): Methoden der empirischen Forschung in der Erziehungswissenschaft. Eine Einführung. Münster, New York: Waxmann, S. 34

Aufgabe

Betrachten Sie die obige Graphik (M 7). Sie beschreibt in idealtypischer Weise den Ablauf eines empirischen deduktionslogischen (vom Allgemeinen auf das Spezielle) Forschungsvorhabens. Dabei werden aus Anfangsaussagen (Axiomen) anhand von Gesetzmäßigkeiten weitere, speziellere Aussagen abgeleitet. Verfassen Sie ausgehend von einem Beispiel einen solchen Ablauf so, dass andere den Forschungsprozess und seine Phasen wiedergeben können.

M 8 Analyse von Forschungsberichten
(Dietmar K. Pfeiffer / Carsten Püttmann)

Für die Analyse von Forschungsberichten hat sich die folgende Checkliste als hilfreich erwiesen (Pfeiffer, Püttmann 2018):

Problem

- Sind das Problem und seine Bestandteile klar definiert?
- Wurde die Relevanz des Problems herausgearbeitet?
- Sind die Forschungsziele klar bestimmt?
- Theoretischer Hintergrund
- Sind die relevanten vorliegenden Kenntnisse (Literatur) berücksichtigt?
- Hat die Studie eine ausgewiesene theoretische Basis?
- Wurden spezifische Hypothesen formuliert?

Sample

- Soll eine Stichprobe gezogen werden oder liegt eine Fallstudie vor?
- Sind Umfang und Charakteristika der Grundgesamtheit beschrieben?
- Ist die Auswahlmethode für die Stichprobe klar beschrieben?

Operationalisierung und Instrumente

- Sind die zu untersuchenden Variablen klar angegeben?
- Sind die nicht direkt beobachtbaren Begriffe operationalisiert?
- Sind die Instrumente angemessen zur Erfassung der Variablen?
- Wie steht es um die Reliabilität und Validität der Instrumente?

Forschungsdesign

- Ist das gewählte Untersuchungsdesign der Fragestellung angemessen?
- Sind die Vorgehensweisen bei der Durchführung detailliert beschrieben?
- Wurden mögliche Störvariablen berücksichtigt?

Datenerhebung

- Wurde ein Pretest durchgeführt?
- Wie wurde Kontakt mit den Untersuchungssubjekten hergestellt?
- Sind die Daten plangemäß eingegangen oder gab es Ausfälle?

Resultate

- Wurden die Resultate klar dargestellt?
- Wurden angemessene statistische Maße berechnet und präsentiert?
- Wurden angemessene Signifikanztests durchgeführt?
- Erfolgte eine Zuordnung der statistischen Ergebnisse zu den Hypothesen?

Diskussion und Schlussfolgerungen

- Wurden die Resultate im Hinblick auf die Hypothesen diskutiert?
- Wurden die theoretischen und praktischen Folgen der Ergebnisse diskutiert?
- Wurden Anregungen für zukünftige Forschungen vorgetragen?

Quelle: Pfeiffer, Dietmar. K. & Püttmann, Carsten (2018): Methoden der empirischen Forschung in der Erziehungswissenschaft. Eine Einführung. Münster, New York: Waxmann, S. 38

M9 Praxisforschung
(Dietmar K. Pfeiffer/Carsten Püttmann)

Die Abgrenzung von Praxisforschung gegenüber der Anwendungs- und Grundlagenforschung lässt sich wie folgt skizzieren:

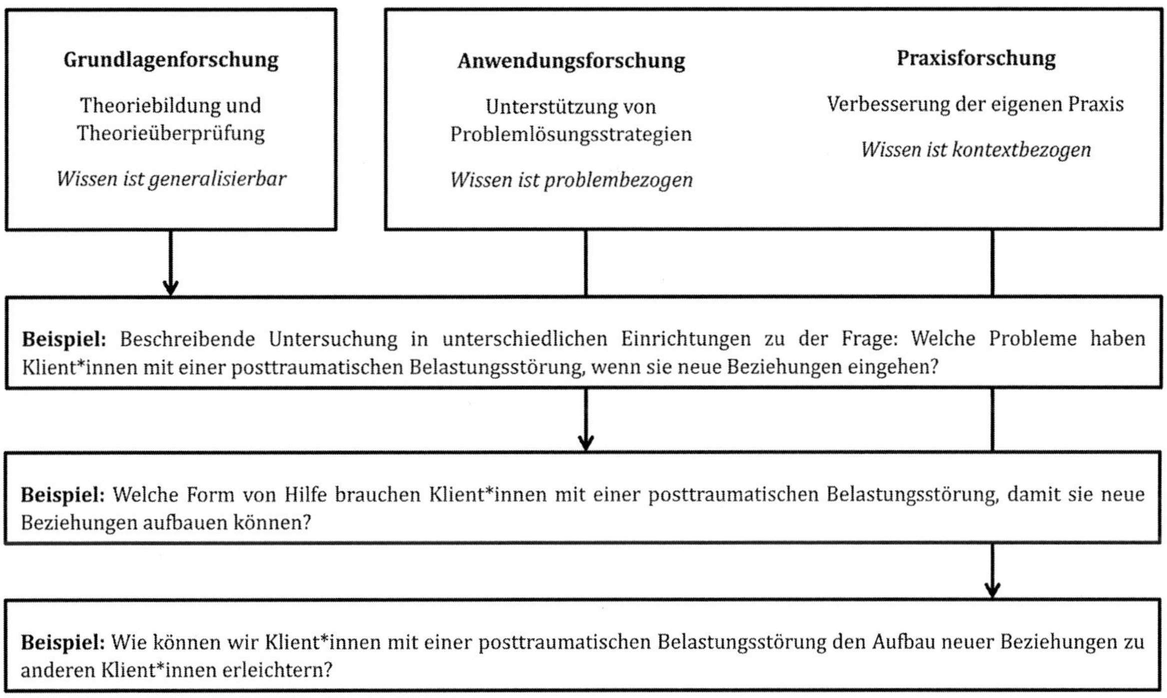

Praxisforschung ist, wie jede andere Form der Forschung, ein Prozess des Suchens, der auf Denken, Intuition und Kreativität beruht, „aus dem sich Denken und Fakten ergeben, die genutzt und analysiert werden, um zu neuen Erkenntnissen zu kommen" (Donk et al., 2014: 22). Alltägliches Handeln soll in ein forschungsgestütztes Handeln überführt werden, um damit einen sinnstiftenden Beitrag für die eigene Praxis und darüber hinaus für die Profession des eigenen Faches leisten zu können. Praxisforschungen finden sich in der Literatur als analytische Abklärung und Erforschung von Fragestellung, so genannte Praxisuntersuchungen, als Überprüfung von Maßnahmen und Evaluation von Projekten, sogenannte Evaluationsstudien, oder als Forschungsprojekte in Kooperation mit der Praxis, sogenannte partizipative Aktionsforschung wieder (Moser 2012: 37). Damit dies nicht willkürlich geschieht, sind neben Transparenz, Stimmigkeit, Adäquatheit und Anschlussfähigkeit der Forschungsbemühungen als Gütekriterien für die Praxisforschung unabdingbar (Moser 2012: 18–19). Als Kernaktivitäten lassen sich »Orientieren«, »Ausrichten», »Planen«, »Erheben«, »Analysieren und Schlussfolgern«, »Entwerfen« sowie »Berichten und Präsentieren« mit Hilfe eines Kreislaufes in eine Reihenfolge bringen, die dem klassischen Forschungsprozess ähnelt.

Quelle: Pfeiffer, Dietmar. K. & Püttmann, Carsten (2018): Methoden empirischen Forschung in der Erziehungswissenschaft. Eine Einführung. Münster, New York: Waxmann, S. 185–186

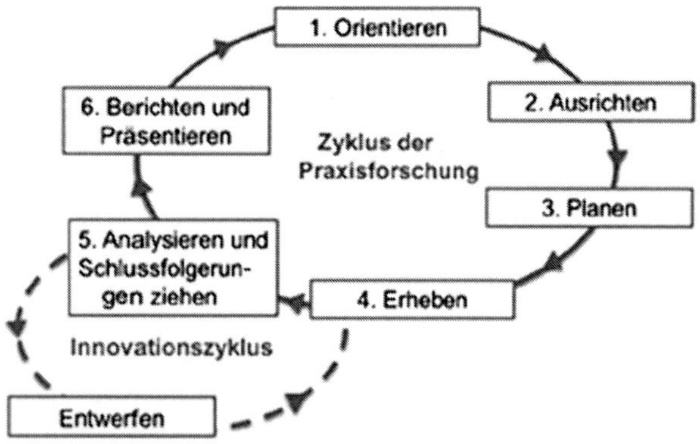

M 10 Leitfaden zum Verfassen eines Forschungsberichts
(Dietmar K. Pfeiffer / Carsten Püttmann)

Für den Aufbau eines Forschungsberichts hat sich folgende idealtypische Gliederung bewährt:

Deckblatt

Titelblatt (Titel, Untertitel, Namen, Matrikelnummer, Datum und Ort, (Fach-) Hochschule und Studiengang, Dozent)

Vorwort

Zusammenfassung (max. 400 Wörter)

Inhalt

1. Kapitel: Einleitung

1.1 Kontext, Problem- und Lageanalyse

1.2 Theoretischer Rahmen mit abschließender Problemstellung und Zielsetzung

1.3 Hauptfrage und Teilfragen

1.4 Ausblick auf die einzelnen Elemente des Berichts

2. Kapitel: Methode

2.1 Typisierung der Untersuchung, Beschreibung der Erhebungspopulation und Stichprobe sowie Datenerhebungsverfahren

2.2 Operationalisierung

2.3 Datenanalyseplan

3. Kapitel: Ergebnisse

4. Kapitel: Schlussfolgerung, Diskussion und Empfehlungen

4.1 Schlussfolgerung

4.2 Diskussion

4.3 Empfehlungen

Literaturverzeichnis (APA)

Anlagen

Einleitung und Theoretischer Rahmen

Der Gliederungsteil „Einleitung“ bildet einen Rahmen, innerhalb dessen die Untersuchung stattfindet. Hier wird beispielsweise über den Untersuchungsgegenstand und den Anlass der Untersuchung berichtet. Hier wird untersucht, was bereits zum Untersuchungsgegenstand bekannt ist und es wird logisch auf die Zielsetzung und Hauptfrage hingearbeitet. Diese ergeben sich schließlich aus dem theoretischen Rahmen. Der theoretische Rahmen enthält nur für die Untersuchung relevante Informationen. Daher sollte man sich bei jedem Text die Frage stellen, ob man diese Information wirklich verwenden möchte. Aber das gilt auch umgekehrt: Hat man alles zum Thema mitgeteilt, damit der Leser versteht, wie man zur Fragestellung und Zielsetzung gelangt ist? [...]

Methode

Bei dem Kapitel Methode geht es um eine konkrete Beschreibung und Verantwortung der Methode(n) zur Datenerhebung und -analyse. Wie man die erhaltenen Informationen bewertet, bestimmt in hohem Maße das Forschungsergebnis (das Fazit und die damit verbundene Schlussfolgerung, Diskussion und Empfehlung, die man abgeben will). Kurz gesagt: Sie zeigen auf, wie Sie die Daten erheben und verarbeiten möchten, wie Sie die Daten analysieren und anschließend daraus Schlussfolgerungen ziehen. [...]

Werden Sie sich zunächst darüber im Klaren, welche Art der Untersuchung Sie durchführen; welche Erhebungspopulation und Forschungseinheiten (Stichprobe) Sie wählen; wie Sie die Daten erheben; und mit welchem Verfahren.

Operationalisieren Sie, d.h.: Aus einer Teilfrage entwickeln Sie – falls möglich und erwünscht – messbare Begriffe und das Messinstrument. Das bedeutet, aus den Teilfragen die wichtigsten Begriffe herauszufiltern und sie zu verdeutlichen ... Anschließend erläutern Sie, wie sie diese messen und wie sie im Messinstrument verwendet werden.

Forschungsinstrumente wie Literaturrecherche, Erhebungsbögen, Interviews oder Beobachtung wählen Sie nicht grundlos: Daher erläutern Sie sehr genau, warum Sie sich für eine bestimmte Methode entscheiden.

Zum Schluss müssen Sie noch anführen, wie Sie die erhobenen Daten verarbeiten möchten. Dabei sollten Sie deutlich machen, wie Sie die erhobenen Daten zur Beantwortung der Teilfrage codieren und analysieren wollen. [...]

Ergebnisse

Ausschlaggebend für den Bericht sind die Untersuchungsergebnisse. Schreiben Sie übersichtlich und konsistent, welche Informationen Sie durch die Nutzung der Forschungsinstrumente wie Interviews, Erhebungsbögen oder Literaturrecherche erhalten haben. Es ist sicher hilfreich, die Struktur Ihrer Untersuchung in Einleitung und Methode auch im Kapitel über die Ergebnisse einzuhalten. Diese sollten beispielsweise pro Teilfrage behandelt werden. Das erleichtert es dem Leser, Ihre Methode(n) in den Ergebnissen zu erkennen. Bei der gesamten Arbeit sollte man immer dem roten Faden folgen. Verwenden Sie Tabellen und Grafiken, wenn diese den Bericht besser verdeutlichen.

Hinweis: Die Ergebnisse müssen immer im Text dargelegt werden. Tabellen und Grafiken sind nur als Ergänzung zu sehen. Tabellen und Grafiken sollten Sie im APA-Stil (American Psychological Association) anführen und dabei immer im Text darauf hinweisen; sie dienen dem Leser nur als Hilfsmittel zum besseren Verständnis.

Es gilt als schwierig, die Ergebnisse nicht tendenziös und zu Schlüssen neigend wiederzugeben, aber genau das bezweckt dieses Kapitel. Sie betrachten also ausschließlich, was Sie gefunden haben und nicht was dies für Ihre Untersuchung bedeutet. Dies folgt in Kapitel 4 mit den Schlussfolgerungen, der Diskussion und den Empfehlungen.

Schlussfolgerung, Diskussion und Empfehlungen

Schlussfolgerung

Nach ausführlicher Literaturrecherche, dem Finden einer Forschungsmethode und der Durchführung der Datenerhebung ist es jetzt an der Zeit, die erhaltenen Informationen mit dem Kontext, theoretischen Rahmen und der Hauptfrage zu verbinden. Zu Beginn des Fazits sollten Sie zuerst Anlass und Relevanz der Untersuchung wiederholen. Danach besprechen Sie die Ergebnisse pro Teilfrage und verbinden diese mit der Literatur und dem Kontext des Untersuchungsgegenstands. Bei den Ergebnissen beschreiben Sie nur, was die Daten hergeben und im Fazit interpretieren Sie die Bedeutung dieser Ergebnisse. Im Fazit beantworten Sie die Teilfragen und die sich daraus ergebenden Antworten auf die Hauptfrage! So schließt sich der Kreis: Am Anfang der Untersuchung stand eine Frage, die am Ende beantwortet wird.

Diskussion

In der Diskussion reflektieren Sie Ihre Untersuchung. Dabei kann es um die Thematik oder Themenabgrenzung gehen, aber auch um die Durchführung der Untersuchung. Vielleicht erwies sich die Datenerhebung als schwierig oder es gab Vorfälle, die die Untersuchung erschwert haben. Solche Sachen sollten Sie erwähnen, damit der Leser des Berichts die Schritte nachverfolgen kann. Damit reflektieren Sie auch über die Qualität und Anwendbarkeit der Untersuchung für die berufliche Praxis.

Empfehlungen

Aufgrund Ihres Fazits und Ihrer Diskussion können Sie für die Einrichtung Empfehlungen formulieren. Sie können Empfehlungen zu den Untersuchungsergebnissen abgeben, wie diese in der beruflichen Praxis umgesetzt werden können. Vielleicht sind Sie auf unbeantwortete Fragen gestoßen, die Ihrer Meinung nach eingehender untersucht werden sollten. [...]

Quelle: Pfeiffer, Dietmar. K. & Püttmann, Carsten (2018): Methoden der empirischen Forschung in der Erziehungswissenschaft. Eine Einführung. Münster, New York: Waxmann, S. 189–192

Aufgaben

1. Überlegen Sie sich Fragestellungen, zu denen Sie gerne selbst etwas herausfinden möchten.
2. Diskutieren Sie, wie Sie vorgehen würden.
3. Wir laden Sie ein, sich selbst bezogen auf die folgenden thematischen Schwerpunkte Forschungsfragen zu überlegen und diesen nachzugehen.
4. *Berichten* Sie von Ihren Ergebnissen.

3. Erarbeitung eines fachspezifischen Gegenstandes

3.1 Diversität und Ungleichheit

Der Begriff Diversität ist zu einem festen Bestandteil der Forschung zu sozialer Ungleichheit geworden. Er ist zuerst im englischsprachigen Kontext (‚diversity') verwendet worden und hat eine enge Kopplung an soziale Bewegungen, die die gesellschaftliche Anerkennung von Vielfalt und Unterschiedlichkeit einfordern. Als Fachbegriff in der Forschungsdiskussion hat Diversität zu einem differenzierteren Verständnis davon beigetragen, wie unterschiedliche Lebenslagen von Menschen mit den dazugehörigen Ressourcen, Vulnerabilitäten, Privilegierungen und Benachteiligungen verstanden werden können. Diversität zielt auf das Nebeneinander von spezifischen Merkmalen, die Unterschiedlichkeit erzeugen können. Hierzu gehört die klassische Perspektive auf die sozialen, ökonomischen und Bildungsungleichheiten. Als Innovation hat sich aber erwiesen, Ungleichheitskategorien aus der Perspektive der Diversität zu erweitern. Damit sind die geschlechtliche, kulturelle, ethnische und körperliche Diversität gemeint. Diversitätsdimensionen können sich gegenseitig beeinflussen, zu einer Anhäufung von Benachteiligungen führen, sich aber auch wechselseitig abschwächen. Dabei ist das Besondere, dass Diversität viel dynamischer und vielfältiger gedacht werden kann. So können zum Beispiel Diversitätsdimensionen hinzugenommen werden oder aufgelöst, je nachdem, auf welche Gesellschaften sie bezogen werden. Diversität kann zudem abseits der mit der Etikettierung von Benachteiligung verbundenen Form der Diskriminierung verstanden werden. Denn: Wenn von Diversität gesprochen wird, ist damit impliziert, dass es sich um gesellschaftlich konstruierte Lebenslagen handelt. Dies verdeutlicht ein Beispiel: Ethnische Diskriminierung ist etwas, was durch soziale Konstruktionsprozesse hergestellt wird. Eine Gesellschaft, die die Zuschreibung von ethnischen Merkmalen nicht kennt, würde auch keine ethnische Diversität auslösen. Genauso verhält es sich mit allen Dimensionen der Diversität. Man muss nur an sozial konstruierte Männer- und Frauenbilder denken und welche Wirkung sie für die Ausgestaltung der Geschlechterverhältnisse haben. Nur weil wir aus den Zuschreibungen von Gruppenmerkmalen soziale Konsequenzen ableiten (durch Anerkennung, Missachtung, Privilegierung und Benachteiligung), wird aus Diversität strukturierte Ungleichheit. Der Diversitätsbegriff steht also für eine Öffnung der Ungleichheitsperspektive. Damit ist die wissenschaftliche Forschung komplexer geworden und es wird eine viel größere Nähe zu den realen Lebenslagen von Menschen hergestellt. Für die Ungleichheitsperspektive ist damit gewonnen, dass neben materiellen Ungleichheiten auch Lebenslagen in den Blick kommen, die viel stärker durch Prozesse der Ausgrenzung und Diskriminierung charakterisiert sind.

M1 Das deutsche Schulbarometer: Corona-Krise verstärkt Bildungsungleichheit

(Klaus Hurrelmann / Dieter Dohmen)

Die Schulschließungen infolge der Corona-Krise führt deutlich vor Augen, wie stark der Bildungserfolg von der sozialen Herkunft abhängt. Kinder und Jugendliche, die von ihren Eltern beim Fernunterricht unterstützt werden, haben erheblich bessere Chancen, unbeschadet aus dieser Krise hervorzugehen, als Schülerinnen und Schüler, deren Eltern dies nicht können. Welche Auswirkungen diese Situation hat und wie Schulen und Politik der sozialen Spaltung gegensteuern sollten, erklären die Bildungsforscher Klaus Hurrelmann und Dieter Dohmen in ihrem Gastbeitrag für das Schulportal.

Seit den internationalen Vergleichsstudien der frühen 2000er-Jahre („PISA") wissen wir: In Deutschland hängt die Schulleistung der Jugendlichen besonders stark von ihrer sozialen Herkunft ab. Das hängt wesentlich damit zusammen, dass in Reaktion auf die nationalsozialistische Anti-Eltern-Politik die Rolle der Familie im Grundgesetz ungewöhnlich stark gemacht wurde. Artikel 6 legt fest: „Pflege und Erziehung der Kinder sind das natürliche Recht der Eltern." Kindertagesstätten und Schulen werden damit in den Rang von Hilfseinrichtungen gestuft.

Die damals sehr negativen PISA-Ergebnisse leiteten ein Umdenken ein. Weil andere europäische Länder mit einer flächendeckenden Vorschulerziehung und einer schulischen Ganztagsbetreuung deutlich größere Bildungsgerechtigkeit erzielten, hat auch Deutschland diesen Weg eingeschlagen. Leider nicht ganz konsequent, sodass wir heute einen Flickenteppich aus zu vielen „offenen"

Ganztagsschulen ohne und zu wenigen „gebundenen“ mit gut rhythmisierten Tages- und Stundenplänen haben – aber immerhin.

So brachte die letzte PISA-Studie denn auch das erfreuliche Ergebnis, dass sich die Bildungsungleichheit etwas abgeschwächt hat. Auch wenn sie immer noch erschreckend groß ist, was sich am großen Anteil junger Menschen aus bildungsfernen Familien ohne Schulabschluss (fast 7 Prozent) oder abgeschlossene Berufsausbildung (14 Prozent) oder mit sehr geringen Kompetenzen in Lesen, Schreiben und Rechnen (18 Prozent) und in einem Anteil von über zwölf Prozent funktionellen Analphabeten unter den Erwachsenen niederschlägt. Aber mit Blick auf die aktuellen Anforderungen beim digitalen Arbeiten erbrachte die international vergleichende ICILS-Studie auch einige positive Tendenzen.

Ist es durch die Schulschließungen damit schon wieder vorbei? Diese Befürchtung lässt sich aus dem Deutschen Schulbarometer Spezial, der aktuellen Forsa-Befragung von Lehrkräften zur Corona-Krise im Auftrag der Robert Bosch Stiftung in Kooperation mit der Zeit herauslesen. Nach Einschätzungen der Mehrheit der Lehrerinnen und Lehrer erweist es sich gegenwärtig als unmöglich, einen effizienten Unterricht durchzuführen. Unterschiede zwischen den Schulen ebenso wie in der häuslichen Ausstattung der Schülerinnen und Schüler brechen demnach wieder verstärkt auf.

Ungünstige Voraussetzungen multiplizieren sich und verstärken die Bildungsungleichheit

Das Thema Bildungsungleichheit ist auf einmal wieder im Fokus. Die befragten Lehrkräfte schätzen, dass über ein Viertel der Schülerinnen und Schüler eine für den Fernunterricht unzureichende technische Ausstattung hat. Fast genauso viele Befragte beklagen eine unzureichende Kommunikation mit Eltern und Schülern, fehlenden persönlichen Kontakt und mangelnde Möglichkeiten der Hilfestellung. Diese Nachteile summieren sich an den Grundschulen und den Haupt-, Real- und Gesamtschulen, während die Gymnasien mit ihrer Schülerschaft aus überwiegend bildungsnahen Familien deutlich besser abschneiden.

80 Prozent der befragten Lehrerinnen und Lehrer gehen davon aus, dass die Schulschließungen zu deutlichen Lernrückständen führen und sich die sozialen Ungleichheiten noch weiter verstärken werden. Ungünstige Voraussetzungen multiplizieren sich: Wer die dafür erforderlichen Geräte nicht hat, kann an digitalisiertem Unterricht nicht oder nur eingeschränkt teilnehmen. Wer sich selbst nicht strukturieren kann und keine Eltern hat, die beim häuslichen Lernen motivieren und fachlich unterstützen, lernt weniger als sonst. Der Anteil digitaler Analphabeten ist unter Haupt-, Real- oder Sekundarschülern deutlich höher als unter Gymnasiasten. Unter diesen Umständen ist es nicht erstaunlich, dass zwei Drittel der Lehrkräfte befürchten, die Lernrückstände bis zum Schuljahresende nicht mehr aufholen zu können.

[...]

Das Resultat: Während sich motivierte und daher in der Schule meist bessere Schülerinnen und Schüler zumindest zeitweise an den Schreibtisch setzen und sich mit Aufgaben und Lernanleitungen beschäftigen, ist das bei ihren weniger motivierten, meist leistungsschwächeren Gleichaltrigen selten der Fall. Die Akademikerkinder entfernen sich auf diese Weise immer weiter von ihren Mitschülern, weil deren Eltern ihnen fachlich weniger helfen können und zum überwiegenden Teil des Tages nicht zu Hause sind. Wenn Lehrerinnen und Lehrer tagsüber versuchen, die Eltern zu erreichen, dann bekommen sie die an die Strippe, die im Homeoffice, in Kurzarbeit oder arbeitslos sind – die Mehrheit der Erwerbstätigen, die am normalen Arbeitsplatz sind, können sie nicht ansprechen. Die erreichen sie erst am späten Nachmittag oder frühen Abend, falls sie es dann tatsächlich noch einmal versuchen.

Quelle: Hurrelmann, Klaus/Dohmen, Dieter (2020): Das deutsche Schulbarometer. Corona-Krise verstärkt Bildungsungleichheit. Aufgerufen am 08.11.2020 unter https://deutsches-schulportal.de/expertenstimmen/das-deutsche-schulbarometer-hurrelmann-dohmen-corona-krise-verstaerkt-bildungsungleichheit/)

Aufgaben

1. Stellen Sie die im Text genannten Ergebnisse zur Bildungsungleichheit strukturiert dar.
2. Die flächendeckende Einführung von gebundenen Ganztagsschulen steuert der in den Untersuchungen aufgezeigten Benachteiligung wirksam entgegen! Nehmen Sie mit Bezugnahme auf die zehn Prinzipien des MpR begründet Stellung.

M 2 „Unser Sozialstaat hat ganz empfindliche Probleme“
(Fridolin Skala)

Jens Spahn provoziert mit seinen Aussagen zu Hartz IV. Im FAZ.NET-Interview widerspricht der Armutsforscher Olaf Groh-Samberg dem CDU-Politiker und zeigt Schwächen des Sozialsystems auf.

Herr Groh-Samberg, der künftige Gesundheitsminister Jens Spahn hat gesagt, Hartz-IV bedeute nicht Armut. Hat er Recht?

Da ist die Frage, was Herr Spahn unter Armut versteht. Sein Argument lautet: Wir haben in den Sozialgesetzen eine Mindestsicherung, auf die alle Personen ein Anrecht haben, die unter das Existenzminimum fallen. Wenn die Armutsschwelle also das ist, was der deutsche Sozialstaat als Existenzminimum ausgibt, gibt es per Definition keine Armut in Deutschland. Diese Auffassung hat auch die frühere deutsche Bundesregierung unter Helmut Kohl vertreten – und damit die Existenz von Armut in Deutschland bestritten.

Sehen Sie das auch so?

Nein. Wir haben mit guten Gründen eine nationale Armuts- und Reichtumsberichterstattung, die von einem breiteren Verständnis von Armut ausgeht. Nach der gängigen Definition von Armut in der Wissenschaft gilt als arm, wer weniger als 60 Prozent des mittleren nationalen Einkommens zur Verfügung hat. In konkreten Zahlen liegt die Armutsgrenze einer alleinstehenden Person ungefähr bei 1000 Euro – je nach Datenquelle etwas mehr oder weniger. Dann leben plötzlich auch fast alle Empfänger von Hartz IV in Armut, weil die Leistungen in der Regel unterhalb dieser Armutsgefährdungsschwelle liegen. Dazu kommt noch eine hohe Dunkelziffer von Menschen, die auf ihren Anspruch auf Arbeitslosengeld II verzichten, weil sie sich schämen und den Gang zum Jobcenter als entwürdigend empfinden. Deren Zahl liegt schätzungsweise bei etwa 40 Prozent. Deswegen hat Jens Spahn jedenfalls nicht zu 100 Prozent recht.

Wie hat sich die Armut denn generell in den letzten 20 Jahren entwickelt?

Sie hat ganz deutlich zugenommen in Deutschland, besonders stark von Ende der 1990er Jahre bis Mitte der 2000er Jahre. Und auch seit 2005 bis heute ist die Armut weitergewachsen, wenn auch nur leicht.

Lässt sich da eine Verbindung zur Entwicklung der Arbeitslosenzahlen ziehen?

Den Zusammenhang gibt es. Die Arbeitslosenzahlen sind auch bis 2005 extrem angestiegen, allerdings hat sich danach kein Umkehrtrend für die Armut ergeben.

Woran liegt das?

Statistisch gesehen gehen etwa 20 bis 30 Prozent des Anstiegs der Armut in diesem Zeitraum auf das Konto der gestiegenen Arbeitslosigkeit. Aber der Großteil des Anstiegs, etwa 40 bis 50 Prozent, erklärt sich tatsächlich durch gestiegene Lohnungleichheiten auf dem Arbeitsmarkt, vor allem auch im unteren Einkommensbereich. Diese Lohnungleichheiten halten bis heute trotz des starken Rückgangs der Arbeitslosigkeit an und haben mit dem hohen Anteil an Minijobs und prekären Beschäftigungsverhältnissen zu tun.

Als besonders armutsgefährdet gelten gemeinhin ältere Menschen mit kleinen Renten und Alleinerziehende. Bei welchen Gruppen ist die Lage noch besonders ernst?

Klar ist, dass Alleinerziehende am meisten von Armut betroffen sind. Daneben sind aber auch sehr viele Haushalte von Geringqualifizierten und Migranten überproportional von Armut betroffen. Bezogen auf die Altersgruppen sind Rentner eher unterdurchschnittlich von Armut betroffen – junge Erwachsene am Anfang des Berufslebens hingegen überdurchschnittlich häufig.

Das lässt sich alles schwer mit der Aussage von Jens Spahn vereinbaren, wir hätten eines der besten Sozialsysteme der Welt. Wie ist es um den deutschen Sozialstaat bestellt?

Herr Spahn hat insofern Recht, als dass es den Sozialstaat gibt und er auch die Funktion hat, die Menschen vor Hunger und eben extremer Armut zu bewahren. Die Frage ist aber, wie ausreichend die Sozialleistungen sind. Und da gibt es eben seit vielen Jahren immer wieder Kritik, dass die Regelsätze unzureichend sind und keine wirkliche Teilhabe erlauben. Daneben kommt hier wieder die hohe Dunkelziffer ins Spiel und es gibt andere Sozialsysteme in dieser Welt, die so ausgestaltet sind, dass die Menschen gar nicht erst in diese Notlage geraten und vor allem nicht als Bittsteller dem Sozialstaat gegenüber auftreten müssen.

Quelle: Skala, Fridolin (2018): Unser Sozialstaat hat ganz empfindliche Probleme. (Aufgerufen am 08.11.2020 unter https://www.faz.net/aktuell/politik/inland/jens-spahn-armutsforscher-olaf-groh-samberg-widerspricht-15491409.html)

Aufgaben

1. Arbeiten Sie aus dem Interview heraus, wie unterschiedlich Armut definiert werden kann, wer davon besonders betroffen ist und welche Gründe für Armut genannt werden.
2. Erläutern Sie, (a) welche Schwierigkeiten beim Erwerb von kulturellem Kapital (nach Bourdieu) durch Armut entstehen und (b) was dies für die Lebensbiografie von Armut betroffenen Jugendlichen bedeuten kann.

M 3 Diskriminierung: Die Verwendung von Differenzen zur Herstellung und Verfestigung von Ungleichheiten

(Albert Scherr)

Eine Gemeinsamkeit der sozialwissenschaftlichen Diskurse, die durch die Begriffe Diversität und Intersektionalität markiert sind, besteht in dem Interesse, Einsichten der Ungleichheitsforschung, der Geschlechterforschung sowie der Ethnizitäts- und Rassismusforschung in eine hinreichen komplexe Theorie sozialer Ungleichheiten, von Verteilungs-, Macht- und Anerkennungsverhältnissen zu integrieren (s. als Übersicht zum Stand der Debatte Lutz/Herrera Vivar/Supik 2010; Müller 2011; Salzbrunn 2012; Weischer 2011: 415 ff.). Dazu wird argumentiert, dass Klasse, Geschlecht, Ethnizität und „Rasse“ als zentrale, historisch und systematisch ineinander verschränkte Ungleichheitslagen verstanden werden können, denen Klassenverhältnisse, Geschlechterhierarchien und Hegemonien zwischen dominanten und untergeordneten sozialen Gruppen entsprechen (s. u. a. Klinger/Knapp/Sauer 2007; Knapp 2012; Schwinn 2007: 88 ff.; Winker/Degele 2009). Die erhebliche empirische Plausibilität, die Analysen für sich beanspruchen können, die von dieser Grundannahme ausgehen, soll hier nicht bestritten werden. Dennoch aber gibt es Gründe danach zu fragen (s. u.), ob es zureichend ist, von Klasse, Geschlecht, Ethnizität und „Rasse“ als Kernbegriffen auszugehen, und es ist fraglich, ob eine gesellschaftseinheitliche und stabile Struktur von Klassenverhältnissen, Geschlechterverhältnissen und Hegemonien zwischen Mehrheit und Minderheiten angenommen werden kann.

Damit ist darauf hingewiesen, dass die Thematisierung von Diversität und Intersektionalität eine weitreichende Herausforderung für die soziologische Gesellschaftstheorie darstellt (vgl. Knapp 2012: 441 f.). Darauf bezogen wird im Folgenden der Versuch unternommen, die soziologische Auseinandersetzung mit dem Verhältnis von Ungleichheit, Diversität und Intersektionalität mit den Mitteln soziologischer Differenzierungs- und Diskriminierungstheorien weiter zu entwickeln. Hintergrund dessen ist erstens ein Verständnis von (struktureller, institutioneller und interaktioneller) Diskriminierung als Prozess, durch den gesellschaftlich (auf der Ebene von Semantiken, Diskursen, Ideologien und Institutionen) etablierte kategoriale Unterscheidungen von Personenkategorien und sozialer Gruppen zur Herstellung, Begründung und Legitimation von Positionszuweisungen in den Strukturen sozialer Ungleichheiten verwendet werden (s. Scherr 2010). Zweitens wird argumentiert, dass soziale Ungleichheiten (im Plural) unter Bedingungen funktionaler Differenzierung als Moment der Strukturbildung gesellschaftlicher Teilsysteme zu bestimmen sind, dass also nicht von einer, sondern von komplex miteinander verknüpften Strukturen sozialer Ungleichheiten auszugehen ist (vgl. Schwinn 2007: 46 ff.). Drittens versuche ich zu zeigen, dass es nicht zureichend ist, von einer gesellschaftseinheitlichen Bedeutung von Klasse, Geschlecht, Ethnizität und „Rasse“ als Merkmale auszugehen, die für Positionszuweisungen in den Strukturen sozialer Ungleichheiten bedeutsam sind. Der vorliegende Beitrag zielt damit auf eine Verknüpfung von Ungleichheitstheorie, Diskriminierungstheorie und Differenzierungstheorie – und handelt sich damit zweifellos erhebliche Komplikationen ein.[1]

[1] Die damit eingenommene Perspektive geht (einerseits) in Distanz zu Theorien, die auf eine gesellschaftstheoretische Fundierung verzichten und ihr Interesse auf eine Analyse interaktiver und situativer Praktiken der Herstellung, Inszenierung und Verwendung von Differenzen fokussieren. In Abgrenzung zu neomarxistischen Varianten der Intersektionalitätsforschung wird andererseits akzentuiert, dass es erforderlich ist, von Strukturen sozialer Ungleichheit auszugehen, die sich nicht zureichend als Voraussetzungen und Folgen sozioökonomischer Klassenlagen beschreiben lassen.

1. Class, Gender, Ethnicity/Race als gesellschaftseinheitliche Strukturkategorien?

Versuche, die Ungleichheiten der Lebensbedingungen, der Verteilungs-, Macht und Anerkennungsverhältnisse (s. Fraser 2003; Ritsert 2009: 146 ff.), mit den Mitteln von Klassen bzw. Schichtungstheorien zu beschreiben, stellen erkennbar eine Verkürzung dar, die mit systematischen Ausblendungen relevanter Aspekte der Struktur sozialer Ungleichheiten sowie der gesellschaftlichen Unterscheidung ungleicher und ungleichwertiger Gruppen und der damit verbundenen Zuweisung sozialer Positionen einhergeht. Darauf wird seit einiger Zeit – nicht zuletzt in Anknüpfung an feministische und antirassistische Diskurse – in unterschiedlichen Kontexten hingewiesen: Die sozialwissenschaftliche Intersektionalitätsforschung (s. u.a. Aulenbach/Riegraf 2012; Klinger/Knapp/Sauer 2007; Lutz/Herrera Vivar/Supik 2010; Winker/Degele 2009), die Diversity Studies (s. u.a. Adams u.a. 2000; Krell/Riedmüller/Sieben/Vinz 2007; Allemann-Ghionda/Bukow 2011) sowie der politische und rechtliche Antidiskriminierungsdiskurs (s. u.a. Bielefeldt 2010; Scherr 2010) verweisen – mit unterschiedlicher Schwerpunktsetzung – auf die Bedeutung der Geschlechterverhältnisse und von sexueller Identität, von Rassismus und Ethnisierung, Religion und Weltanschauung sowie von Ungleichheiten und Machtasymmetrien zwischen Altersklassen, Behinderten und Nicht-Behinderten. In der neueren Ungleichheitsforschung (s. Kreckel 2006; Beck 2010) wird zudem auf die Bedeutung von Staatsangehörigkeit als für ungleiche Lebensbedingungen in der Weltgesellschaft hoch folgenreiches Merkmal hingewiesen. In seinem Beitrag zur Exklusionsdebatte hat Claus Offe (1996) darüber hinaus auch auf die Bedeutung des Strafrechts für die Generierung von Ungleichheitslagen verwiesen.

Damit ist zunächst – in Fortführung feministischer und antirassistischer Diskurse – auf die Notwendigkeit einer Perspektivenerweiterung hingewiesen: Versuche, Ungleichheiten der Lebensbedingungen und deren Folgen zu beschreiben, müssen mehr als die Aspekte berücksichtigen, die in tradierten Ungleichheitstheorien vorgesehen sind und zudem der Tatsache Rechnung tragen, dass diese sich in komplexer Weise überlagern (können).[2] Diese mit empirischen Beobachtungen problemlos plausibilisierbare Überlegung wirft für die sozialwissenschaftliche Theoriebildung erhebliche Schwierigkeiten auf: Denn es handelt sich ersichtlich um eine durchaus unübersichtliche Gemengelage von Differenzierungslinien[3], für die zunächst anzunehmen ist, dass ihre relative Bedeutung abhängig ist von institutionellen Kontexten und situativen Rahmungen sowie sich für soziale Gruppen unterscheiden. Zudem bereitet es bekanntlich erhebliche Schwierigkeiten zu klären, in welchem Sinne es sich bei den jeweiligen ungleichheitsrelevanten Differenzen um gesellschaftliche Strukturen bzw. um Effekte von gesellschaftlichen Strukturen handelt; oder aber „nur“ um die Folgen von Klassifikationen, Institutionen und Praktiken, die inzwischen als Diskriminierungstatbestände anerkannt sind und durch geeignete politische und rechtliche Maßnahmen überwunden werden können, ohne dass dies die fundamentalen Strukturen der Gesellschaft in Frage stellt.[4] Im politischen und rechtlichen Antidiskriminierungsdiskurs findet sich, zwar ganz untheoretisch, aber hoch folgenreich, durchaus eine Antwort auf die damit aufgeworfene Frage: Dort werden gegenwärtig zwar Ethnizität, Religion, „Rasse“, Geschlecht und sexuelle Orientierung, Alter und Behinderung als Gründe unzulässiger Diskriminierung genannt. Nicht genannt werden dort jedoch Benachteiligungen aufgrund der sozialen Klasse, und die Diskriminierung zwischen Staatsangehörigen und Nicht-Staatsangehörigen wird ausdrücklich vom Diskriminierungsverbot ausgenommen (s. Scherr 2010). Demnach

---

[2] Bereits bei Goffman (1980/1994: 93) werden „Alter, Geschlecht, Klasse und ethnische Zugehörigkeit“ als „vier wichtige diffuse Statuskategorien“ gefasst und angenommen, dass diese „ein Raster sich überschneidender Linien“ bilden, in dem jedes Individuum durch seinen Bezug auf jede der vier Statuskategorien verortet werden kann.

[3] Helma Lutz und Rudolph Leiprecht haben 15 „hierarchische Differenzlinien“ unterschieden, die für ein angemessenes Verständnis von Diversität relevant sind; s. Leiprecht/Lutz 2005: 219 f.

[4] Dass auch die Frage, was denn die fundamentalen Strukturen der Gesellschaft sind, in der Soziologie bekanntlich nicht einheitlich beantwortet wird und die anhaltende Aufspaltung in Ungleichheitstheorie und Theorien funktionaler Differenzierung, erleichtert die Suche nach Antworten auf die aufgeworfenen Fragen ersichtlich nicht.

wären Klassenstrukturen und Strukturen des Territorialstaates Kernstrukturen, deren Ungleichheitseffekte politisch und rechtlich als unantastbar gelten. Diese Beobachtung kann aber eine theoretische Klärung zweifellos nicht ersetzen.[5]

Quelle: Scherr, Albert (2012): Diskriminierung. Die Verwendung von Differenzen zur Herstellung und Verfestigung von Ungleichheiten. (Aufgerufen am 08.11.2020 unter http://portal-intersektionalitaet.de7/theoriebildung/ueberblickstexte/scherr/)

Aufgabe

1. Arbeiten Sie aus dem Text heraus, welche Strukturkategorien von Ungleichheit im Text konkret benannt werden.
2. *Denn es handelt sich ersichtlich um eine durchaus unübersichtliche Gemengelage von Differenzierungslinien[6], für die zunächst anzunehmen ist, dass ihre relative Bedeutung abhängig ist von institutionellen Kontexten und situativen Rahmungen sowie sich für soziale Gruppen unterscheiden. (Z. 1864ff.)* Erläutern Sie dieses Zitat und geben Sie Beispiele an.

M 4 „Pädagogik in falschen Verhältnissen“
(Franziska Schubert)

Auf einer Bildungskonferenz im Rahmen der Frankfurter Buchmesse kritisiert ein Wissenschaftler das deutsche Schulsystem scharf.

Paul Mecheril beginnt mit einer Entschuldigung. Die anwesenden Lehrkräfte und Sozialpädagogen sollen seine Kritik am Bildungssystem nicht persönlich nehmen, aber „es gibt keine richtige Pädagogik in falschen Verhältnissen“, sagt der Professor für Migrationspädagogik an der Universität Bielefeld in Anlehnung an das berühmte Zitat von Adorno.

Mecheril, Autor des aktuellen Buches „Pädagogik neu denken! Die Migrationsgesellschaft und ihre Lehrer*innen“, ist einer der Redner auf der Frankfurter EDU Konferenz, die die gemeinnützige Gesellschaft Litcam (Literacy Campaign) während der Frankfurter Buchmesse veranstaltet. Mecheril kritisiert, dass die Schule den Herausforderungen der Migrationsgesellschaft nicht gewachsen sei. Und er spitzt seine These noch zu, indem er fragt, „ob das politisch so gewollt sei“. Seiner Analyse zufolge fehlen der Schule aktuell die Ressourcen, um Bildungsräume zu eröffnen. Um andere in ihrer Vielfalt anzuerkennen, brauche es vor allem Zeit; es gehe darum, „das Hingucken zu pflegen“.

Dazu erforderlich seien gebildete Lehrer, die in ihrer Ausbildung etwa lernten, „die Alltäglichkeit und Brutalität des Rassismus“ in Deutschland zu thematisieren. Seit der Wiedervereinigung habe es bis heute insgesamt 198 Todesopfer rechtsextremer Gewalt gegeben, führt Mecheril an und verweist auf Zahlen der Amadeu-Antonio-Stiftung. Dieses Unvermögen, in unserer Wissensgesellschaft, über solche Fragen zu sprechen, sieht Mecheril als Folge jahrzehntelanger Versäumnisse.

In diesem Zusammenhang erinnert er an die Regierungserklärung aus dem Jahr 1989, als Bundeskanzler Helmut Kohl verkündete: „Wir sind kein Einwanderungsland.“ Gegen diese „bundesrepublikanische Lebenslüge habe etwa der Migrationsforscher Klaus Bade in vielen Schriften argumentiert. Aktuell sei ein „Kampf um die Ordnung“ in unserem Bildungssystem entbrannt, konstatiert Mecheril. Zur Demokratie gehöre auch die verstörende, nicht nur erwünschte Formen der Pluralität. Nur wenn in Kitas und Schulen dem Rechnung getragen werde, sei es möglich, „sie als Ort der Bildung wiederzugewinnen“. Das sei Aufgabe der Politik, aber auch Lehrkräfte könnten in diesem Prozess ihre Autonomie und ihren Einfluss geltend machen.

Für Mecheril gibt es jedoch noch eine globale Baustelle – und zwar unsere „imperiale Lebensweise“, die anderen Menschen das Recht auf Würde vorenthalte, immense Ressourcen verbrauche und schlimmes Leid produziere. So seien gerade fast 70 000 Kinder in Nordostsyrien auf der Flucht, sagt Mecheril und hält eine Zeitung in die Höhe. Für ihn kommt darin ein Spannungsverhältnis zwischen Bürger- und Menschenrechten zum Ausdruck: „Mit welcher Legitimität errichten wir an den Rändern Europas Lager und verwehren den Flüchtlingen die Menschenrechte?“, fragt der 1962 geborene Mecheril. Mit solchen für unsere

[5] Die provoziert jedoch die Frage nach der Nähe und Distanz sozialwissenschaftlicher Diskurse zu den politischen Modernisierungsanstrengungen, die im Antidiskriminierungsdiskurs zum Ausdruckkommen; s. dazu Scherr 2013

[6] Helma Lutz und Rudolph Leiprecht haben 15 „hierarchische Differenzlinien“ unterschieden, die für ein angemessenes Verständnis von Diversität relevant sind; s. Leiprecht/Lutz 2005: 219f.

Epoche grundlegenden Problemen sollten sich Erziehungseinrichtungen auseinandersetzen, fordert er. „Wir brauchen Rezepte zum Aussteigen“ – nicht zuletzt aus der ökologischen Krise. Schließlich gehe es in der Pädagogik um die Ertüchtigung, das Selbstbestimmungsrecht auszuüben und in Einklang zu bringen mit der Idee, wie ein gutes, gelingendes Leben für alle Menschen jenseits der eigenen nationalstaatlichen Interessen aussehen soll. Solange Kinder aber nur aufgrund ihrer Leistung aussortiert würden, mache Schule dumm.

Quelle: Schubert, F. (2019): Pädagogik in falschen Verhältnissen. Verfügbar unter: https://www.fr.de/wissen/paedagogik-falschen-verhaeltnissen-13124717.html (04.12.2020; 16:40 Uhr)

Aufgabe

Zur Demokratie gehöre auch die verstörende, nicht nur erwünschte Form der Pluralität. Nur wenn in Kitas und Schulen dem Rechnung getragen werde, sei es möglich, „sie als Ort der Bildung wiederzugewinnen“. (Z. 1972 ff.) Diskutieren Sie dieses Zitat und geben Sie konkrete Vorschläge an, welchen Beitrag Bildungsinstitutionen hier leisten können bzw. müssen.

M5 Positive Gesundheit
(Machteld Huber)

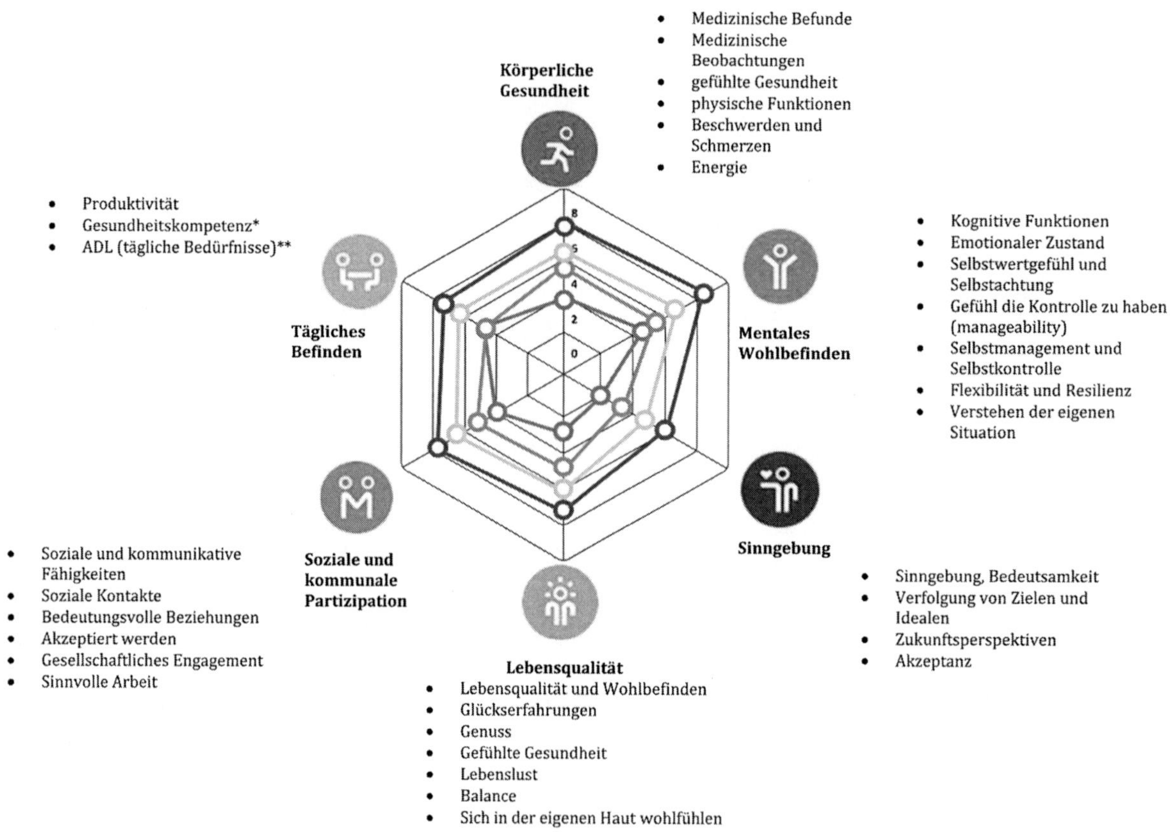

Quelle: Aus dem niederländischen Original übersetzt von: Stichting Institute for Positive Health (Hrsg.) Aan de slag met Positieve Gezondheid: download het gespreksinstrument en de iconen. Verfügbar unter: https://iph.nl/downloads/ (27.11.2020; 11:10 Uhr)

*Gesundheitskompetenz ist verknüpft mit Bildung und umfasst das Wissen, die Motivation und die Kompetenzen von Menschen in Bezug darauf, relevante Gesundheitsinformationen in unterschiedlicher Form zu finden, zu verstehen, zu beurteilen und anzuwenden, um im Alltag in den Bereichen der Krankheitsbewältigung, der Krankheitsprävention und der Gesundheitsförderung

Urteile fällen und Entscheidungen treffen zu können, welche die Lebensqualität im gesamten Lebensverlauf erhalten oder verbessern. (http://aok-bv.de/imperia/md/aokbv/gesundheitskompetenz/who_health_literacy_fakten_deutsch.pdf)

**Liste der ADL-Aktivitäten umfasst: Essen, Medikamenteneinnahme, trinken, Bewegung, sinnvolle Aktivitäten (Hobbies, Sport), Entspannung, soziale Kontakte, aus dem Bett kommen, sich hin- und aufsetzen können, Geschlechtsverkehr, an- und ausziehen können, sprechen und hören können, urinieren können, Stuhlgang haben, Regulierung der Körperwärme (bspw. Durch richtige Kleidung), Körperhygiene, Antrieb haben (https://nl.wikipedia.org/wiki/Algemene_dagelijkse_levensverrichtingen)

Aufgaben

1. *Gesundheit ist im Sinne des Modells der »Positiven Gesundheit« nicht bloß als Abwesenheit von Krankheit oder Behinderung zu verstehen, sondern positiv zu definieren als das Vorhandensein von Lebensqualität, Handlungsfähigkeit, Rollenkompetenz und die Möglichkeit, sein vorhandenes Potenzial gleichzeitig zu erfüllen und zu erweitern.*

   Erörtern Sie diese Aussage vor dem Hintergrund von Inklusion, Diversität und Heterogenität und deren Bedeutung für pädagogische Institutionen.
2. Die Leuvener Engagiertheitsskala (Beobachtungs- und Dokumentationsverfahren für Kindertagesstätten) beschreibt Wohlbefinden als wesentliche Grundlage für das Engagement von Kindern. Informieren Sie sich über dieses Verfahren, und reflektieren Sie, inwieweit dies auf Schule übertragbar sein könnte.

M6 Health Inequalities – Ein deutsches Problem?

(Ullrich Bauer)

(…)

Ein PISA-Schock im Gesundheitswesen?

Zu dem breiten Zusammenhang solcher sozial bedingten gesundheitlichen Ungleichheiten existiert inzwischen eine lange Forschungstradition, die im 19. und frühen 20. Jahrhundert auch auf deutsche Wissenschaftler/innen zurückgeht. Dass heute von Health Inequalities bzw. von gesundheitlichen Ungleichheiten in Deutschland kaum gesprochen wird, muss darum umso mehr überraschen. Sind Health Inequalities vielleicht kein deutsches Problem?

Gibt es in Deutschland möglicherweise gar keinen Zusammenhang zwischen sozialen und gesundheitlichen Ungleichheiten? Eine solche Diskussion erinnert an den noch vor wenigen Jahren so bezeichneten PISA-Schock. Die Bildungsdebatte ist hier tatsächlich in vielerlei Hinsicht wegweisend. Die Ergebnisse der PISA-Untersuchungen wurden als Schock auch deswegen empfunden, weil sich dadurch zeigte, wie lange und wie leicht über folgenschwere gesellschaftliche Problemlagen hinweg gegangen werden kann, ohne dass sich öffentliche Empörung regt oder gar ein politisches Bemühen um Veränderungen. Die soziale Benachteiligung derjenigen in unserem Bildungssystem, die – wie viele Alleinerziehende – über wenig ökonomische Ressourcen verfügen oder derjenigen, deren Eltern selbst nur über einen geringen Bildungsabschluss, also wenig kulturelle Ressourcen verfügen, ist kein Phänomen, das erst seit PISA existiert. Bildungsungleichheiten bestehen gerade in Deutschland wie in kaum einem anderen Land seit fast über hundert Jahren mit einer fast ungebrochenen Stabilität. Nur hat zuvor kaum noch jemand darüber gesprochen.

Das zur Verfügung stehende Zahlenmaterial aus zahlreichen Bildungsuntersuchungen vor PISA hat den Weg an die Öffentlichkeit kaum noch gefunden. In gewisser Weise überwog spätestens seit den 1980er-Jahren die wohlmeinende Grundüberzeugung, nach der es jedem Einzelnen in Deutschland immerhin doch so gut wie nirgends sonst gehe. Der Sozialstaat in Deutschland – so stabil und tragfähig wie sonst nirgendwo in der Welt? Über soziale Ungleichheiten zu sprechen, schien wohl deswegen schon gar keinen Sinn mehr zu machen. Aus heutiger Sicht wissen wir genau, wie trügerisch diese damalige Sichtweise war. Die Bildungsexpansion der 1960er-Jahre war auf halbem Wege stecken geblieben und der Sozialstaat bereits im Rückbau, als seine Fundamente für unverrückbar befunden oder – wie noch häufiger – schon beklagt wurden. Was dann im Jahr 2001 mit einem PISA-Schock in der Diskussion über Bildungsungleichheiten begann, hat viele Ähnlichkeiten mit dem, was wir heute in Deutschland als Health Inequalities diskutieren. Von einem

Gesundheitsschock zu sprechen, verlangt nicht mehr viel.

Müssen Arme früher sterben?

Es ist zwar nicht korrekt, dem deutschen Gesundheitswesen bereits jetzt eine ähnlich skandalöse Bilanz wie dem hiesigen Bildungswesen nachzusagen. Eine klare gesellschaftliche Spaltung wie die der deutschen Bildungslandschaft, sehr alte, dafür aber umso wirksamere Selektionsstrukturen eines mehrfach gestuften Bildungswesens, die die soziale Hierarchie stets verlässlich in eine Schulformhierarchie übersetzen und im Anschluss aus der Schulformhierarchie wieder die alte soziale Hierarchie hervorbringen – das alles ist im Gesundheitsbereich so noch nicht vorstellbar. Deutschland ist im Gesundheitsbereich kein – mit einem Schlagwort der PISA-Diskussion – Selektionsweltmeister. Und dennoch weit genug von dem Gegenteil entfernt. Weit genug von einer gerechten und gleichen Verteilung der Gesundheitschancen und Krankheitsrisiken. Deutschland liegt international betrachtet im Mittelfeld eines Vergleichs, der das Verhältnis zwischen dem Gesundheitszustand und den sozialen Lebensbedingungen der Menschen bewertet.

In allen Ländern, auch den westlichen, technisch hoch entwickelten, kann – so die wissenschaftliche Ausdrucksweise – ein sozialer Gradient gesundheitlicher Lebenschancen abgebildet werden. Das heißt in der Realität: Das Risiko, zu erkranken oder frühzeitig zu sterben, nimmt dann zu, wenn der soziale Status – hiermit ist ein Mix aus Einkommensverhältnissen, Beruf und Bildungsgrad gemeint – abnimmt. Umgekehrt also sinkt die Gefahr, von zumeist schwerwiegenden oder chronischen Erkrankungen und einem frühzeitigen Tod betroffen zu sein, wenn der soziale Status hoch ist, wenn also ein ausreichendes Einkommen, eine gute berufliche Situation und ein hoher Bildungsgrad erreicht wurden. „Müssen Arme früher sterben“, lautet also die konsequente Anschlussfrage? Ja, die knappe, aber durchaus korrekte Antwort.

Unterschiede in der Lebenserwartung zwischen „Reich“ und „Arm“ erreichen auch in den meisten westlichen Ländern eine Spanne von bis zu zehn Jahren. Schon im Kindes / im Jugendalter bewegen sich die Gesundheitsniveaus weit auseinander. Im Rahmen einer Studie, die seit über 20 Jahren international vergleichend den Gesundheitszustand und das Gesundheitsverhalten von Kindern und Jugendlichen im Alter von 9 bis 17 Jahren ermittelt, zeigen sich auch für Deutschland alarmierende Verhältnisse.

Diese Befragungen zeigen nahezu durchgehend, dass Kinder aus dem oberen Wohlstandsfünftel, Kinder also, die materiell äußerst gut abgesichert sind und viele Impulse durch ihr soziales und kulturelles Umfeld erhalten, gesünder leben und sich gesünder fühlen. Im direkten Vergleich zu der Gruppe, die dem unteren Wohlstandsfünftel angehört, Heranwachsende also, die unter Bedingungen von Ressourcenarmut oder anders, Bedingungen relativer Armut aufwachsen, zeigt sich: Kinder und Jugendliche der Armutsgruppe sind doppelt so häufig von Schlafstörungen und Magenschmerzen betroffen, sie fühlen sich häufiger allein, leiden unter Einsamkeit, Hilflosigkeit und geringem Selbstbewusstsein. Der Gesundheitszustand und das subjektive Wohlbefinden werden ausdrücklich – wiederum etwa zweimal so häufig wie in der Wohlstandsgruppe – negativ eingeschätzt. Noch deutlichere Hinweise auf entsprechende gesundheitliche Unterschiede ergeben sich aus der Betrachtung der gesundheitsrelevanten Lebensgewohnheiten. Der Zigarettenkonsum setzt im unteren Fünftel früher und intensiver ein, die Zahnhygiene wird vernachlässigt, Sport wird seltener betrieben, dafür häufiger ferngesehen; Vollkornkost und gekochte Speisen werden kaum, Fastfood wie Hamburger und Cola dafür umso deutlicher bevorzugt.

(…)

Gesundheitspolitik ist Sozialpolitik

Blickt man auf das, was die Forschung zum Thema Health Inequalities heute vorlegen kann, ergibt sich bereits jetzt ein immenser politischer Handlungsbedarf. Wer heute aber gleiche Gesundheitschancen herstellen will, der muss mehr als nur einen gesundheitspolitischen Kunstgriff wagen. Die modernen Gesundheitswissenschaften lehren, wie komplex das Ursachengefüge ist, das zur Krankheitsentstehung führt. Bei den meisten Krankheitsursachen handelt es sich um weit mehr als nur um reine körperliche Begebenheiten. Sozialer und psychischer Stress gehören nach allen vorliegenden Erkenntnissen zu den wichtigsten Faktoren, die unser Krankheitsrisiko erhöhen. Dass gerade psychische und soziale Stressfaktoren in den unteren sozialen Schichten dominieren, dort also, wo auf wenig Ressourcen zurückgegriffen werden kann und wo das tägliche Leben immer auch eine Art täglichen Überlebenskampf darstellt, macht schnell deutlich, warum dieselben Gruppen viel häufiger und gravierender von Krankheit betroffen sind. Es lässt aber zugleich erkennen, wie komplex die Aufgabe ist, in solche Negativspiralen zu intervenieren.

Bloße Aufklärungskampagnen à la „Wir zeigen Euch jetzt einmal wie es richtig geht" bringen erwiesenermaßen wenig, sie sind zumeist sogar kontraproduktiv. Wer sozial benachteiligt ist, lebt nicht nur in gesundheitlicher Hinsicht mit einem größeren Risiko. Zu sozialer Benachteiligung gehört auch, dass die Stärkung von Selbsthilfepotenzialen, so etwas wie die Förderung einer Gesundheitskompetenz, nur viel schwieriger erfolgen kann. Dort, wo keine Ressourcen vorhanden sind, ist die Schwelle, die überwunden werden muss, um jemanden überhaupt motivieren zu können, viel höher. Einzusehen, wo ich stehe und wie viele – oder besser wie wenig – Chancen ich habe, meine Lage zu verbessern, ist jüngeren Untersuchungen zufolge ein ernstzunehmender Krankheitsauslöser. Erst hierdurch wird verständlich, warum es auch aus gesundheitlicher Sicht so dramatisch ist, wenn der Anstieg derjenigen, die heute von Transfereinkommen, also von Sozialhilfe und Hartz IV, leben müssen, gerade die jüngsten Altersgruppen so überproportional stark trifft.

Quelle: Bauer, Ullrich (2006): Health Inequalities. Ein deutsches Problem. Verband alleinerziehender Mütter und Väter. Oktober 2006.

Aufgaben

1. Erarbeiten Sie die im Text genannten Auswirkungen sozialer Ungleichheit auf den Gesundheitszustand und das Gesundheitsverhalten von Kindern und Jugendlichen.
2. Diskutieren Sie begründet, ob ein schulisches Fach „Gesundheit" zum Ausgleich der im Text genannten Benachteiligungen beitragen kann.

M 7 Was ist Migrationspädagogik
(Paul Mecheril)

Es gibt Menschen, die im Laufe ihres Lebens in vier, fünf, sechs verschiedenen Ländern gelebt haben oder jahrelang gleichzeitig an mehreren Orten leben, die ein Zuhause an zwei oder drei Orten haben oder deren Staatsbürgerschaft nicht den Ort ihrer Herkunft widerspiegelt. Auch die gesellschaftliche, soziale und individuelle Wirklichkeit Deutschlands wird grundlegend von Migrationsphänomenen geprägt. Mit der Perspektive „Migrationspädagogik" richtet sich der Blick auf Zugehörigkeitsordnungen in der Migrationsgesellschaft, auf dic Macht der Unterscheidung, die sie bewirken und die Bildungsprozesse, die in diesen machtvollen Ordnungen ermöglicht und verhindert sind.

„Zugehörig" – „nicht zugehörig"

Erfahrungen in der Migrationsgesellschaft werden nicht allein, aber in einer bedeutsamen Weise von Zugehörigkeitsordnungen strukturiert. „Zugehörigkeit" kennzeichnet eine Relation zwischen einem Individuum und einem sozialen Kontext, in dem Praxen und Konzepte der Unterscheidung von „zugehörig" und „nicht-zugehörig" konstitutiv für den Kontext sind. Im Zugehörigkeitsbegriff wird das Verhältnis von Individuum und sozialem Kontext fokussiert. Beim Zugehörigkeitsbegriff wird gefragt, unter welchen sozialen, politischen und gesellschaftlichen Bedingungen und von diesen vermittelten individuellen Voraussetzungen Individuen sich selbst als einem Kontext zugehörig verstehen, erkennen und achten können. Zugehörigkeitserfahrungen sind Phänomene, in denen die Einzelne ihre Position in einem sozialen Zusammenhang und darüber vermittelt sich selbst erfährt. Für die Zugehörigkeitsdimension, die in der Regel angesprochen ist, wenn über die mit Migrationsphänomenen einhergehende Irritation von Zugehörigkeitsverhältnissen nachgedacht wird, finden sich häufig Bezeichnungen wie „ethnische" oder „kulturelle" Zugehörigkeit. Hier soll der Ausdruck natio-ethno-kulturelle Zugehörigkeit bevorzugt werden (genauer Mecheril 2003, Kap. IV).

Der migrationspädagogische Ansatz interessiert sich für die Beschreibung und Analyse der dominanten Schemata und Praxen der Unterscheidung zwischen natio-ethno-kulturellem „Wir" und „Nicht-Wir" und weiterhin auch für die Stärkung und Ausweitung der Möglichkeiten der Verflüssigung und Versetzung dieser Schemata und Praxen. Migrationspädagogik ist also keine „Migrant/innen-Pädagogik" in dem Sinne, dass erstes Anliegen der Migrationspädagogik wäre, „die Migranten" zu verändern. Anders als in pädagogischen Ansätzen, die in erster Linie auf die Förderung (des zum Beispiel als Sprachkompetenz bezeichneten Vermögens, die hegemoniale Sprache im Standardregister zu sprechen) der „Migranten“ zielen, kommen im migrationspädagogischen Blick institutionelle und diskursive Ordnungen sowie Möglichkeiten ihrer Veränderung in den Blick.

Mit dieser Perspektive wird eines der grundlegenden Ordnungsschemata moderner Staaten und Gesellschaften zum Thema, ist für diese doch konstitutiv, dass sie in einer komplexen, nicht immer unwidersprüchlichen Weise zwischen denen, die dazugehören und denen, die nicht dazugehören, unterscheiden. Das Bildungssystem und das pädagogische Handeln tragen hierbei zur Bestätigung der Unterschiedschemata bei, etwa dadurch, dass eine spezielle sozialarbeiterische „Migrantenarbeit“ institutionalisiert ist oder dadurch, dass die Schule optional auf Mechanismen ethnischer Diskriminierung zurückgreift (vgl. Gomolla & Radtke 2002), sie besitzen aber prinzipiell auch die Möglichkeit, diese Schemata und die sie bestätigenden Praxen zu reflektieren und über Alternativen nachzudenken.

Ein anderer Blickwinkel

Migrationspädagogik bezeichnet einen Blickwinkel, unter dem Fragen gestellt und thematisiert werden, die bedeutsam sind für eine Pädagogik unter den Bedingungen einer Migrationsgesellschaft. Mit dem Leitbegriff der Migrationspädagogik kommen durch Migrationsphänomene angestoßene Prozesse der Pluralisierung und der Vereinseitigung, der Differenzierung und der Ent-Differenzierung, der Segregation und der Vermischung des Sozialen in den Blick. „Migration“ ist eine Perspektive, die von vornherein anzeigt, dass die Einengung auf eine kulturelle Betrachtung der mit Wanderung verbundenen Phänomene unangemessen ist. Wanderung ist ein umfassendes Phänomen, das im Spannungsfeld politischer, administrativer, ökonomischer, kultureller und rechtlicher Systeme auf globaler, nationaler und lokaler Ebene stattfindet. Positionierungen und Identifizierungen der „Migranten“ und der „Migrantinnen“ und komplementär der „Nicht-Migranten“ und der „Nicht-Migrantinnen“ müssen in der Komplexität dieses Spannungsfeldes verstanden werden. Dies meint der obige Bezug auf das Soziale, und „Migrationspädagogik“ ist eine Perspektive, die den Beitrag der Bildungsinstitutionen und des pädagogischen Diskurses zu diesen Verhältnissen sowie Möglichkeiten der Thematisierung und Verschiebung dieser Verhältnisse in den Blick nimmt. Eine zentrale Aufgabe der Migrationspädagogik besteht in der Beschäftigung mit der Frage, wie der und die natio-ethno-kulturelle Andere unter Bedingungen von Migration erzeugt wird und welchen Beitrag pädagogische Diskurse und pädagogische Praxen hierzu leisten. Gegenstand der Migrationspädagogik sind insofern die durch Migrationsphänomene bestätigten und hervorgebrachten Zugehörigkeitsordnungen und insbesondere die Frage, wie diese Ordnungen in bildungsinstitutionellen Kontexten wiederholt, produziert werden sowie wie sie verändert werden können.

Quelle: Mecheril, Paul (2013): Was ist Migrationspädagogik? Aufgerufen am 08.11.2020 unter Quelle: https://www.gew-hb.de/aktuelles/detailseite/neuigkeiten/was-ist-migrationspaedagogik/

Aufgaben

1. Arbeiten Sie heraus, was Mecheril unter Migrationspädagogik versteht und wie er diese von anderen pädagogischen Ansätzen abgrenzt.
2. *Eine zentrale Aufgabe der Migrationspädagogik besteht in der Beschäftigung mit der Frage, wie der und die natio-ethno-kulturelle Andere unter Bedingungen von Migration erzeugt wird und welchen Beitrag pädagogische Diskurse und pädagogische Praxen hierzu leisten.* (Z 109 ff.) Untersuchen Sie unter dieser Fragestellung kritisch das MpR.
3. Erörtern Sie, welchen Beitrag zu einer Migrationspädagogik in Mecherils Sinn Ihre Schule leisten könnte.

M 8 Kinderarmut bekämpfen. Und zwar so!
(Klaus Hurrelmann)

Die Ungleichheit in Deutschland wächst – und am stärksten betroffen sind die jüngsten Mitglieder der Gesellschaft. Eine neue Bundesregierung muss der Kinderarmut entschlossen entgegentreten.

In deutschen Kinderzimmern geht es sehr ungerecht zu. Deutschland ist eine Vier-Fünftel-Gesellschaft, in der jedes fünfte Kind aus einem finanziell armen Haushalt stammt, Tendenz steigend. Im Koalitionsvertrag der schwarz-roten Bundesregierung aus dem Jahr 2003 stand kein Wort über Kinderarmut. Nachdem Politiker im Wahlkampf viel über Gerechtigkeit sprachen und Studien laufend steigende Ungerechtigkeit belegen, kann sich die nächste Regierung solche Nachlässigkeit nicht leisten.

Die ausgezahlten Beiträge für die Grundsicherung für Arbeitssuchende nach Sozialgesetzbuch II, auch Hartz IV genannt, steigen ständig. Nach Angaben der Bundesagentur für Arbeit beträgt die Zahl der Kinder, die in sogenannten Hartz-IV-Haushalten leben, knapp zwei Millionen – fast 15 Prozent aller unter 18-Jährigen. Die Eltern erhalten pro Kind bis zu 311 Euro im Monat. Trotz Transferleistungen ist es aber häufig der Fall, dass sie in relativer Armut leben.

In Deutschland leben 2,8 Millionen unter 18-Jährige in relativer Armut, also in einem Haushalt mit einem Einkommen von weniger als 60 Prozent des mittleren Einkommens aller Haushalte. Das sind mehr als 20 Prozent aller Kinder. In den Haushalten von Alleinerziehenden – also Ein-Eltern-Familien – liegt der Anteil bei 45 Prozent. In den vergangenen Jahren sind die Quoten stets gestiegen, wie selbst der offizielle Familienreport der Bundesregierung zeigt. Ein Fünftel aller Familien sind Ein-Eltern-Familien, fast alle von Frauen geführt. Die Armut von Kindern ist Familienarmut, aber eben oft auch Mütterarmut.

Die World-Vision-Kinderstudien und die Shell-Jugendstudien zeigen: Den meisten Kindern geht es gut, aber jedes Fünfte wächst in wirtschaftlich unbefriedigenden Umständen auf. Unsere Vier-Fünftel Gesellschaft verdammt diese jungen Menschen zu Einschränkungen bei Konsum und Gesundheit, zu Entwicklungsverzögerungen, zu sozialen und psychischen Störungen. Fehlende Impulse zu Hause führen dazu, dass Armut oft zu Bildungsarmut wird.

Dänemark, die Niederlande und andere europäische Länder, die eine geringere Kinderarmut haben, zeigen, dass eine umfassende Strategie mit abgestimmten Schritten notwendig ist. Die Chancen für einen Umbau der verwobenen deutschen Sozial-, Wohlfahrt- und Familienpolitik ist einmalig gut: 45 Millionen Menschen haben Arbeit, so viele wie noch nie, die Arbeitslosigkeit ist auf historisch niedrigem Niveau; die öffentlichen Kassen gut gefüllt.

Leider kreist alle Unterstützung für Kinder in Deutschland noch um die Familie. Doch Eltern dürfen nicht länger allein verantwortlich für ihre Kinder gemacht werden.

Der Abbau von Kinderarmut ist eine **gemeinschaftliche Aufgabe**, bei der es um **sechs Schritte** geht. Jeder einzelne Schritt ist wichtig, aber er kann seine Wirkung nur entfalten, wenn er **mit anderen verbunden** wird. Denn der Abbau von Armut bei Kindern ist eine **Querschnittsaufgabe, die alle politischen Bereiche** einbezieht. Natürlich geht es um Geld, aber ebenso um **kulturelles Umdenken**, um den **Abbau von falschen Konventionen**.

Kinderarmut ist mit der gesamten Architektur der Sozial- und Wohlfahrtpolitik und hier vor allem den Traditionen der Familienpolitik verwoben. Diese Architektur muss in Deutschland dringend neu justiert werden.

Das sind die **sechs Schritte aus der Kinderarmut**, die in einen neuen Koalitionsvertrag gehören:

Schritt 1: Eine bedingungslose Kindergrundsicherung schaffen

Erstens sollte die neue Bundesregierung eine finanzielle Grundsicherung schaffen. Statt blumig über ein bedingungsloses Grundeinkommen für alle sollte ganz konkret über eine bedingungslose Grundsicherung für die jüngsten Gesellschaftsmitglieder debattiert werden. Familien mit Kindern sind materiell erheblich schlechter gestellt als Paare ohne Kinder. Erhöhungen von Kindergeld und Kinderfreibetrag binden viel Steuergeld und sind nicht zielgenau. Gezielte Transferleistungen könnten Kindern in armutsgefährdeten Haushalten besser helfen. Die amtierende Familienministerin Katarina Barley hat vorgeschlagen, Kindergeld, Kinderzuschlag, Sozialgeld und Steuerfreibeträge zu bündeln. Das wäre der richtige erste Schritt.

Schritt 2: Den Arbeitsmarkt für Eltern umgestalten

Eine für Familien sensible Arbeitspolitik ist erforderlich. Fast alle Eltern wünschen sich heute eine Erwerbstätigkeit und die reibungslose Vereinbarkeit von Familie und Beruf. Sie fühlen sich aber oft mit den Anforderungen allein gelassen, ein Familienleben zu organisieren, bei dem sie sowohl ihren Kindern als auch ihrem Arbeitsgeber gerecht werden. Politik und Wirtschaft sollten Angebote für eine flexiblere Arbeitsgestaltung machen.

Schritt 3: Die pädagogische Kompetenz der Eltern fördern

Eltern stehen unter Druck: Sie sollen zu ihren Kindern eine gute Beziehung haben, ihnen Chancen bieten, gleichzeitig aber berufliche Herausforderungen meistern. Es gibt bereits Kurse für Eltern, man muss sie aber aktiv suchen und meist auch dafür bezahlen. Das ist der falsche Weg, es sollte genau umgekehrt sein: In jeder Kita und Schule wird eine in den Alltagsbetrieb integrierte „gebundene“ Form der Elternbildung eingerichtet. Wer dort an Kursen teilnimmt, sollte finanzielle Vergünstigungen wie etwa eine Freikarte für Schwimmbäder erhalten.

Schritt 4: Die soziale Infrastruktur für Familien mit Kindern verbessern

Öffentliche Einrichtungen der sogenannten Daseinsvorsorge sind für ärmere Menschen ganz besonders wichtig. Nachdem der Ausbau der Vorschulangebote gut vorangekommen ist, geht es jetzt um die Sicherung der Qualität der Betreuung der Kinder. Und um die Kosten: Es ist nicht nachvollziehbar, warum Schulen und Hochschulen in Deutschland kostenfrei sind, aber der vorschulische Bereich erheblich von Eltern finanziert wird. Alle Bundesländer sollten dem Beispiel von Rheinland-Pfalz folgen und die vorschulische Erziehung kostenfrei gestalten. Einkommensschwache Eltern würden ihre Kinder dann eher in die Kita schicken.

Schritt 5: Das Bildungssystem auf gezielte Förderung umstellen

Schulleistungen in Deutschland sind sehr stark an die familiäre Herkunft gebunden. Kinder aus armen Familien erhalten immer noch nicht die frühe Förderung, die sie dringend brauchen, von der Kindertagesstätte über die gesamte Schulzeit hinweg. Die Ganztagsschulen, die dieses Ziel erreichen, sind sehr teuer. Viele Länder stehen hier immer noch auf der Bremse. Die Aufhebung des Kooperationsverbots im Schulbereich würde Bund und Ländern neue Impulse geben.

Schritt 6: Kinderrecht ins Grundgesetz

Die rechtliche Stellung von Kindern sollte gestärkt werden. Kinderrechte sind im Grundgesetz nicht verankert. In Reaktion auf den Nationalismus wurden nach dem Zweiten Weltkrieg die Weichen in Richtung Elternmonopol gestellt. Nehmen Eltern ihre Verantwortung wahr, geht es den Kindern gut; machen Eltern dies nicht, geht's es den Kindern schlecht. Die Festschreibung von Kinderrechten im Grundgesetz würde die Verantwortung der gesamten Gesellschaft für ihre Kinder unterstreichen.

Quelle: Hurrelmann, Klaus (2018): Kinderarmut bekämpfen, und zwar so. (Aufgerufen am 08.11.2020 unter https://www.spiegel.de/wirtschaft/soziales/kinderarmut-diese-sechs-massnahmen-muss-eine-neue-bundesregierung-beschliessen-a-1185499.html)

Aufgaben

Hurrelmann schlägt in seinem Artikel sechs Schritte zur Bekämpfung von Kinderarmut vor.

1. Diskutieren Sie **Schritt 3: Die pädagogische Kompetenz der Eltern fördern**
   Sollte Schule hierzu einen Beitrag leisten und wenn Sie dies bejahen, wie kann dieser Beitrag konkret gestaltet werden? Entwickeln Sie darauf aufbauend ein konkretes Konzept zur Erziehungs- und Bildungspartnerschaft.
2. **Schritt 5: Das Bildungssystem auf gezielte Förderung umstellen**
   Entwickeln Sie konkrete Vorschläge, was Ihre eigene Schule, unabhängig von einer Umstellung zum Ganztagsbetrieb, tun könnte, um Kinder aus armen Familien zu fördern.

Mögliche Forschungsfragen

1. Zum Umgang mit Diversität – Führen Sie eine Elternbefragung durch, wie Eltern sich die Zusammenarbeit mit der Schule wünschen.
2. Untersuchen Sie, welche Angebote es für von Armut betroffenen Kinder und Jugendliche in Ihrer Gemeinde (Kommune, Stadt) gibt. Sichten Sie dazu zunächst mögliche Online-Portale und führen eine Dokumentenanalyse durch. Alternativ können Sie Interviews mit Gemeindereferent*innen, Politischen Vertreter*innen, dem Jugendamt oder Mitarbeiter*innen von Jugendtreffs bzw. von Einrichtungen der offen Jugendarbeit führen.

3.2 Lebenslaufspezifische Anforderungen und Lebensbewältigung

Aufgabe

Zum Einstieg in diesen Themenbereich empfiehlt es sich, die Prinzipien des MpR noch einmal zu rekapitulieren. Legen Sie dazu z. B. den Schwerpunkt auf die Prinzipien 3–5 und 10.

Ullrich Bauer hat auf dem Pädagogiklehrertag 2019 das Prinzip zur Gestaltung und Bewältigung gesellschaftlicher Herausforderungen mit den folgenden Worten erläutert:

„Die nachwachsende Generation ist von wirtschaftlichen, ökologischen und politischen Herausforderungen global betroffen. Die Lösung komplexer Krisenphänomene hängt von einer gemeinsamem Gestaltungsfähigkeit ab. Kinder und Jugendliche haben ein globales Krisenbewusstsein bereits ausgebildet. Die Auseinandersetzung mit der realen und medial vermittelten Krisenwahrnehmung ist zu einem festen Bestandteil der Entwicklung der Persönlichkeit geworden. Die äußere Realität ist jetzt nicht nur Herausforderung der produktiven Realitätsverarbeitung, sondern der Realitätsgestaltung."

1. Geben Sie die Aussage mit eigenen Worten wieder. Finden Sie zunächst eigene Beispiele zu dieser Aussage für sich selbst.
2. Gehen Sie nach der Phase der Einzelarbeit in den Austausch, in dem Sie Paare bilden. Diskutieren Sie Ihre Beispiele und sammeln Sie Pro-Contra-Argumente zu der Aussage, dass die nachwachsende Generation die wirtschaftliche, ökologische und politische Wirklichkeit (mit-)gestaltet.
3. Stellen Sie Ihre Ergebnisse im Plenum oder in Kleingruppen vor. Welche Fragen ergeben sich für Sie für die weitere Erarbeitung?

M1 BITTER SWEET 18

(Carla Baum / Sara Tomšić)

Volljährig sein bedeutet Freiheit und Abenteuer – dachten sie. Dann kam Corona. [...]

Georgij Meltser, 18, aus München hat an diesem Freitag Geburtstag: „Für mich bedeutet Volljährigkeit vor allem: endlich selbstständig zu sein. Abi machen, ausziehen, auf eigenen Beinen stehen. Eigentlich sollte ich gerade auf der Zielgeraden dafür sein, aber Corona hat auf Pause gedrückt. Am Freitag werde ich 18 Jahre alt. Ich wollte mit meinen Freunden in einen Club gehen und eine gute Zeit haben. In den Osterferien hatten wir geplant, eine Woche nach Berlin zu fahren, die Stadt zu erkunden, richtig feiern zu gehen. Daraus wird alles nichts. Im Sommer wollte ich außerdem ganz nach Berlin ziehen. Ob das klappt, steht jetzt ebenfalls auf der Kippe. München und seine Spießigkeit bedrängen mich, ich will raus in die Welt. Mit 18 kann ich endlich Verantwortung für mich selbst übernehmen, das ist mir sehr wichtig. Ich will eine eigene Wohnung haben, mein eigenes Geld verdienen, ich will frei sein und mich selbst finden. Auch wegen meiner Leidenschaft für Musik will ich nach Berlin. Ich liebe Techno, bin selbst DJ und bringe mir gerade selber Produzieren bei. In Berlin zu leben, ist schon lange mein Traum. Ich will die Stadt besser kennenlernen, vielleicht ein paar Leute treffen, die mich in die Musik-Szene dort einführen können. Ich hoffe, dass Corona mir das nicht versaut. Gerade ist das alles ein wenig in die Ferne gerückt. Morgens nach dem Aufstehen helfe ich erst mal meiner kleinen Schwester bei ihren Hausaufgaben. Sie ist in der ersten Klasse und braucht meine Hilfe. Unsere Mutter arbeitet im Krankenhaus als Krankenschwester und wir sind darum viel allein zu Hause. Eigentlich müsste ich mich auch auf mein Abitur vorbereiten, aber dafür fehlt mir gerade echt die Power und Motivation. Seit Corona ist alles irgendwie bedrückend. Ich treffe mich nicht mehr mit Freunden, weil meine Mutter mit Corona-Patienten arbeitet und mir das Risiko zu hoch ist, dass ich jemanden anstecke. Ich will vorsichtig und verantwortungsbewusst sein. Darum gehe ich entweder alleine oder mit meinem Hund spazieren. Ich finde: Alle sollten gerade nicht nur an sich, sondern auch an andere denken. Auch wenn es schwerfällt. Mir geht es da nicht anders. Ich habe vor ein paar Wochen ein tolles Mädchen auf Instagram kennengelernt. Wir mögen uns richtig gerne und in einer normalen Welt hätten wir uns schon längst live getroffen. Stattdessen telefonieren wir jeden Tag, manchmal schlafen wir auch per Videochat zusammen ein. Das ist schön – aber ich würde sie wahnsinnig gerne treffen. Dass das nicht geht, macht mich manchmal echt traurig. Insgesamt versuche ich trotzdem, optimistisch zu bleiben. Denn positive Gedanken bewirken Positives, daran glaube ich. Ich hoffe sehr, dass diese Krise bald vorbei ist und ich mein Ding machen kann. Ich habe so lange darauf gewartet, ich will, dass es endlich losgeht. Mein Leben.“ […]

Katharina von Both aus München wird in drei Wochen volljährig: „Manchmal denke ich schon: Was habe ich nur für ein Pech. Warum muss ausgerechnet in dem Jahr, in dem ich Abi mache, eine Pandemie ausbrechen? Direkt nach der Zeugnisverleihung wollte ich mit sieben Freunden und Freundinnen nach Kroatien fahren. Noch mal zusammen weg, bevor wir vielleicht in unterschiedliche Städte ziehen. Aber jetzt mussten wir die Reise erst mal stornieren. Wir wollen das im Herbst nachholen, aber wer weiß, ob das dann geht. Alle meine Pläne stehen jetzt erst mal in Frage: Für mich war schon länger klar, dass ich nach dem Abi ein Gap-Year mache. Die Zeit wollte ich nutzen, um herausfinden, was ich studieren will. Ich hatte so viele Pläne: Als erstes wollte ich für zwei Monate als Au-Pair nach Italien oder Frankreich, um eine neue Sprache zu lernen und mal in einem anderen Land zu leben. Dann wollte ich in Afrika auf einem Krankenhausschiff der Organisation Mercy Ships als Freiwillige aushelfen. All diese Dinge sind jetzt ungewiss, teilweise sogar unwahrscheinlich: Ich gehe nicht davon aus, dass man in den kommenden Monaten frei reisen können wird. Jetzt überlege ich, das Gap-Year auf das Jahr nach dem Bachelorabschluss zu verschieben. Ich würde mich dann im Oktober doch schon an der Uni einschreiben und früher als eigentlich geplant anfangen, zu studieren. Aber mein Problem, das ich mit dem Gap-Year lösen wollte, bleibt ja: Ich weiß noch nicht, für welches Fach ich mich entscheiden soll. Was mir hilft, ist der Gedanke, dass es ja Millionen von Jugendlichen auf der Welt gerade genauso geht wie mir. Das gibt mir viel Trost. Und mir ist bewusst, in was für einer privilegierten Position ich bin. Mit meinen Eltern verstehe ich mich gut, sie haben sichere Jobs, hier im Haus ist genug Platz für jeden von uns und wir haben eine stabile Internetverbindung. Wenn ich rausgehen will, kann ich in den Garten gehen. Ich habe es wirklich gut im Vergleich zu vielen anderen. Am 21. April werde ich 18 Jahre alt. Das wäre ein paar Tage vor meiner Deutsch-Abi-Klausur gewesen und es war ein großes Familienfest mit meinen Großeltern geplant. Und ich wollte alleine mit dem Auto zu meinen Freunden fahren. Daraus wird nun nichts, mir fehlte noch eine Fahrstunde bis zur Prüfung, als die Fahrschule schließen musste. Aber der Tag wird kommen, an dem ich all das nachholen kann: das Feiern, alleine Auto fahren, all die Dinge, die man als erwachsener Mensch tun kann. Ich bin ja noch den Rest meines Lebens über 18.“

Quelle: Baum, Carla & Tomšić, Sara (2020): Bitter Sweet 18. Verfügbar unter: https://www.zeit.de/campus/2020-04/quarantaene-corona-virus-geburtstag-erwachsenwerden-pandemie/komplettansicht (20.06.2020; 10:44 Uhr)

Aufgabe

Halten Sie Ihre Gedanken zu den Aussagen der beiden jungen Menschen fest. Spüren Sie Ihren eigenen Emotionen nach. Erörtern Sie die lebensspezifischen Anforderungen, die die beiden hier zum Ausdruck bringen.

M2 Angst ist ein großes Thema bei jungen Menschen

(Sara Tomšić)

Alte Menschen sind einsam und junge nur gelangweilt. So wirkte es bisher. Doch dass junge Menschen den Lockdown belastender finden als ältere, zeigt eine kürzlich veröffentlichte Studie [https://projekte.uni-erfurt.de/cosmo2020/archiv/07-02/cosmoanalysis.html#13_ressourcen_und_belastungen]. Seine Freunde nicht zu sehen, nichts mehr zu erleben und auf digitale Kontakte beschränkt zu sein, fällt gerade in dieser Lebensphase sehr schwer. Was bedeutet es für junge Menschen, wenn das Leben nicht mehr draußen, sondern drinnen stattfindet und alle Dinge wegfallen, die die Jugend eigentlich ausmachen? Ein Gespräch mit Silvia Schneider, Kinder- und Jugendpsychologin von der Ruhr-Universität Bochum.

ZEIT Campus ONLINE: Aktuelle Studien ergeben, dass der Lockdown junge Menschen mehr belastet als ältere. 45 Prozent der unter 30-Jährigen empfinden die Situation als belastend, bei den Älteren sind es weniger. Woran liegt das?

Silvia Schneider: Es fehlen die sozialen Kontakte. Die Jugend, das ist die Phase, wo ich rausgehe und sehr offen bin für andere Menschen. Jugendliche und junge Erwachsene sind auf der Suche, wollen neue Kontakte knüpfen, romantische Beziehungen führen, vielleicht eine eigene Familie gründen. Es ist die Zeit, in der sich Menschen am meisten nach draußen orientieren und ihr Selbstbild formen.

Ausgerechnet in dieser Phase beschränkt zu werden, das ist eine große Herausforderung.

Zeit Campus Online: Wenn Sie von jungen Menschen sprechen, wer genau ist damit gemeint?

Schneider: Wir gehen in der Psychologie von einer Gruppe bis 27 Jahren aus. Kinder wachsen in der Regel heute sehr viel behüteter auf als noch vor 30 oder 40 Jahren. Verantwortungsübernahme, sich für Dinge einsetzen, den Ernst des Lebens angehen – all das hat sich deutlich nach hinten verschoben. Die Phase, von der wir sprechen, reicht also bis in die Endzwanziger.

ZEIT Campus Online: Was passiert, wenn diese Entwicklungsphase jetzt durch Corona pausieren muss?

Schneider: Viele junge Menschen werden in alte Verhaltensmuster zurückfallen. Etwas, das man schon abgelegt hatte und eigentlich gar nicht mehr lebt. Es ist wie eine Rückwärtsbewegung. Wer jetzt beispielsweise wieder bei den Eltern eingezogen ist, wird das sehr deutlich spüren. Die Eltern haben vielleicht andere Vorstellungen oder Regeln im Alltag, da können schon kleine Fragen wie wann gibt es Essen, wie viel Netflix ist okay oder ist ein Treffen mit Freunden erlaubt, für Streit sorgen. Draußensein ist normalerweise ein Katalysator, jetzt spielt sich alles drinnen ab, Energie und Frust stauen sich. Auch für WGs ist das eine Herausforderung. Streit um den Abwasch war vielleicht früher kein Thema – wenn man aber den ganzen Tag aufeinander hockt, ist man schneller gereizt. Man verliert einen Teil seiner Unabhängigkeit und das sorgt für Unruhe und Unzufriedenheit oder kann langfristig sogar zu Depressionen führen.

ZEIT Campus Online: Was für eine Rolle spielt es, dass junge Menschen ihre Freunde nicht mehr treffen können?

Schneider: Freunde sind ein wichtiges Spiegelbild in dieser Lebensphase. Verschiedene Freunde sind für verschiedene Bedürfnisse in einem gut, der eine für intellektuelle Gespräche, der andere zum Tanzen im Club, bei dem einen bin ich mutig, beim anderen schwach. Die verschiedenen Rollen in der eigenen Persönlichkeit kann man in sozialer Isolation nicht mehr so gut ausleben. Man wird zurückgeworfen auf sich selbst.

ZEIT Campus Online: Man sollte meinen, der jungen Generation fällt der Lockdown leichter, weil sie sich im Digitalen eher zu Hause fühlt als etwa ältere Menschen?

Schneider: Das Netz ist auf jeden Fall eine Möglichkeit, zusammen zu sein. Ich habe selber eine Tochter, die jetzt mit Freundinnen bei Netflix gemeinsam Filme schaut. Dadurch lässt sich die Isolation ein Stück weit kompensieren, auch wenn es natürlich kein hundertprozentiger Ersatz ist. Körperliche Nähe, direkter Austausch, gemeinsame Erlebnisse – all das ist eigentlich wichtig. Im Kontakt mit anderen geben sich junge Menschen neue Rollen, sie testen sich aus. Wer bin ich? Wo will ich hin? Was ist mir wichtig? Darüber wollen sich junge Menschen permanent austauschen, mit möglichst vielen verschiedenen Gleichgesinnten. Sie wollen Dinge erfahren, über die Welt und über sich.

ZEIT Campus Online: Gerade fällt oft der Begriff der Resilienz [https://www.zeit.de/zeitmagazin/2020/16/resilienz-krisen-shiri-lavy-psychologie], der die psychische Widerstandskraft von Menschen meint und entscheidet, wie gut oder schlecht wir Krisen überstehen. Sind junge Menschen weniger resilient?

Schneider: Die Forschung sieht keinen direkten Zusammenhang zwischen Alter und Resilienz. Was man jedoch weiß, ist, dass Resilienz erst dann zum Tragen kommt, wenn wir einem Risiko tatsächlich ausgesetzt sind. Erst dann wird sie sichtbar. Man kann sie also nicht vorbereiten. Resilienz hat viel mit Temperament, Persönlichkeit oder Intelligenz zu tun. Bin ich nach außen oder innen orientiert, wie zuversichtlich bin ich, dass ich eine Krise meistern kann? Wenn ich eine Krise durchlebt habe und sie überstehen konnte, dann wächst meine Resilienz, meine Selbstwirksamkeitserfahrung.

ZEIT Campus Online: Das spräche dafür, dass ältere Menschen diese Krise besser durchstehen können, weil sie mitunter andere zurückliegende Krisen meistern konnten?

Schneider: Ältere Menschen mit Kriegs- oder Nachkriegserfahrungen haben bereits einige Einschränkungen in ihrem Leben erlebt und können die Gegenwart daher anders einordnen. Diese Krise fühlt sich anders an, wenn man zum ersten Mal im Leben mit so etwas konfrontiert ist. Als Gesellschaft haben wir eine lange Phase des Friedens erlebt, wir sind in immer größerem Wohlstand aufgewachsen und jetzt kommt so ein aggressives Virus, von dem wir gar nicht genau wissen, was es bedeutet. Wie viele Menschen sterben daran? Was bedeutet das für die Wirtschaft?

Das ist eine völlig neue Erfahrung, die man nicht oder nur schwer abgleichen kann mit anderen Erfahrungen. Junge Menschen werden höchstens dadurch entlastet, dass sie wissen, dass die ganze Gesellschaft von dieser Krise betroffen ist und sie nicht alleine damit sind.

ZEIT Campus Online: Mindert das die Angst?

Schneider: Ja, sich nicht allein zu fühlen in so einer Situation ist wichtig. Zu wissen: Wir haben alle dieses Problem und packen es gemeinsam an. Grundsätzlich entstehen Angststörungen schwerpunktmäßig in der Kindheit und Jugend. Insofern ist Angst ein großes Thema bei jungen Menschen. In dieser Lebensphase ist die Vulnerabilität höher, man ist empfänglicher für Angst.

ZEIT Campus Online: Woran liegt das?

Schneider: Als junger Mensch hat man verschiedene Entwicklungsaufgaben zu erledigen. Loslösung von der Familie, Selbstfindung, gestalten der beruflichen und privaten Zukunft – das sind große Herausforderungen. Jugendliche sind deshalb häufiger besorgt, sie können häufiger scheitern, ihnen fehlen Erfahrungswerte, um die Dinge besser einschätzen zu können, um Krisen zu meistern.

ZEIT Campus Online: Manche scheinen von der Krise auch gänzlich unbeeindruckt. In den sozialen Medien kursieren unter dem Hashtag #coronaviruschallenge schon Mutproben, bei denen Jugendliche etwa Klobrillen ablecken sollen. Was sagt Ihnen das über die Krisenbewältigungsfähigkeit?

Schneider: Klobrillen ablecken machen wir in Konfrontationstherapien mit Zwangspatienten, die müssen das machen, damit sie ihren Ekel vor Schmutz verlieren und merken, dass man daran nicht stirbt. Warum das nun Teenager machen, ist mir eher schleierhaft.

ZEIT Campus Online: Langeweile?

Schneider: Langeweile ist für jüngere Menschen tatsächlich sehr schwer auszuhalten. Sie wollen aktiv sein, Spaß haben, Kicks erleben. In dieser Zeit werden auch häufig Delikte begangen, Gesetze übertreten, Alkohol, Drogen, Diebstahl. Zu dieser Lebensphase gehört dazu, Grenzen auszutesten. Die Isolation ist da gerade natürlich exakt das Gegenteil und das führt nicht nur zu innerer Unruhe, sondern eben auch zu dummen Ideen, wie dieser Klobrillen-Challenge.

Quelle: Tomšić, Sara (2020): Jugend in der Corona-Krise. Angst ist ein großes Thema bei jungen Menschen". Verfügbar unter: https://www.zeit.de/campus/2020-04/jugend-coronavirus-krise-lockdown-psychologische-auswirkungen/komplettansicht (20.06.2020; 10:55 Uhr)

Aufgaben

1. Nehmen Sie begründet Stellung zu den Aussagen im Interview und verfassen Sie eine schriftliche Stellungnahme.

Hinweis: Die Aufgabe „Verfassen einer eigenen Stellungnahme …" fordert dazu auf, über die Situation pädagogisch zu urteilen, um daraus ableitend pädagogisch handeln zu können. Die Grammatik der Urteilsbildung (z. B. nach Wolfgang Sander) folgt einem Ablauf in sechs Schritten: (1) Präsentation eines strittigen pädagogischen Entscheidungsfalles und Bildung von Spontanurteilen; (2) Bildung von verallgemeinerbaren Kriterien zur Beurteilung des Falles / der Theorie; (3) Prüfung auf sachliche Richtigkeit und auf den Wahrheitsgehalt mittels Analyse des Sachverhalts; (4) Entwicklung von Detailurteilen durch Abgleich der Kriterien auf die Wirklichkeit und individuelle Gewichtung der Kriterien; (5) Bildung eines Gesamturteils auf der Grundlage der Detailurteile und der Gewichtung; (6) Veröffentlichung und Diskussion des Gesamturteils. Die Veröffentlichung erfolgt dann in Form einer Stellungnahme. Es gibt sicherlich auch andere Wege, sich ein Urteil zu bilden. Gemeinsam ist allen: Es geht nicht darum, dass Sie Ihre Meinung darstellen, sondern darum, diese Meinung mit Argumenten zu belegen.

2. Allan Guggenbühl, Leiter des Instituts für Konfliktmanagement und Mythodrama in Zürich und Bern, schreibt in einem Gastkommentar in der Neuen Züricher Zeitung über die Bedeutung der Schule:

„[Die] […] die Schule verhilft vielen Jugendlichen zu emotionaler Stabilität. Die Nähe zu den Eltern ist ertragbar, weil man sich zwischendurch abmelden und den sozialen Dynamiken und Kontakten der Schule widmen kann. Aspirationen werden ausgelebt, Interessen verfolgt, Trends wird nachgegangen, und eigene Grenzen werden getestet. Die Schule ist für Jugendliche eine Arena, wo man sich individuieren darf, ohne dass Erwachsene dreinreden. Wenn diese entfällt, dann droht eine innere Leere, die sich auf die psychische Befindlichkeit auswirkt. Depressive Reaktionen, Familienkonflikte und sogar Gewalt können die Folge sein. Online-Lernen und -Kontakte sind Überbrückungshilfen, doch sie genügen nicht, um diese schwierige Zeit durchzustehen. Jugendliche müssen auch in ihrer Psycho-Emotionalität abgeholt werden. Eine Möglichkeit ist der systematische Einsatz von Geschichten über Grunderfahrungen und

Dilemmas des Lebens. Es kann sich um persönliche Berichte der Eltern oder Fremdgeschichten handeln, die im Familienkreis erzählt werden, oder eine fortlaufende Online-Geschichte, wie es im Projekt «Kinder helfen Kindern über Geschichten» gemacht wird. Jugendliche brauchen auch weiterhin Tätigkeiten, damit sie sich außerhalb der Familie profilieren können: Zeitungsvertragen, Nachbarschaftshilfe, Einkaufen, Kochen. Über Geschichten oder Tätigkeiten bleiben sie mit der Außenwelt verbunden, und es drohen weniger innerfamiliäre Konflikte.“

Wie bewerten Sie diesen Kommentar? Finden Sie Argumente, die diese Aussage stützen oder widersprechen. Wenn Sie den ganzen Kommentar lesen möchten, so finden Sie diesen unter:

https://www.nzz.ch/meinung/corona-krise-ein-albtraum-gerade-auch-fuer-jugendliche-ld.1548710 (20.06.2020, 11:17 Uhr).

M3 Grunddimensionen der Lebensbewältigung

(Lothar Böhnisch)

Meine These […] ist […], dass wir in jeder Konstellation der Bedrohung von biografischer Handlungsfähigkeit und sozialer Integration vier psychosozial strukturierte Grundsegmente unterscheiden können, die von den Menschen – bewusst oder unbewusst – zur Behebung ihrer biografischen Krise aktiviert werden. Professionelle Aufgabe der Sozialpädagogen ist es, diese Dimensionen vor dem Hintergrund sozialwissenschaftlicher Konzepte aufzuklären und in Bezug darauf Handlungskonzepte zu entwickeln. Solche psychosozialen Dimensionen der Spannung von Lebensbewältigung und sozialer Integration und die dazugehörigen sozialwissenschaftlichen Konzepte sind:

1. Die *Erfahrung des Selbstwertverlusts* und die *Suche nach Wiedergewinnung des Selbstwerts*. Dieser Zusammenhang berührt die personalen Tiefenbereiche der Befindlichkeit und der Betroffenheit genauso wie die sozialen Bezüge der Anerkennung durch andere. Wir werden versuchen, diese Tiefendimension mit den sozialwissenschaftlichen *Konzepten der Emotion, der Integrität, des Mann- und Frauseins und der Generationsbefindlichkeit* aufzuklären.
2. Die *Erfahrung der sozialen Orientierungslosigkeit*, des Sich-nicht-mehr-zu-recht-finden-könnens und die entsprechende Suche nach unbedingter Orientierung bzw. der Abfall in Rückzug und Apathie. Wir werden diesen Zusammenhang mit dem *Konzept der Anomie* angehen.
3. Die *Erfahrung des fehlenden sozialen Rückhalts* angesichts personal nicht mehr überschaubarer biografischer Risikosituationen und die entsprechende Suche nach Halt, Unterstützung und Anerkennung. Wir werden diese Dimension mit dem *Milieukonzept* zu erschließen suchen.
4. Die *Sehnsucht nach Normalisierung*, nach der Möglichkeit, aus dem Stress der Handlungsunfähigkeit und Desintegration herauszukommen und eine Balance von Handlungsfähigkeit und Integration zu erreichen. Wir wollen diesen Zusammenhang durch das *Konzept Normalisierungshandeln* strukturieren.

Zu betonen ist, dass diese vier Grunddimensionen des sozialpädagogischen Spannungsverhältnisses von Lebensbewältigung und sozialer Integration in der sozialen Wirklichkeit miteinander verwoben sind und nur zum Zwecke der sozialpädagogischen Analyse auseinander gehalten werden.

Quelle: Böhnisch, Lothar (2005): Sozialpädagogik der Lebensalter. Eine Einführung. Weinheim: Beltz Juventa 2005, S. 46–47

Aufgaben

1. Die folgende Grafik versucht, das Konzept der Lebensbewältigung zu erfassen. Diskutieren Sie, ob dies eine gelungene Darstellung ist. Legen Sie zunächst Kriterien fest, wie sich eine *gute* Grafik kennzeichnen lässt.
2. Informieren Sie sich über die im Text angesprochenen Konzepte (Emotion, Integrität, Mann- und Frausein, Generationsbefindlichkeit, Anomie, Milieu, Normalisierungshandeln) und finden Sie Entsprechungen bzw. Unterschiede im MpR.
3. Das Konzept Lebensbewältigung ist hervorgegangen aus einer sozialpädagogischen Transformation und Erweiterung des psychologischen Coping-Konzepts. Ebenso hat es Anleihen aus dem Psychosozialen Ansatz Eriksons. Prüfen Sie Konzepte hinsichtlich ähnlicher Vorstellungen.
4. Das Paradigma (= grundlegende Denkweise) der Lebensbewältigung beschreibt Lothar Böhnisch (2012) in der 6. Auflage seiner „Sozialpädagogik der Lebensalter“ dadurch, *„dass Menschen unterschiedlicher Lebensalter ver-*

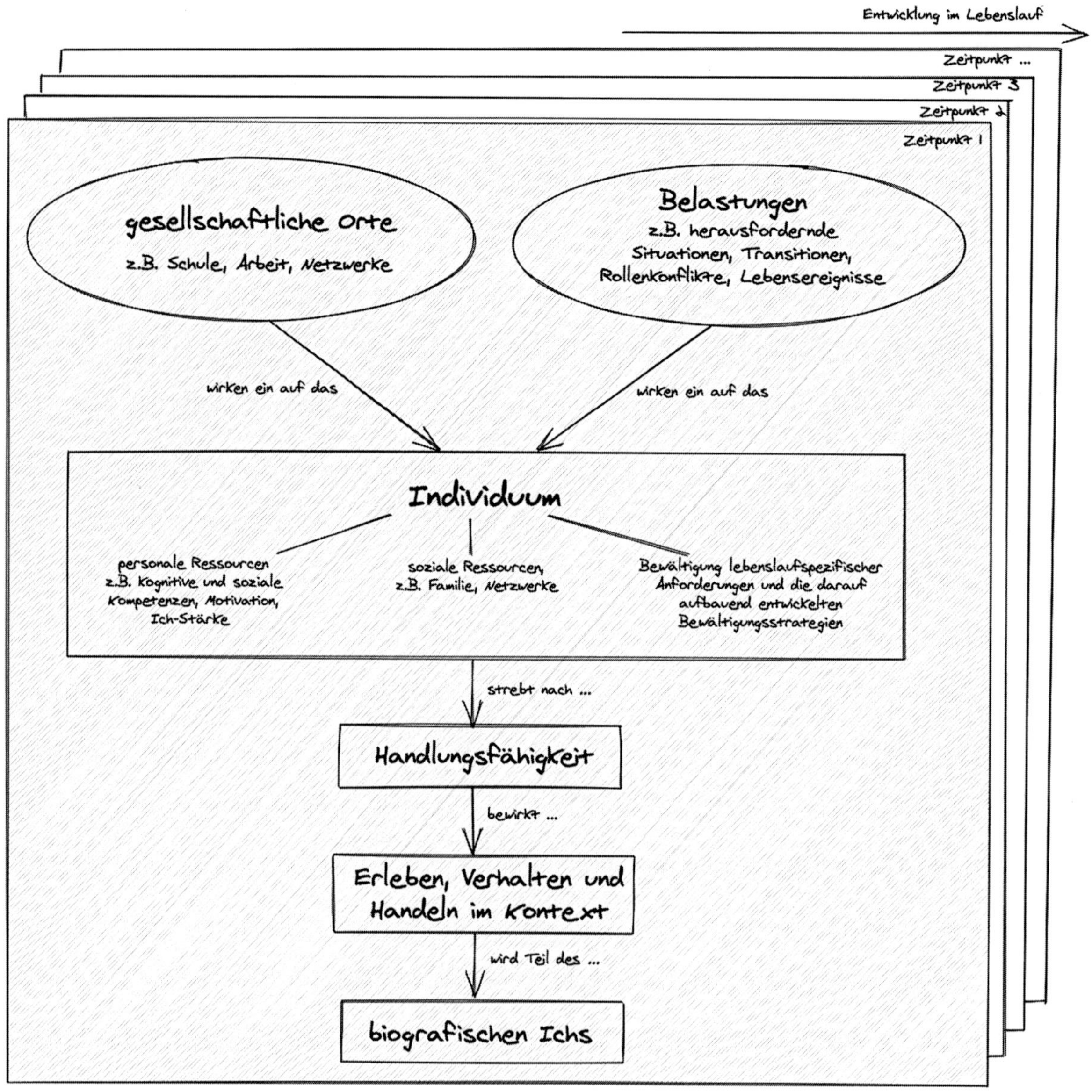

Abb.: Lebensbewältigung (Püttmann 2020)

suchen, in biografischen Krisensituationen durchzukommen und dabei in die prekäre Spannung von Suche nach eigener Handlungsfähigkeit und sozialer Integration geraten. Die eigene Handlungsfähigkeit kann dabei auch im sozial desintegrativen Verhalten gesucht werden. Sozialpädagogik und Sozialarbeit haben also Hilfen dort zu leisten, wo biografische Handlungsfähigkeit und soziale Integration so bedroht sind, dass sie nicht mehr von den Betroffenen allein sozial verträglich hergestellt und ausbalanciert werden können" (ebd., S. 59). Finden Sie Argumente bzw. entsprechende Hinweise in einführenden Materialien (M1, M2), die auf die Dimensionen der Lebensbewältigung hinweisen.

5. Böhnisch beschreibt die Aufgabe der Sozialpädagogik bzw. der Sozialarbeit hinsichtlich der Unterstützung von Menschen in Krisenzeiten. Diskutieren Sie, welche Aufgabe die Schule/die Lehrkräfte bei der Unterstützung von Kindern und Jugendlichen zukommen kann und sollte.

M 4 Bildung in der digitalen Welt: Eine neue Generation von Schülerinnen und Schülern braucht eine neue Generation von Schulen

(Klaus Hurrelmann)

[…] Wie kann es gelingen, die neue Generation von Kindern und Jugendlichen selbstständig, leistungsstark du sozial verantwortlich zu machen? Wie muss eine „neue Generation von Schulen" im digitalen Zeitalter aussehen und wie ändern sich die Rollen von Lehrerinnen und Lehrern sowie Schülerinnen und Schüler?

Der gesellschaftliche Auftrag der Schule von morgen

[...] Die künftige Schule ist eine Bildungsstätte für das „ganze Leben" und hilft Kindern und Jugendlichen dabei, alle ihre Entwicklungsaufgaben zu bewältigen: das Bilden und Sich-Qualifizieren, der Aufbau sozialer Kontakte und Bindungen, der souveräne Umgang mit Freizeitangeboten, Geld, Konsumwaren und Medien, das soziale und politische Engagement.

Die Schule sollte also nicht nur intellektuell und kognitiv schulen und qualifizieren, sondern zugleich auch auf das soziale Leben, den Konsum- und Wirtschaftssektor, die Mediennutzung und die gesellschaftliche Partizipation vorbereiten. Nur so wird sie den Anforderungen gerecht, vor denen die Angehörigen der jungen Generation heute stehen. Die Familien und die Elternhäuser sind zwar nach wie vor die wichtigste Erziehungs- und Bildungsinstitution, aber sie können ihre Aufgabe ohne die professionellen Institutionen in diesem Bereich nicht mehr erfüllen. Die Schulen einseitig nur darin zu unterstützen, die Leistungsfähigkeit der Schülerinnen und Schüler durch gezieltes Training und präzisere Tests zu stärken, ist nicht ausreichend. Schulen müssen auch in der Lage sein, das gesamte Spektrum von sozialen Kompetenzen einschließlich der emotionalen, kommunikativen und interaktiven Fähigkeiten und das von gesundheitlichen Kompetenzen einschließlich der richtigen Ernährung, Bewegung und Spannungsbewältigung mit in ihr Förderprogramm aufzunehmen. Oft ist das sogar die Voraussetzung dafür, Leistung erbringen zu können.

Auf die tatsächlichen Herausforderungen des Alltags eingehen!

Um diesem Anspruch gerecht zu werden, ist der inhaltliche Lehrplan weiter zu entwickeln. Eklatante fachliche und inhaltliche Defizite müssen ausgeglichen werden. Die Schule verliert an Autorität, wenn sie auf die tatsächlichen Herausforderungen des Alltagslebens der Schülerinnen und Schüler nicht eingeht. Das gilt für mediale und digitale ebenso wie für wirtschaftliche, finanzielle und gesundheitliche Kompetenzen. Diese werden von den SchülerInnen und Schülern tagtäglich gefordert, und zu Recht erwarten sie eine Reaktion hierauf in ihrer wichtigsten Bildungsstätte, ihrem „Arbeitsplatz" Schule.

In der neuen Generation von Schulen sollte sich, um diesem Anspruch gerecht zu werden, die Organisation von Unterricht und Schulleben nachhaltig verändern. Die Schule wird zu einer pädagogischen Agentur für Bildungsarbeit, in der Lehrerinnen und Lehrer, Eltern und Schülerinnen und Schüler an der Gestaltung des alltäglichen Schullebens aktiv zusammenwirken. Die Schule als Organisation steht vor der Herausforderung, durch ihr soziales und räumliches Setting neue Kooperations- und Kommunikationsformen zu ermöglichen. Dazu sind Unterricht und Schulleben neu zu gestalten. Der Schultag sollte einem zeitlichen und sozialen Ablauf folgen, der durch feste Rituale gegliedert ist und dem biologischen Rhythmus und der Aufmerksamkeitsspanne von Schülerinnen und Schülern sowie Lehrerinnen und Lehrern gerecht wird. Ziel ist ein Wechsel zwischen konzentriertem und aktivem Arbeiten mit Entspannungs- und Kreativphasen. Dazu bedarf es einer Vielfalt von Unterrichtsformen – einer Mischung aus Frontalunterricht, Teamunterricht, Gruppenarbeit, selbstständiger Freiarbeit der Schülerinnen und Schüler, Projektarbeit, Hausaufgaben, Forschungsarbeit mit Experimenten und außerschulischer Arbeit. Mit dem Unterricht verzahnt sollte in Werkstätten und Labors experimentiert, produziert, innovativ und schöpferisch gestaltet werden.

Die heutige junge Generation von Schülerinnen und Schülern braucht Schulen, die kompetent, sensibel und liebevoll auf ihre Bedürfnisse und die ihrer Eltern eingehen. Schulen sind in organisationssoziologischer Sicht Dienstleistungseinrichtungen des Typs einer „people processing organization": soziale Systeme mit der Aufgabe der Beeinflussung und Veränderung der persönlichen Kompetenzen ihrer Klienten. Es handelt sich um einen äußerst komplexen Auftrag, nämlich einen Menschen in der Entwicklung seiner persönlichen Fähigkeiten und Fertigkeiten sensibel zu begleiten, ihn anzuregen und anzuleiten.

Eine neue Generation von Lehrerinnen und Lehrern

Eine neue Generation von Schulen verlangt nach einer neuen Generation von Lehrerinnen und Lehrern. Ihre Rolle verändert sich: Sie sind nicht mehr Anweiser, sondern Unterstützer und Koordinatoren von Bildungsprozessen. Ähnlich den Chefs in der Arbeitswelt verändert sich die Rolle der Lehrkraft. Sie ist nicht mehr Boss, sondern Moderatorin, Koordinatorin der Lernvorgänge ihrer Schülerinnen und Schüler, dabei auch Ratgeberin, Inspiratorin und Coach. Der Lehrer oder die Lehrerin bleibt wichtig, weil sie einschätzen kann, was der Schüler kann und was nicht, wo Überforderung droht und Hilfe benötigt wird. Die Lehrkraft ist verantwortlich, dass die soziale und zeitliche Kernstruktur geregelt und eingehalten wird. Aber sie ist nicht Anweiser, sondern Unterstützerin von Bildungsprozessen. [...]

Schülerinnen und Schüler steuern ihren Lernprozess aktiv mit

[...] Bildung ist ein Prozess der Co-Produktion. Aber der Schüler als Lernkraft-Unternehmer legt ein hohes Maß von Selbstmanagement bei der Gestaltung der eigenen Bildungslaufbahn an den Tag. Jeder junge Mann und jede junge Frau wird, so es irgend möglich ist, zum „Bildungsbeauftragten in eigener Sache" und arbeitet an seinem „Bildungsunternehmen Ich".

Dazu braucht es den Lehrer als Coach. Nachhaltiges Lernen ist nur möglich, wenn in jeder einzelnen Phase des Trainings maßgeschneiderte Lernangebote unterbreitet werden. Voraussetzung ist, dass der jeweils erreichte Entwicklungsstand eines Schülers oder einer Schülerin durch ein genau passendes Angebot von Lernimpulsen aufgenommen wird. Es ist also eine profilierte Eingangsdiagnose der Fähigkeiten und Fertigkeiten des Lernenden notwendig, um hierauf abgestimmte differenzierte Angebote für Lernprozesse zu unterbreiten.

Die Angehörigen der Generation Z sind hierfür sehr empfänglich. Sie halten es als Digital Natives für selbstverständlich, Wissen jederzeit online abzurufen. Durch ihre permanente Arbeit am Computer und durch ihre intensive Spieltätigkeit sind sie gewohnt, selbstständig voranzugehen, regelmäßiges Feedback zu erhalten, Schritt für Schritt in ein Projekt einzusteigen und nach jeder Arbeitsphase klare Hinweise zum weiteren Vorgehen zu erhalten. Sie erleben schnelle und flexible Methoden der Selbsteinschätzung von Fähigkeiten und Fertigkeiten, und sie erwarten deren Einsatz auch im schulischen Bereich.

Quelle: Hurrelmann, Klaus (2019): Bildung in der digitalen Welt: Eine neue Generation von Schülerinnen und Schülern braucht eine neue Generation von Schulen. Verfügbar unter: https://www.fes.de/themenportal-bildung-arbeit-digitalisierung//bildung/artikelseite-bildungsblog/bildung-in-der-digitalen-welt-eine-neue-generation-von-schuelerinnen-und-schuelern-braucht-eine-neue-generation-von-schulen (20.06.2020; 11:27 Uhr)

Aufgaben / Forschungsfragen

1. Hurrelmann entwirft hier ein Bild einer neuen Generation von Schulen. Wie stehen Sie zu seinen Ideen. Entwerfen Sie im Nachgang Ihr eigens „Idealbild" einer modernen Schule.
2. Die erste Dimension »Erfahrung des Selbstwertverlusts« und das Konzept der Anerkennung sind wechselseitig anschlussfähig, z.B. auf der individuellen Ebene hinsichtlich der Inklusion von Menschen, die von Anerkennung ausgeschlossen sind; auf gesellschaftlicher Ebene hinsichtlich der Verstrickungen von Anerkennung, Verletzlichkeit und Teilhabe oder auf institutioneller Ebene hinsichtlich der Rahmenbedingungen für anerkennungssensible Engagementorte. Für Axel Honneth ist beispielsweise die Schule ein Ort der Nicht-Anerkennung. Finden Sie Pro-und Contra-Argumente für die These. Entwickeln Sie ein Forschungsdesign, mit dem Sie die Hypothese prüfen können. Da Anerkennung stets subjektiv wahrgenommen wird, empfiehlt sich hier ein qualitatives Desgin.
3. „Jede Anerkennung beinhaltet auch eine Missachtung anderer Persönlichkeitsanteile, Eigenschaften etc." Diskutieren Sie diese These.
4. In den Beanspruchungs-Belastungsstudien zum Erzieher*innenberuf kommt immer wieder die Aussage der Nicht-Anerkennung als Belastungsfaktor zum Tragen. Erörtern Sie die Wirksamkeit fehlender Anerkennung auf die betroffenen Menschen.

M 5 Sozialisation in Krisenzeiten

(Ullrich Bauer / Klaus Hurrelmann)

Bildungsprozesse von Kindern und Jugendlichen verändern sich durch die Corona-Pandemie. Für die Mehrzahl von ihnen verschlechtern sich hierdurch die Bedingungen. Die Sozialisation in der Familie hat an Zeit und an Bedeutung gewonnen, die in der Schule deutlich verloren. Die Kooperation zwischen diesen beiden wichtigen Erziehungsinstanzen erweist sich zugleich als gestört. [...]

Unsere Analyse zeigt: Fantasielosigkeit, Steuerungsprobleme und das Defizit im Umgang mit modernen Lern- und Kommunikationstechnologien haben schon vor der COVID-19-Pandemie bestanden. Sie sind aber durch die Krise zum einen sichtbarer, zum anderen noch virulenter geworden. Gegenmaßnahmen sind nicht nur an diesen Defiziten gescheitert, sie stellen auch postpandemisch eine wesentliche Herausforderung dar. Diese zu bewältigen, bedarf eines konzertierten Vorgehens, um alte und neue Probleme des deutschen Schulsystems unter Zeitdruck lösen zu können.

Die Steuerung des Schulsystems bedarfssensibel gestalten

Es ist unübersehbar, dass unterschiedliche krisenrelevante Ebenen im Bildungssystem existieren. [...]

Folgendes Szenario wäre wünschenswert: Es werden regionale und überregionale Gremien eingerichtet, in denen erfahrene Expertinnen und Experten für den gesamten Bildungsbereich zusammenarbeiten. Die Situation, die mit dem ungewollten Bildungsmoratorium der vergangenen Wochen [Anmerkung: Corona-Pandemie] verbunden war, wird genau analysiert und zur Grundlage der weiteren Planung.

Es wird evaluiert, wo Versorgungs- und Lernlücken entstanden sind und welche Gruppen Unterstützung benötigen. Dabei darf nicht übersehen werden, dass Schulstress ohne Schule entstanden ist und in allen Familien besondere Belastungen erfahren werden. Im öffentlichen Schulsystem wird darum die unflexible Delegationsbeziehung zwischen Schulträgern, Bezirksregierungen, Land und Bund unterbrochen. Kooperationen zwischen Schulen werden gestärkt, klare Vorgaben gemacht und Unterstützungsmöglichkeiten geschaffen. Die Schulträger nehmen ihre Verantwortung wahr und bringen in Bildungskonzilen die dringendsten Bedarfe auf die Agenda Kommunal-, Bezirks- und Landesverantwortlichen ein. Zentral ist, dass prozessorientiert gedacht wird und sehr spezifische Lösungen gefunden werden, die bundeslandspezifische Herausforderungen berücksichtigen, vor allem aber an regionale und schulstandortspezifische Bedarfe angepasst sind.

Digitales und analoges Lernen koordinieren

[...] Kurzfristige Lösungen wie die Reduzierung von Unterricht auf die Hauptfächer folgen einer fehlgeleiteten Logik des Aufholens, das die besondere psychosoziale Situation von Schülerinnen und Schülern, aber natürlich auch von Lehrkräften und Eltern zu wenig berücksichtigt. Auch Lösungen wie die der Kleingruppenarbeit sind nicht die einzige Möglichkeit, durch die jetzt neue oder kompensatorische Lernangebote geschaffen werden können.

Vielmehr sollten jetzt alle Möglichkeiten ausgeschöpft werden, um digitales und analoges Lernen zu koordinieren und damit einen Qualitätssprung bei den Bildungsergebnissen zu erreichen. Dazu gehören Angebote des Bildungsfernsehens und die Auslagerung von Unterricht an Orte, die ausreichend physische Distanz zu lassen. Starke Schulen werden als Vorbild herangezogen, Lehrkräfte nehmen Fortbildungen in Anspruch, die digitale Skills betreffen, Geräte werden zur Verfügung gestellt, für Schülerinnen und Schüler und selbstverständlich auch für Lehrkräfte.

Dass während der Krise einzelne Schulen und Lehrkräfte den digitalen Unterricht boykottierten, hatte viele unterschiedliche Gründe. Was daran schnell zu ändern ist, ist die Unklarheit ob der Datenschutzbestimmungen und die rasche Adressierung von Lehrkräften, die auf digitale Unterrichtsformate noch nicht vorbereitet sind. Hier werden die Kollegien gemeinsam anpacken, fortbilden, nachschulen und kollegial beraten. Die Sommerpause ist noch nicht zu einer verlorenen Zeit geworden, Fortbildungen werden in dieser Zeit freiwillig, im Extremfall als Dienstaufgabe in Anspruch genommen. Viel Kredit ist verspielt worden, weil Lehrkräfte als Beamte im öffentlichen Dienst zumeist nicht betroffen sind von den Krisenauswirkungen, sich aber sehr zurückhaltend im Einsatz digitaler Medien verhalten. Diese ungünstige Situation wird durch das besondere Engagement nach Prinzipien der gemischten Lernformate jetzt bereinigt.

Neue Formen der Förderung von benachteiligten Schülern erproben

Es gab schon vor der Krise exzellente Schulen, die sich auf den Weg gemacht haben und mit differenzierten Förderkonzepten arbeiten. Von diesen ist zu lernen, was in der Forschung das Prinzip des proportionalen Universalismus genannt wird und was jetzt dringlicher denn je ist: Alle Schülerinnen und Schüler erhalten zusätzliche Unterstützung, aber einige – proportional zu ihrem höheren Bedarf – erhalten sie besonders intensiv. Die Schulen schaffen die behutsame Annäherung an überlastete Familien und Milieus, machen besondere Förderangebote vor allem an solche Gruppen, die jetzt schulentwöhnt sind.

Es geht also um ein zielgruppenspezifisches Vorgehen, das alle Schulen erproben können. Kiez- und Brennpunktschulen wissen darum seit vielen Jahren, sie erhalten jetzt mehr Möglichkeiten dazu, ihre Erfahrungen weiterzugeben. An Gymnasien und Gesamtschulen erhalten Schülerinnen und Schüler mit besonderem Unterstützungsbedarf Möglichkeiten aufzuholen, ohne diesen Aufwand zu privatisieren. Internationale Klassen werden besonders in den Blick genommen und es wird berücksichtigt, dass die Förderung sich an Gruppen wendet, die besonderen Bedarf haben. Aus der Kommstruktur der Schule wird zumindest partiell eine Gehstruktur, um die negativen Auswirkungen gerade für benachteiligte und exkludierte Gruppen abzufedern.

Quelle: Bauer, Ullrich & Hurrelmann, Klaus (2020): Sozialisation in Krisenzeiten. Der Lockdown offenbart die Defizite des deutschen Schulsystems. In: Egbers, Julia & Himmelrath, Armin (Hrsg.) (2020): Schule nach Corona. Bern: Hep-Verlag

Aufgabe / weiterführende Aufgabe (Politische Teilhabe)

Bauer und Hurrelmann kritisieren das deutsche Schulsystem und entwerfen Lösungsmöglichkeiten. Beziehen Sie dazu kritisch Stellung oder werden Sie gleich aktiv: Schreiben Sie einen Brief an Ihre kommunalen Politiker*innen der einzelnen Parteien, z. B. an den Schulausschuss Ihrer Gemeinde bzw. Stadt, in welchem Sie deutlich machen, was das Schulsystem noch zu lernen hat.

3.3 Gender

Einleitung Gender

Die Debatte über die geschlechtliche Identität kann man kaum führen, ohne über die eigenen Vorurteile nachzudenken. Scheinbar wissen wir immer schon intuitiv, wie ein Mann oder eine Frau ist. Warum Mädchen eher schüchtern oder Jungen wild sind. Gerade dieses intuitive Wissen ist aber bereits Gegenstand der Geschlechterforschung. Man könnte sogar sagen, unser intuitives Wissen ist ein wesentliches Problem der Geschlechterbeziehungen. In der Fachdiskussion differenziert man zwischen einem biologischen und dem sozialen Geschlecht. Im englischsprachigen funktioniert das besonders einfach, weil zwischen »sex« (für das biologische) und »gender« (für das soziale Geschlecht) unterschieden wird. Diese Differenzierung markiert den Beginn einer kritischen Geschlechterperspektive, von der aus viel präziser auf den Wandel von Geschlechterrollen geschaut werden kann. Macht man das, dann merkt man, dass sehr wenig feststeht im Verhältnis der Geschlechter zueinander. Noch vor 50 Jahren waren nicht nur Frauenrechte so beschnitten, dass eine eindeutige Geschlechterhierarchie bestanden hat. Frauen waren auch in ihrer Selbstwahrnehmung den Männern untergeordnet. Es gab kaum Erwartungen, das Gleiche tun zu können oder auch zu wollen, was durch die Geschlechterdominanz nur Männern zustand. Beispiele für die den Frauen zugeschriebenen Defizite sind vielfältig. Sie reichen von der Unfähigkeit, Auto fahren zu können, bis hin zu der Unterstellung, Frauen könnten keine Führungspositionen einnehmen. Wollten Frauen dieser Unterwerfung entkommen, mussten sie männliche Attribute zeigen. Weibliche Eigenschaften galten als passiv, männliche als aktiv. Heute wissen wir, dass genau solche Unterscheidungen zu der Ausstattung des sozialen Geschlechts gehören, also zum »Gender«-Aspekt. Dieses soziale Geschlecht wird in Sozialisationsprozessen erworben. Es ist nicht mit dem biologischen Geschlecht verbunden, sondern wird erlernt und in der Praxis des alltäglichen Lebens (»doing gender«) einverleibt. Viele Untersuchungen der Sozial- und Geschlechterforschung bestätigen genau diese Diagnose. Weiter geht eine Tendenz der neueren Diskussion nicht mehr nur noch von zwei Geschlechtern aus, die sich gegenüberstehen. Die »binäre« (also zweiseitige) Codierung von Geschlecht gilt heute sogar selbst als rückständig. Vielmehr betonen aktuellere Diskussionslinien, dass schon die Unterscheidung in »Frau« und »Mann« falsch orientiert ist, weil sich viele Menschen in einem Raum dazwischen, abseits der beiden Pole befinden. Diese neuere Diskussion reicht sehr weit. Die englischsprachige Abkürzung LGBT (**L**esbian, **G**ay, **B**isexual and **T**ransgender) symbolisiert den Beginn der Akzeptanz der Diversifizierung von Geschlechtskategorien (die vorher von der Dragszene und dem lesbischen Feminismus erkämpft wurden) und ist eng mit der »Queer«-Bewegung verbunden. Das Thema »Geschlecht« ist damit zu gleichen Teilen Forschungsgegenstand und Gegenstand einer sozialen Bewegung. Hiergegen sind wiederum Gegen- und Protestbewegungen entstanden, die in der öffentlichen Debatte viel Aufmerksamkeit erzeugen. Misogyne (frauenfeindliche) und homophobe Strömungen sammeln sich vor allem in konservativen, religiös geprägten Milieus. Dagegen treten wichtige Fragen in den Hintergrund, die immer seriös behandelt werden müssen. Ist das Geschlecht wirklich nur sozial konstruiert? Können biologische Unterschiede, die zum Beispiel die Geschlechtermedizin betont, vernachlässigt werden? Gerade weil alle Menschen mit der Geschlechterfrage auch eine Frage an sich selbst stellen müssen, geht uns diese Frage besonders unter die Haut.

Aufgaben

Bevor Sie dieses Kapitel erarbeiten, versuchen Sie eine eigenständige Definition der folgenden Begriffe, die sich hinter dem Akronym LGBTQIA verbergen, zu formulieren. Dabei steht LGBTQIA für: Lesbian, Gay, Bi, Transsexual, Queer, Intersex und Asexual.

M1 Studie zum Coming-Out: Fast 90 Prozent der queeren Jugendlichen werden online diskriminiert

(Tilmann Warnecke)

Eine Studie zeigt: Queere Jugendliche erleben in der Freizeit oft noch Diskriminierungen. Das Internet ist für sie ein besonders ambivalenter Raum.

Das „Martyrium“ ging los, als Jennifer sich in ihrem Umfeld als lesbisch outete. Auf einmal war sie unsichtbar für die anderen, „Luft für die“, wie sie es beschreibt. Erleichterung brachte in dieser Zeit allein das Internet. Praktisch die ganze Zeit war sie online. In Jugendforen konnte sie sich mit anderen jungen Lesben austauschen: „Dadurch habe ich gelebt.“

Die Erfahrung der heute 23-Jährigen ist in einer neuen Studie des Deutschen Jugendinstituts zitiert. Die Wissenschaftlerinnen und Wissenschaftler haben mehr als 1700 lesbische, schwule, bisexuelle, trans und genderdiverse Jugendliche und junge Erwachsene von 14 bis 27 Jahren befragt, wie sie ihre Freizeit gestalten und wie dabei ihr Umfeld auf ihre sexuelle Orientierung beziehungsweise Geschlechtsidentität reagiert.

Das Internet ist Fixpunkt der Befragten

Das Internet ist dabei – im Guten wie im Schlechten – ein Fixpunkt für die Befragten. Tendenziell nutzen es queere Jugendliche noch intensiver als heterosexuelle, wie andere Studien bestätigen: Als Raum, in dem sie sich mit anderen queeren Jugendlichen vernetzen, oft erstmals überhaupt in Kontakt treten können. Andererseits ist es aber auch der Ort, wo sie Diskriminierung besonders ausgesetzt sind.

Das Deutsche Jugendinstitut schließt mit der Umfrage an eine umfangreiche Coming-Out-Studie aus dem Jahr 2015 an. Der Tenor damals: Nach dem Coming Out müssen noch immer viele mit Ablehnung von Freunden und Familie rechnen. Der Befund bestätigt sich jetzt. Auch im Zeitalter der Ehe für alle und der Dritten Geschlechtsoption machen Jugendliche, die nicht heterosexuell sind oder sich nicht als cis-geschlechtlich identifizieren (deren Geschlecht also nicht mit dem übereinstimmt, dass ihnen bei der Geburt zugewiesen wurde), zahlreiche Diskriminierungserfahrungen.

„Spannungsfeld Freizeit“

Genauso bietet gerade die Freizeit aber auch viel mehr als die Schule die Möglichkeit gezielt Schutzräume zu suchen: In denen sich Jugendliche selbstbestimmt bewegen können, wo sie mit Freundinnen und Freunden unterwegs sind, die sie akzeptieren. Von einem „Spannungsfeld“ sprechen Autor*innen daher, in dem sich queere Jugendliche in ihrer Freizeit befinden: Während sie an vielen Stellen Inklusion erleben, werden sie gleichzeitig anderswo ausgegrenzt. Beispielhaft führt das die Studie an mehreren zentralen Orten der Freizeitgestaltung aus.

Beispiel Internet. Dieses ist aus dem Alltag von Jugendlichen „nicht mehr wegzudenken“, heißt es auch in dieser Umfrage – jede*r Befragte nutzt es. Drei Viertel der Befragten surfen zwischen zwei und fünf Stunden online, 20 Prozent sogar noch länger. Die Durchschnittszeit liegt im Vergleich mit den Ergebnissen anderer Jugendstudien etwas höher. Auch sind queere Jugendliche tendenziell aktiver auf Seiten unterwegs, die persönliches Engagement erfordern, wie in Internetforen oder Newsgroups.

Manche können online authentischer auftreten als im realen Leben

Das Internet bietet die Chance, sich dem Thema LGBTI anzunähern, „ohne gleich jemand anderen informieren zu müssen“, heißt es. Im Netz lernen queere Jugendliche neue Leute kennen, die die eigenen Erfahrungen teilen. Jede*r Zweite hat einen Account auf queerspezifischen Plattformen wie Gorizi, einem Portal für junge Lesben, dem schwulen Portal dbna („du bist nicht allein“) oder dem FTM-Portal, das sich an junge trans-Männer richtet.

Viele der Befragten würden „mit englischsprachigen Peers im Austausch stehen“, heißt es in der Studie, was in Bezug auf routinierte Englischfähigkeiten einen „Ressourcengewinn darstellt“. Insbesondere für trans und genderdiverse Jugendliche sei das Internet ein Ort, „an dem sie viele positive Erfahrungen machen“. Insgesamt würden queere Heranwachsende im Internet „zum Teil authentischer auftreten, als ihnen das im realen Leben möglich ist“, resümieren die Autor*innen.

Trans Jugendliche sind häufiger Diskriminierungen ausgesetzt

Dennoch: Das Internet ist gleichzeitig der Freizeitbereich, an dem die Jugendlichen die meisten Diskriminierungserfahrungen erleben. Dass aufgrund ihrer sexuellen Orientierung oder Geschlechtsidentität online Witze über sie gemacht werden, haben 88 Prozent der Befragten mindestens einmal erlebt. Trans und genderdiverse Jugendliche sind insgesamt häufiger Diskriminierungen ausgesetzt: 46 Prozent von ihnen berichten, dass sie online beleidigt, beschimpft oder lächerlich gemacht wurden. Von den jungen Lesben, Schwulen und Bisexuellen sagen das 28 Prozent.

Beispiel Jugendzentren und Clubs. Die Studie hebt die Bedeutung queerer Jugendzentren hervor; unlängst hat auch Berlin eines eingerichtet. Fast jede*r dritte Befragte besucht eine LGBTI-Jugendgruppe, manche nehmen dafür lange Anfahrtszeiten auf sich. „Sie treffen dort auf Gleichgesinnte, erleben Rollenmodelle, können über für sie relevante Themen sprechen, die sonst im Alltag nicht selbstverständlich und offen angesprochen werden können die Gruppen ehrenamtlich engagieren, also zusätzlich soziale Kompetenz erwerben".

Die Bedeutung queerer Jugendzentren zeigt sich gerade vor dem Hintergrund, dass sich LGBTI-Jugendliche an allgemeinen jugendkulturellen Orten wie anderen Zentren, in Clubs, auf Partys oder in Cafés weniger wohl fühlen. Vom Internet abgesehen, erleben sie dort die meisten Diskriminierungen: Neun von zehn haben dort schon entsprechende negative Erfahrungen gemacht. Fast ein Drittel der lesbischen, schwulen und bisexuellen Jugendlichen sind auf Partys sexuellen Belästigungen und Beleidigungen ausgesetzt, bei trans Jugendlichen sind es sogar 42 Prozent.

Umkleide als Angstraum

Beispiel Sport. Zwei Drittel sagen, dass sie in ihrer Freizeit Sport treiben: Die jüngeren tendenziell eher in Vereinen, die älteren bei kommerziellen Angeboten wie Fitnessstudios. Die Erfahrungen variieren stark. Junge Homo- und Bisexuelle nehmen den Sport deutlich inklusiver als etwa die Schule oder Clubs und Discos wahr, vor allem wenn sie ihn außerhalb eines Vereins mit Freunden ausüben. Trans Jugendliche machen deutlich negativerer Erfahrungen. Das liege vor allem daran, dass gerade im Sport die heteronormative Zwei-Geschlechter-Ordnung besonders wirksam ist, man sich in den meisten Sportarten Männern oder Frauen zuordnen muss, Umkleiden eine Art Angstraum sind.

Die Studie empfiehlt hier insbesondere Vereinen, die nicht auf einen Wettkampfbetrieb ausgerichtet sind, mehr auf Diversität zu setzen. Auch müssten Trainerinnen und Trainer stärker sensibilisiert werden, um im Zweifelsfall eingreifen zu können. Denn Diskriminierungen gehen meistens von den Teamkolleginnen und -kollegen aus.

Wenn ein öffentlicher Kuss nicht alltäglich ist

Ein weiteres auffälliges Ergebnis der Umfrage: Im öffentlichen Raum fühlen sich die meisten Befragten unsicher, beschreiben „grundsätzlich ein Gefühl der Angst", wie es in der Studie heißt. 84 Prozent haben Diskriminierungen aufgrund ihrer sexuellen Orientierung erlebt, 94 Prozent aufgrund ihrer Geschlechtsidentität. Dazu gehören abfällige Witze, Beleidigungen und Belästigungen – und das Gefühl, häufig angestarrt oder beobachtet zu werden.

„Alltägliche Situationen, über die heterosexuelle Menschen nicht nachdenken müssen, wie als Paar in der Öffentlichkeit Hand in Hand zu laufen, sich zu küssen", seien für queere Jugendliche daher „nach wie vor weder selbstverständlich noch unproblematisch beziehungsweise ungefährlich".

Quelle: Warnecke, Tilmann (2019): Studie zum Coming Out. Fast 90 Prozent der queeren Jugendlichen werden online diskriminiert. Aufgerufen am 30.07.2020 unter https://www.tagesspiegel.de/gesellschaft/queerspiegel/studie-zum-coming-out-fast-90-prozent-der-queeren-jugendlichen-werden-online-diskriminiert/23828896.html

Arbeitsauftrag

Erläutern Sie ausgehend vom Text, welchen verschiedenen Diskriminierungsrisiken queere Jugendliche ausgesetzt sind, aber auch, welche Chancen und Schutzräume geboten werden.

M 2 Sie sind zu langsam!
(Klaus Hurrelmann)

Junge Frauen sind die Bildungsgewinner, in Schulen und an Universitäten. Aber im Beruf machen die Männer das Rennen. Was muss passieren, damit auch das sich ändert?

Die Generation Y wird erwachsen. Junge Menschen, zwischen 1985 und 2000 geboren, sind dabei, verantwortliche Rollen in Gesellschaft, Wirtschaft, Kultur und Politik zu übernehmen. Sie gelten als krisenerprobt, pragmatisch und flexibel, haben politische Spannungen, Terroranschläge und globale Kriege miterlebt und wissen, wie wenig die Politik wirksam handeln kann und wie unsicher das öffentliche Leben geworden ist. Sie j haben erfahren, wie ungewiss der Übergang in den Beruf sein kann, und jetzt sind sie dabei, seit Generationen etablierte Rollenbilder außer Kraft zu setzen. Dabei fragt man sich immer noch: Wer macht das Rennen, Mann oder Frau? Und warum dauert es so lange, bis sich die Veränderungen in den Büros und Chefetagen wirklich zeigen?

Ausbildung, Beruf, Hochzeit, Kinder – noch die Eltern der Generation Y folgten klar strukturierten geschlechtsspezifischen Mustern. Heute muss jeder, egal ob Mann oder Frau, biografische Entscheidungen selbst fällen. Die Frage nach dem Warum, nach dem Sinn, wird dabei zum Kompass des Lebens.

Dabei scheinen die jungen Frauen mit den gesellschaftlichen Veränderungen besser zurechtzukommen als die Männer. Das zeigt eine tiefer gehende Datenanalyse der aktuellen *Shell Jugendstudie*. Frauen sind zwar insgesamt besorgter im Blick auf die Zukunft, kommen aber insgesamt zu einer positiveren Bilanz und schauen optimistisch in die Zukunft. Gezielt investieren sie in Bildung und optimieren ihre Ausgangschancen für den Beruf. Die jungen Frauen schneiden in allen Bildungs- und Ausbildungsbereichen inzwischen eindeutig besser ab als die jungen Männer. Sie entwickeln sich schneller, werden früher eingeschult, bleiben seltener sitzen, schwänzen die Schule kaum, arrangieren sich müheloser mit den sozialen Regeln, haben die besseren Schulleistungen, stürmen die Universitäten und dominieren Studiengänge wie Medizin und Jura. Junge Frauen sammeln immer mehr Bildungszertifikate und schneiden bei fast allen Prüfungen im Schul- und Hochschulsystem besser ab als die jungen Männer. Sie erwerben die Mehrzahl der hochwertigen Schulabschlüsse – in Deutschland schon fast 55 Prozent beim Abitur – und in vielen Fächern auch Hochschulabschlüsse. Die Leistungen der jungen Männer hingegen haben sich in den letzten 20 Jahren kaum verbessert.

Eine generationenlange Tradition der Rangordnung der Geschlechter gerät ins Rutschen. Im Bildungsbereich dreht sich die Geschlechterhierarchie um. Das ist gesellschaftspolitisch ein aufregendes Ereignis. Die letzten international vergleichenden Schulleistungsstudien der OECD sprechen eine klare Sprache und dokumentieren den Bildungserfolg der Mädchen. Die Pisa-Ergebnisse zeigen, dass Mädchen eine bessere Lesekompetenz haben und sich ihrer Leistungen in den Naturwissenschaften, stets eine Männerdomäne, seit dem Jahr 2000 kontinuierlich verbessern. Nur in Mathematik übertreffen die Leistungen der Jungen noch die der Mädchen, wenn auch oft nur knapp.

Was auffällt: Ein deutlicher Geschlechterunterschied wird ebenfalls sichtbar, wenn es um Familienorientierung geht. Schon seit dem Jahr 2000 zeigt die *Shell Jugendstudie*, dass sich die jungen Frauen in Deutschland zwar zur traditionell etablierten weiblichen Rolle bekennen – und einen starken Akzent auf Harmonie, Gemeinschaft und den Dienst am Gemeinwesen legen. Sie geben sich jedoch längst nicht allein mit Kindern, Küche und Kommune / Kirche zufrieden. Sie erweitern ihre Rolle: Fast 80 Prozent der 12- bis 25-jährigen Mädchen und jungen Frauen wünschen sich neben Familie auch Erfolg im Beruf und fügen den tradierten Ks ein weiteres hinzu: K wie Karriere. Damit bewegen sie sich in wesentliche Bereiche der traditionellen Männerrolle hinein.

Bei jungen Männern hingegen sind nur rund 40 Prozent bereit, sich auf die als „weiblich" codierten Lebensbereiche einzulassen. Die Mehrheit betrachtet eine solche Rollenerweiterung als erniedrigend und unter ihrer Würde. Damit sperren sie sich ungewollt in eine enge Rolle von Männlichkeit ein und hemmen die eigene soziale, kulturelle und ökonomische Entfaltung – was wiederum negativ auf die Bildungsaktivität der Jungen ausstrahlt.

Quelle: Hurrelmann, Klaus (2016): Generation Y. Sie sind zu langsam! Aufgerufen am 30.07.2020 unter https://www.zeit.de/2016/23/generation-y-rollenbilder-beruf-mann-frau

Arbeitsauftrag

1. *Junge Frauen sind die Bildungsgewinner, in Schulen und an Universitäten.* Stellen Sie dar, wie Klaus Hurrelmann diese Aussage belegt.

2. *Bei jungen Männern hingegen sind nur rund 40 Prozent bereit, sich auf die als „weiblich" codierten Lebensbereiche einzulassen. Die Mehrheit betrachtet eine solche Rollenerweiterung als erniedrigend und unter ihrer Würde. Damit sperren sie sich ungewollt in eine enge Rolle von Männlichkeit ein und hemmen die eigene soziale, kulturelle und ökonomische Entfaltung – was wiederum negativ auf die Bildungsaktivität der Jungen ausstrahlt.*

Diskutieren Sie diese Aussage zunächst in Kleingruppen und geben Sie Beispiele aus Ihrer eigenen Erfahrungswelt an. Stellen Sie anschließend Ihre Ergebnisse im Plenum vor. Welche neuen Fragen ergeben sich hieraus?

M3 Prägt Spielzeug die Geschlechter?

(Monika Dittrich)

Glitzerpuppen für Mädchen, Baukästen für Jungen – die Spielwaren-Industrie hält für beide Seiten streng getrennte Produkte bereit. Genderforscher und Feministinnen beklagen dieses aggressive Gender-Marketing. Aber inwieweit prägt unterschiedliches Spielzeug die Entwicklung der Kinder wirklich?

Für Spielwaren geben die Deutschen eine Menge Geld aus: Schon seit einigen Jahren liegen die Ausgaben bei mehr als drei Milliarden Euro pro Jahr. Seit 2009 verzeichnet die Spielwarenindustrie in Deutschland kontinuierlich steigende Umsätze. Ständig kommen Neuheiten auf den Markt. Und viele dieser Spielsachen entsprechen einer Entwicklung, die seit einigen Jahren zu beobachten ist: dass es nämlich immer mehr Spielzeug gibt, das sich eindeutig entweder an Mädchen oder an Jungen richtet.

„Ja, dem kann ich zustimmen. Das ist durchaus so“, sagt Ulrich Brobeil. Er ist Geschäftsführer beim Deutschen Verband der Spielwarenindustrie. „Die geschlechtstypische Auswahl von Spielzeug, und ich denke, darauf wollen Sie hinaus, ist einfach Teil der kindlichen Entwicklung. Die Spielwarenhersteller reagieren entsprechend darauf. Wenn eine Nachfrage da ist nach Farben und geschlechtstypischem Spielzeug, dann wird die Nachfrage eben auch bedient, mit dem entsprechenden Spielzeug.“

Nur darf man vermuten, dass die Hersteller diese Nachfrage auch aus eigenem Interesse verstärkt haben. Denn: Es lässt sich einfach mehr verkaufen, wenn Produkte gezielt für Mädchen oder Jungen vermarktet werden. Der Fachbegriff dafür ist Gender-Marketing.

„Weil das ein Marketing-Coup ist, der erst in den letzten fünfzehn Jahren entdeckt worden ist“, erklärt Stevie Schmiedel. Sie ist Chefin von Pinkstinks, einer Protestorganisation, die gegen Sexismus und Geschlechterklischees in Werbung, Medien und Gesellschaft kämpft: „Ein Gendermarketing, das Eltern anbietet, alles gleich doppelt zu kaufen. Das blaue Fahrrad für den Jungen, mit dem Piraten drauf. Das rosafarbene für das Mädchen. Dann kann auch nicht untereinander vererbt werden, alles wird doppelt konsumiert, das passt hervorragend zusammen.“

Produkte speziell für Frauen und für Männer

Auch in der Erwachsenenwelt gibt es viele Produkte speziell für Frauen und für Männer, vom Nassrasierer bis zum Kugelschreiber – und man kann darüber streiten, was davon sinnvoll oder notwendig ist.

Doch wohl nirgendwo ist die geschlechtsspezifische Vermarktung so erfolgreich wie bei Kinder-Produkten. Da werden Vorlesebücher für „kleine starke Jungs“ angeboten, oder mit „starken Mädchengeschichten“. Das Rutschauto eines bekannten Herstellers gibt es mittlerweile auch in pink. Selbst einen Globus kann man speziell für Mädchen kaufen: Kontinente und Ozeane leuchten in Rosatönen.

Die Spielwarenabteilung im Kaufhof der Kölner Innenstadt. Zehntausend Produkte auf mehr als eintausend Quadratmetern. Stofftiere, Puppen, Eisenbahnen, Gesellschaftsspiele – sehr vieles davon ist nicht nach Geschlechtern sortiert. Und doch zeigt sich auch hier, was in vielen großen Spielwarengeschäften längst üblich ist. „Ja, es gibt eine mädchenaffine Abteilung und es gibt eine jungenaffine Abteilung, ganz klar“, sagt Jürgen Wirtz, er leitet die Spielwarenabteilung im Kaufhof.

Er steht jetzt in der mädchenaffinen Abteilung, wie er es nennt, vor einem Regal mit Puppen, die auf Knopfdruck singen. Außerdem Stifte Malbücher, Nagellack. Das meiste rosa oder violett, vieles glitzert: „Ja gut, Mädchen glitzern gerne. Ob das mit Schminke ist, die glitzert, ob das Glitzerstifte sind, mit denen sie malen, oder ob das ein Glitzermäppchen ist, mit dem sie gerne zur Schulen gehen. Glitzer ist momentan mal wieder in“, so Wirtz.

Disney-Film „Frozen“ ist „in“

„In“ sind bei vielen Mädchen zum Beispiel Puppen und Spielsachen, die zum Disney-Film „Frozen“ gehören. Im Mittelpunkt steht die Eiskönigin Elsa – eine gertenschlanke Figur mit hellblondem Haar und großem Augenaufschlag.

Werden Mädchen etwas älter, interessieren sie sich häufig für die Marke „Topmodel“. Wirst sagt: „Die entwerfen da ja auch ihre eigene Mode, skrabbeln so ein bisschen rum, ist auch ein sehr abwechslungsreiches Geschäft.“

Am anderen Ende der Abteilung finden Kaufhof-Kunden das, was man als typisches Jungen-Spielzeug bezeichnen kann: Autos in allen möglichen Formen und Größen, Experimentierkästen, Ritterburgen, Spielsets zu den Themen Feuerwehr, Polizei, Piraten.

„Ja gut, jetzt sind wir bei der heißesten Lizenz: Star Wars. Das ist bei Jungen das heißeste Thema. Wobei man sagen muss, auch ein Haufen Mädchen lieben Star Wars“, erklärt Wirtz. Die Raumschiffe und Figuren werden von Lego als Bausets angeboten. Überhaupt: Lego. Das dänische Unternehmen ist der größte Spielzeughersteller der Welt und auch in Deutschland unangefochtener Marktführer.

Lego habe in den vergangenen Jahren viel investiert, um sein Sortiment für Jungen und Mädchen zu separieren, kritisiert Stevie Schmiedel von Pinkstinks. „Wenn Sie an Lego denken aus den 80er Jahren, die geworben haben damals mit dem Slogan: Whatever it is, it is beautiful. Mit einem Mädchen in Latzhose, das die bunten Legosteine zeigt. Heute gibt es Legofriends und Lego für Jungs.“

Lego sei grundsätzlich genderneutral

Eine Unternehmenssprecherin von Lego erklärt, die Bausteine seien erst einmal grundsätzlich genderneutral. Mädchen und Jungen hätten aber unterschiedliche Spielbedürfnisse. Deshalb gibt es zum Beispiel eine Produktserie wie Lego Ninjago, die sich wohl eher an Jungen richtet: eine asiatisch inspirierte Spielwelt mit ein paar Super-Helden, die gegen das Böse kämpfen.

Legofriends hingegen ist eine Linie, die das Unternehmen 2012 auf den Markt brachte, um vor allem Mädchen anzusprechen. Die zusammengebauten Szenen spielen in der fiktiven Stadt Heartlake City; Hauptfiguren sind Mädchen, die etwa einen Tag im Hotel verbringen, auf der Skipiste oder auf dem Luxuskatamaran.

Über solche und ähnliche Spielwelten kann Uta Brandes sich empören. Sie hat viele Jahre an der Technischen Hochschule in Köln gelehrt, als Professorin für Gender und Design. Sie sagt: „Das Schlimme ist, das die Mädchenrollen darin passiv sind, nur auf Schönheit, auf sinnlose Tätigkeiten, bestenfalls gehen die Mädchen in diesen Spielen mit ihrer Katze zum Tierarzt. Sie sind nie erwerbstätig, sie müssen immer gerettet werden, als Prinzessin, aus irgendeiner misslichen Lage, aus der sie sich nicht selbst befreien können.“

Uta Brandes untersucht als Genderforscherin den Zusammenhang von Gestaltung und Geschlecht. Typisches Mädchenspielzeug vermittle oft die Botschaft, es komme vor allem auf Schönheit und Hilfsbereitschaft an, so Brandes, während den Jungen signalisiert werde, sie müssten Helden, Retter und Kämpfer spielen. Das sei eine gefährliche Zurichtung auf Rollen, so Brandes: „Weil es Rollen festlegt, die mit Hierarchie und mit Wertigkeit zu tun haben. Wir können schon feststellen, dass die Rollen, die mit typischer Weiblichkeit zu tun haben, das hat immer zu tun mit Dienen, Helfen, Pflegen, Heilen. Und die anderen, das sind die Tatkräftigen, die etwas in Schwung bringen. Jetzt könnte man sagen: Ja und, ist doch egal. Aber es ist eben gesellschaftlich sowohl finanziell als auch im Ansehen unterschiedlich bewertet.“

Auch Stevie Schmiedel sagt: „Diese Fokussierung aufs Äußere – und das zeigen zahlreiche Studien – ist schwierig für Mädchen, die so sehr darauf achten, nett und lieb und hübsch zu sein, dass sie es dann schwierig haben, mit der Faust auf den Tisch zu hauen und ihr Gehalt einzufordern oder sexuellen Übergriffen entgegenzutreten.“

Auch für Jungs problematisch

Schmiedel findet nach Geschlechtern getrennte Spielwelten auch für Jungen problematisch: „Wenn ein Junge heute mit rosa spielt und einen kleinen rosa Pudel mit in den Kindergarten bringt, dann wird er schnell vom halben Kindergarten gemobbt. Weil die Vorstellung da ist, dann bist du kein richtiger Junge. Es ist ganz wichtig, diese toxischen Männlichkeitsbilder aufzubrechen, damit Jungen eben auch wild und stark sein können, aber auch zart und niedlich.“

Es ist eine Forderung, die überraschend klingt: in einer Gesellschaft, in der klassische Rollenmuster aufweichen, Frauen sich immer mehr Gleichberechtigung erkämpfen, Väter Elternzeit nehmen können, ein drittes Geschlecht anerkannt wird und die Ehe für alle möglich geworden ist.

Doch manche Soziologen sehen gerade hier einen Zusammenhang und sprechen vom Re-Gendering: Gerade weil klassische Rollenmuster hinterfragt werden und sich die Gesellschaft so rasant verändert, gibt es als Gegenbewegung eine Sehnsucht nach eindeutigen Geschlechterverhältnissen.

Auch Stevie Schmiedel von Pinkstinks hält diese Erklärung für plausibel und erinnert daran, dass der Feminismus erst in den 70er Jahren wirklich stark wurde. „Und seitdem so viel passiert, dass es verständlich ist, dass uns eine große Nostalgie begleitet, zu einer Rückkehr nach klaren Grenzen. Mädchen sind rosa und lieb und süß und Jungen sind blau und stark und wild.“

Viele GenderforscherInnen legen allerdings eine Annahme zugrunde, die höchst umstritten ist. Sie gehen davon aus, dass das Geschlecht vor allem eine gesellschaftliche Konstruktion ist: geschlechtsspezifische Neigungen, Interessen und Verhaltensweisen seien vor allen anerzogen.

„Ein schreiendes Bündel von Bedürfnissen“

Die biologischen Faktoren, also Hormone, Gene und auch die Evolution halten sie für weniger ausschlaggebend. Die Geschlechterrolle sei zu 90 Prozent ein Ergebnis von Kultur und Erziehung, sagt Uta Brandes, und auf die Frage, wie viel Geschlecht neugeborene Kinder denn mit auf die Welt bringen, antwortet sie: „Ich denke, potenziell kommen sie als weiße Fläche auf die Welt. Ein schreiendes Bündel von Bedürfnissen.“

Eine Aussage, der viele Biologen, Neurowissenschaftler und Psychologen vehement widersprechen. Den Genderforschern werfen sie mitunter vor, empirische Daten zu ignorieren.

„Und einige sind auch ideologisch. Nämlich solche, die denken, jegliche Art von Geschlechterunterschieden wäre kulturell induziert.“

Harald Euler ist Evolutionspsychologe. Als Professor an der Universität Kassel hat er sich jahrzehntelang mit der Frage beschäftigt, welche Ursache es hat, dass Mädchen und Jungen sich unterschiedlich verhalten und auch andere Interessen haben. Harald Euler sagt: „Nicht alle Jungen haben eine Präferenz für technisches Spielzeug und nicht alle Mädchen wollen gerne Puppen haben. Aber: Bei dem einen Geschlecht ist eben das eine häufiger und bei dem anderen Geschlecht das andere.“

Und diese statistische Verteilung sei nicht nur eine Folge von Erziehung, Kultur und Gesellschaft. Im Gegenteil: „Erstaunlicherweise gibt es einige Verhaltensmerkmale, die treten schon in den ersten Lebenstagen und -wochen auf. Das ist beispielsweise, dass kleine Mädchen mehr Interesse an Gesichtern zeigen, an Menschen zeigen, kleine Jungen eher an mechanischen Sachen, beispielsweise für ein Mobile, das über dem Bettchen hängt“, sagt Euler.

Die Untersuchungen, die Harald Euler hier anspricht, hat der britische Psychologe Simon Baron-Cohen von der Universität Cambridge veröffentlicht. Unter den Genderforschern sind seine Ergebnisse umstritten, und wie so oft werden Studien der jeweiligen Gegenseite angezweifelt.

„Spielzeugpräferenzen biologisch vorgeformt“

Allerdings gibt es inzwischen viele empirische Belege für die These, dass geschlechtstypische Spielzeugvorlieben nicht anerzogen sind. Harald Euler sagt: „Die Spielzeugpräferenzen sind genau etwas, was schon relativ früh, biologisch vorgeformt, auftaucht.“

Diese Position vertritt auch die Münchener Psychologie-Professorin Doris Bischof-Köhler. Sie ist über 80 Jahre alt und gibt derzeit keine Radio-Interviews. Doch den Forschungsstand kann man in ihrem Buch nachlesen. Es hat den Titel „Von Natur aus anders. Die Psychologie der Geschlechtsunterschiede“, wurde mehrfach aktualisiert und gilt als ein Standardwerk zum Thema. Die Autorin beschreibt darin eine Fülle eigener Forschungserkenntnisse oder zitiert Untersuchungen von Kollegen. Ein Beispiel: „Jungen betätigen sich schon als Einjährige lieber grobmotorisch, benutzen Spielsachen auch einmal zum Herumwerfen oder dazu, andere zu verhauen. Sie bekunden eine ausgeprägte Vorliebe für Transportmittel sowie für Nichtspielsachen, wie etwa Türklinken, Steckdosen und Videogeräte, die sie hingebungsvoll manipulieren.

Von Affenkindern

Mädchen dagegen spielen lieber mit Plüschtieren und Puppen sowie Puppengeschirr und zeigen mehr feinmotorisches Geschick. Die männliche Vorliebe für Transportmittel mit vier Rädern und die weibliche Attrahiertheit durch Puppen und Plüschtiere zeigt sich übrigens auch bei Rhesusaffen, bei denen eine entsprechende Sozialisation sicher auszuschließen ist.

Affenkinder haben also auch geschlechtsspezifische Spielzeugvorlieben: Dieses Studienergebnis der beiden Wissenschaftlerinnen Gerianne Alexander und Melissa Hines aus dem Jahr 2002 zeigt vielleicht besonders überzeugend, dass manches Geschlechterklischee eine biologische Ursache haben muss. Die Untersuchung mit den Affen wurde zwischenzeitlich von anderen Wissenschaftlern bestätigt.

In weiteren Experimenten, die Doris Bischof-Köhler zitiert, zeigten sich kleine Mädchen im Mittel fürsorglicher; sie interessierten sich eher für Pflegespiele wie Vater-Mutter-Kind oder bemutterten ihre Puppen. Die Mehrheit der Jungen dagegen war eher konkurrenzorientiert und risikobereiter, sie liebten Raufereien, Wettkämpfe und Tobespiele. Euler sagt: „Wenn man nicht will, dass kleine Jungen mit Pistolen spielen, dann soll man ihnen keine Pistolen geben. Aber die Jungs basteln sich dann Pistolen. Oder machen mit Stöcken rum."

Diese Neigungen seien in den Kindern tief verwurzelt, ist der Psychologe Harald Euler überzeugt. Anthropologen hätten geschlechtstypisches Verhalten bei Kindern in vielen unterschiedlichen Kulturen beobachtet und dokumentiert.

Zudem sei es doch frappierend, dass Jungen für ihr wildes und zum Teil aggressives Spiel in unseren Kulturen ständig getadelt würden – und sich dennoch so verhielten. Bestätigt sehen sich Psychologen wir Harald Euler oder Doris Bischof-Köhler auch durch die Erfahrungen, die in den repressionsfreien Kinderläden der 60er Jahre oder in den Kibbuzim in Israel gemacht wurden.

Die Wirkung der Evolution

In diesen Einrichtungen wurde eine möglichst geschlechtsneutrale Erziehung praktiziert – trotzdem zeigten die Kinder geschlechtstypisches Verhalten, insbesondere die Jungen waren sogar aggressiver als diejenigen in konventionellen Kindergärten. Harald Euler erkennt hier die Wirkung der Evolution: „Das Überleben von unseren Vorfahren, die in kleinen Gruppen lebten, von ein paar Dutzend Leuten, hing entscheidend davon ab, wie viele junge, kampfeswillige und mutwillige Männer es in der Gruppe gab. Also kämpfen zu können, bereit sein zu kämpfen, war immer etwas, was in der Vergangenheit gut für die Gruppen war und für den Einzelnen hat es sich ausgezahlt in Reproduktionschancen."

Gene und Evolution sind das eine, doch natürlich spielten auch Prägung und Sozialisation eine wichtige Rolle in der Entwicklung des Menschen, sagt Harald Euler. Die Biologie gebe nur ein grobes Schema vor. „Man kann von der Natur auch leicht abweichen. Vor allem, wenn es für die Gesellschaft von Nutzen ist. Wir brauchen nicht mehr diese Machomänner in modernen Kulturen, da sich weibliche Verhaltensweisen gefragt. Und Männer können durchaus dazu gebracht werden, diese Sachen stärker zu betonen", so Euler.

Und noch etwas ist Euler wichtig: Die Erkenntnis, dass geschlechtsspezifische Interessen biologische Ursachen haben, dürfe nicht als Argument für Ungerechtigkeit herhalten.

„Eine neue Generation, die mit Wumms erzogen wird."

Dass etwa pflegerische Arbeit, die häufig von Frauen erledigt wird, schlechter bezahlt wird als typische Männer-Berufe, das sei ein Skandal, sagt Harald Euler. Ein Punkt, den auch die Aktivistin Stevie Schmiedel anspricht: „Wir sprechen über den Gender-Pay-Gap. Die Me-Too-Debatte hat gezeigt, dass Frauen nach wie vor stark sexueller Belästigung ausgesetzt sind und nicht so gleichberechtigt wie Männer. Wir brauchen also dringend eine neue Generation, die mit Wumms erzogen wird, die sich mehr Raum nehmen darf."

Der Psychologieprofessor Harald Euler rät allerdings dazu, den Einfluss von Spielsachen nicht zu überschätzen. Für Eltern sei das übrigens eine gute Nachricht. Sie könnten sich entspannen – bei der Auswahl des richtigen Spielzeugs komme es vor allem darauf an, dass die Kinder Spaß daran hätten: „Der Zweck der Kindheit ist nicht nur, sich vorzubereiten auf das spätere Leben und dann Dinge in die Kinder reinzupauken, die sie nachher erfolgreich sein lassen. Sondern für Eltern sollte es auch wichtig sein, ihren Kindern einfach eine schöne Kindheit zu machen. Was später passiert, wird ohnehin stärker durch die Gene beeinflusst, als wir gedacht haben. Und vor allen Dingen: Je älter man wird, desto stärker wird der Einfluss der Gene. Nicht umgekehrt."

Quelle: Dittrich, Monika (2019): Prägt Spielzeug die Geschlechter? Zugriff am 29.07.2020 unter www.deutschlandfunk.de/von-puepp-chen-piraten-und-affenkindern-praegt-spielzeug-die.724.de.html?dram:article_id=456033.

Arbeitsauftrag

1. Erläutern Sie den Begriff Gender-Marketing.
2. „Spielzeugpräferenzen biologisch vorgeformt". Arbeiten Sie die Argumentation der

Autorin heraus, inwieweit Spielzeugpräferenzen biologisch vorgeformt oder anerzogen sind.

3. Nehmen Sie begründet zur in Aufgabe 2 skizzierten Debatte Stellung.

M 4 Das geniale Geschlecht

(Samiha Shafy)

Kognition Galilei, Mozart, Einstein – die Menschen trauen Höchstbegabung fast ausschließlich Männern zu. Warum eigentlich?

„Keine Frau ist ein Genie. Frauen sind ein dekoratives Geschlecht." (Oskar Wilde)

Zu ihren zahlreichen Bewunderern gehörte Sokrates von Konstantinopel: Kaum jemand, so schwärmte er leise, leistet so beeindruckende Arbeit wie die Philosophin, Astronomin und Mathematikerin Hypatia, geboren um 350 nach Christus.

Die Gelehrte aus Alexandria gilt als die erste Mathematikerin, deren Existenz sicher überliefert ist. Sie teilte ihr Wissen großzügig, unterrichtete öffentlich. Missgünstige Zeitgenossen raunten indes, Hypatia verstehe gar nicht so viel vom Fach. Ihre Schriften gingen verloren, und sie fand ein grausames Ende: Ein Mob aus Mönchen und anderen Männern schleppte sie, die ungläubige Wissenschaftlerin, in die Kirche, tötete und zerstückelte sie.

Nicht ganz so schlimm erging es im Laufe der Jahrhunderte Hypatias Erbinnen: weibliche Genies, deren Geschichte die amerikanische Autorin Janice Kaplan für ihr kürzlich erschienenes Buch gesammelt hat. Aber leicht hatte – und hat – es keine dieser brillanten Frauen.

Zu tief sitzen die Vorurteile. Laut Umfragen denken bis heute die meisten Menschen, dass Genialität das Vorhandensein männlicher Geschlechtsteile voraussetze. Sollen sie Genies aufzählen, nenne Männer wie Frauen oft Galileo Galilei oder Leonardo da Vinci, vielleicht Mozart, Einstein oder Picasso, manchmal kommen Steve Jobs oder Bill Gates vor. Aber weibliche Genies? In einer amerikanischen Erhebung von 2015 fiel den meisten Teilnehmern gerade mal ein Name ein: Marie Curie.

Eine andere Frage in jener Untersuchung lautete, ob man sich selbst für ein Genie halte. Gut jeder siebte Mann bejahte. Keine einzige Frau.

„Warum ignorieren, untergraben und übersehen wir die außergewöhnlichen Talente von Frauen?", fragt Autorin Kaplan. „Warum glauben bis in unsere Zeit hinein sowohl Männer als auch Frauen, dass nur die Leistungen von Männern für die Gesellschaft wirklich zählen?"

Kaplan brach auf, um Antworten zu finden, sie besuchte Forscher, die sich mit Intelligenz- und Geschlechterfragen beschäftigen, und Dutzende Mathematikerinnen, Naturwissenschaftlerinnen Künstlerinnen und Autorinnen, die hochbegabt und erfolgreich sind. Was ist das Geheimnis dieser Frauen? Und: Unterscheiden sie sich in irgendeiner Weise von männlichen Genies?

Die letzte Frage führte Kaplan in die Nähe von Chicago, wo die Hirnforscherin Lise Eliot an der Rosalind Franklin University untersucht, ob männliche Gehirne anders funktionieren als weibliche. Eliot erzählt, sie habe ursprünglich ein Buch darüber schreiben wollen, wie Hirnstruktur, Hormone und Evolutionsbiologie uns beeinflussten. Sie studierte die Fachliteratur und fand jede Menge Abhandlungen über geschlechtsspezifische Unterschiede im Gehirn und männliche und weibliche Stärken (und Schwächen), die sich daraus ergäben.

Dann analysierte Eliot die Daten, die den vermeintlichen Erkenntnissen zugrunde lagen, und je mehr Studien sie auswertete, desto größer wurde ihr Ärger: Die Thesen ergaben schlicht keinen Sinn. „Ich suchte nach wissenschaftlich erwiesenen Unterschieden zwischen den Gehirnen erwachsener Männer und Frauen", sagt sie, „und stellte fest: Ich habe nichts!"

Nach der anfänglichen Euphorie über rosarote und himmelblaue Gehirne scheint sich Eliots Erkenntnis allmählich durchzusetzen: Männer sind nicht von Natur aus genialer als Frauen. Sie werden nur eher ermutigt, sich für genial zu halten.

Es beginnt sehr früh. Kaplan beschreibt ein Experiment, bei dem Mütter eine Rampe so steil aufbauen sollten, dass ihre elf Monate alten Babys gerade noch herunterkrabbeln konnten. Während Mütter von Mädchen deren Fähigkeit mehrheitlich unterschätzen, bauten Jungsmütter die Rampe deutlich steiler.

Die Folgen der Ungleichbehandlung können tragisch sein. In einem anderen Experiment erzählten Forscher der Universitäten Princeton, New York und Illinois Kindern eine Geschichte von einer Person, die „sehr, sehr schlau" sei. Dann zeigten sie ihnen Fotos von Männern und Frauen und fragten, wer wohl die schlaue Person sei. Während kleinere Kinder meist auf eine Person ihres eigenen Geschlechts deuteten, zeigten Kinder ab sechs Jahren übereinstimmend auf – Männer.

Wie kann aus einem kleinen Mädchen trotz aller Entmutigung ein Genie werden?

Auf ihrer Reise zu den genialen Frauen unserer Zeit bekam Kaplan Antworten, die dem Klischee weiblicher Selbstunterschätzung auf wunderbare Weise widersprechen. „Ich bin selbstbewusst, was meine Fähigkeiten angeht, und ich denke, ich sollte hier sein und tun, was ich tue", so sagt es die preisgekrönte Astrophysikerin Jo Dunkley, die mit 34 Jahren Professorin in Oxford und zwei Jahre später von Princeton abgeworben wurde.

Weibliche Genies, so Kaplans Fazit, seien oft ein bisschen blind und schwerhörig, wenn sie mit Sexismus konfrontiert würden. Ihre Arbeit sei ihre Leidenschaft, weshalb sie sich nicht so leicht davon abbringen und ausbremsen ließen. Die meisten hätten mindestens einen Menschen in ihrem Leben, der sie dabei unterstütze – und durchaus vielseitige Interessen.

Auch dies übrigens ist ein Dunkley-Satz: „Ich liebe es, Mama zu sein!"

Quelle: Shafy, Samiha: Das geniale Geschlecht. In: Der Spiegel 19 (2020), S. 110.

Arbeitsauftrag

1. *Eine andere Frage in jener Untersuchung lautete, ob man sich selbst für ein Genie halte. Gut jeder siebte Mann bejahte. Keine einzige Frau.* Stellen Sie Hypothesen für dieses unterschiedliche Antwortverhalten auf! Überlegen Sie auch, wie Sie Ihre Hypothesen prüfen könnten.
2. Diskutieren Sie die Aussage aus A1 aufgrund Ihrer Kenntnisse zum MpR!
3. *Wie kann aus einem kleinen Mädchen trotz aller Entmutigung ein Genie werden?* Entwickeln Sie begründet schulische Maßnahmen als Antwort auf diese Frage!

M 5 Jugendsexualität – Sexuelle Sozialisation im Zeitalter des Internets

(Silja Matthiesen / Arne Dekker)

Einleitung

Unsere Sexualität als ein Abgegrenztes und Allgemeines gibt es dem Sexualforscher Volker Sigusch (2013) zufolge erst seit dem 19. Jahrhundert. Und angesichts der großen Vielfalt sexueller Erscheinungsformen, sexueller Lebensstile und Existenzweisen ist es heute eigentlich kaum noch sinnvoll, von *der* Sexualität zu sprechen, auch nicht von *der* männlichen oder *der* weiblichen Sexualität oder von *der* Jugendsexualität. Sexualität ist durch und durch ein soziales Phänomen: Menschen werden, wie der Sexualsoziologe Rüdiger Lautmann betont hat, im Verlauf ihrer Biografie in einem kontinuierlichen Lernprozess zu sexuell empfindenden und handelnden Personen, indem sie in Interaktion mit anderen fortlaufend Erfahrungen machen und sich die Bedeutungssysteme und Praktiken aneignen, die in einer bestimmten Kultur als sexuell definiert werden (vgl. Lautmann 2002). Das bedeutet, dass die Fähigkeit sexuell zu handeln, zu erleben und zu empfinden nicht von Natur aus gegeben ist, sondern vielmehr *kollektiv* und *individuell* entwickelt werden muss.

Die Jugendphase gilt als besonders wichtige Phase der Ausdifferenzierung sexueller Verhaltensmuster und der Integration sexueller Orientierung. Frühkindliche Erfahrungen werden in der Pubertät sexualisiert, die Pubertät ist damit so etwas wie die „zweite Chance" der sexuellen Entwicklung (Schmidt 2012, S. 68). Jugendliche stehen mit Beginn der Pubertät vor neuen Aufgaben, zu denen die Aneignung der Geschlechtsrolle und die Entwicklung eines Sexual- und Beziehungslebens gehören. Auf dem Weg dahin geht es um die Ablösung von der Herkunftsfamilie, die Auseinandersetzung mit der individuellen körperlichen Erscheinung, die Erkundung der eigenen Begehrensstruktur, die Aufnahme intimer Beziehungen sowie um die individuelle Positionierung im Rahmen der jeweiligen Geschlechtsbilder einer Gesellschaft (vgl. Stein-Hilbers 2000, S. 72; Schmauch 2010; Fend 2005; Walter et al. 2011, S. 8).

Die Pubertät als Übergangsphase braucht Übergangsräume, in denen durch Experimentieren und Ausprobieren die Bewältigung dieser Entwicklungsaufgaben möglich ist. Heute bietet u. a. das

Internet einen solchen Raum, in dem Jugendliche neue, auch sexuelle Erfahrungen machen. Untersuchungen zu sexuellen Erfahrungen von Jugendlichen im Internet legen ihren Fokus allerdings oftmals auf die damit einhergehenden Risiken. Dementsprechend sind die Chancen der sexualbezogenen Internetnutzung, also die positiven Auswirkungen, bislang kaum erforscht.

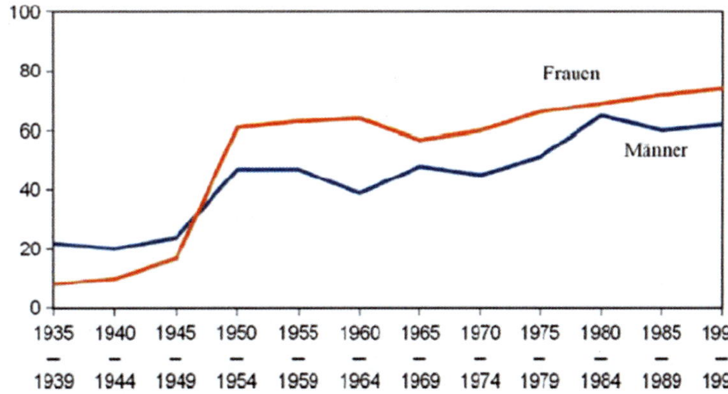

Abb. 1 Alter beim ersten Geschlechtsverkehr – Anteil der StudentInnen, die ihren ersten Geschlechtsverkehr mit 18 Jahren oder früher hatten (Geburtsjahrgänge 1935–1994, in %) Quelle: Hamburger Studentenstudien, 2012

Stattdessen lässt sich in den letzten Jahren eine massive mediale Skandalisierung der Jugendsexualität beobachten: Unter Schlagworten wie „Generation Porno“ (Gernert 2010), „Pornografisierung der Gesellschaft“ (vgl. Schuegraf und Tillmann 2012) oder „Sexualisierung der Kindheit“ wurden Ängste geschürt und Bilder einer sexuellen Verelendung von Kindern und Jugendlichen transportiert. Diese haben die (fach-)öffentliche Debatte stark geprägt und bei vielen Eltern und PädagogInnen große Sorgen ausgelöst. Die vorliegenden empirischen Studien zur Entwicklung der Jugendsexualität in den letzten zwanzig Jahren sprechen jedoch eine andere Sprache. [...]

Alter beim ersten Geschlechtsverkehr

In den westlichen Industriegesellschaften ist Sexualität längt nicht mehr tabuisiert, sondern durchdringt alle Bereiche des öffentlichen Lebens: Mode, Film, Literatur, Theater, Werbung, Spiele – überall sind sexuelle Bilder und Themen präsent. [...]

Zu den vielen Mythen, die heute über das sexuelle Verhalten von Jugendlichen kursieren, gehört an vorderster Front: „Jugendliche fangen immer früher mit dem Sex an“. Zu dieser Frage, nämlich den Veränderungen des Alters beim ersten Geschlechtsverkehr, gibt es in Deutschland gute empirische Daten, die sich z. T. auf bestimmte Gruppen beziehen (vgl. die Studie zur Studentensexualität seit den 60er-Jahren, Giese und Schmidt 1968; Clement 1986; Schmidt 2000) [...].

Die Abbildung zeigt den Anteil der Männer und Frauen, die ihren ersten Geschlechtsverkehr mit 18 Jahren oder früher hatten, für die Generationen, die ihre Adoleszenz zwischen den frühen 1950er und den 2000er Jahren erlebten [...].

[...]

Treue Liebe in seriellen Beziehungen

Jugendstudien zeigen, dass sich die Sexualität heterosexueller junger Männer und Frauen vor allem in Beziehungen abspielt, die sie selbst als „fest“ bezeichnen (BZgA 2006, 2010; Dannenbeck und Stich 2005; Matthiesen und Schmidt 2009; Schmidt 1993; Wendt 2009). Wie sehr die Sexualität von Jugendlichen von festen Beziehungen „beschlagnahmt“ wird, verdeutlicht eine einfache Zahl: Von allen Geschlechtsverkehren in den letzten vier Wochen, fanden in der Gruppe der 16- bis 19-Jährigen 91 Prozent (Männer) bzw. 99 Prozent (Frauen) in festen Beziehungen statt (Matthiesen 2013, S. 40 ff.).

Wie definieren Jugendliche eine feste Beziehung? Die folgende Antwort eines 17-Jährigen ist typisch: „Unter einer festen Beziehung [verstehe ich], dass man wirklich zusammen ist, dass man wirklich nur diese Person liebt, dass es da jetzt nicht noch irgendwelche anderen gibt, dass man wirklich auch sich vollkommen vertrauen kann, dass man auch treu zueinander ist.“ Gewünscht werden ein klares Bekenntnis zueinander, Liebe, Treue und Vertrauen. Sexualität gehört nicht unbedingt dazu – gerade die ersten Beziehungen können auch fest sein, ohne dass man miteinander schläft. [...]

Darüber hinaus sind die meisten festen Beziehungen „familarisiert“, was bedeutet, dass das Beziehungsleben der Heranwachsenden fest mit dem familiären Alltag der Herkunftsfamilie verwoben ist. Die große Mehrheit der Jugendlichen in einer festen Beziehung haben die Möglichkeit, bei sich zu Hause oder bei der Partnerin/dem Partner zu übernachten, weil die Eltern die sexuellen Beziehungen ihrer Kinder akzeptieren oder zumindest stillschweigend dulden (vgl. Matthiesen 2013, S. 30 ff.). Durch die enge Einbindung der Beziehungen in die Herkunftsfamilien wird das Sexualleben der Jugendlichen von Heimlichkeiten entlastet. Zugleich treten zwei Aspekte, die in früheren Generationen wichtiger waren, mehr in den Hintergrund: die Rolle der Sexualität für die Autonomieentwicklung und die Loslösung von der Herkunftsfamilie. Dies ist eine große Veränderung, sie, so muss man einschränkend sagen, nicht ohne Ausnahmen gilt: Jugendliche mit Migrationsgeschichte finden nicht im selben Ausmaß Verständnis und Unterstützung für ihre sexuellen Wünsche im Elternhaus (vgl. BZgA 2010, S. 25). [...]

Maßgeblich werden feste Beziehungen im Jugendalter durch die Ideale „Liebe" und „Treue" geprägt – die Auseinandersetzungen und Regelungen um das Thema Eifersucht und die Sicherung der sexuellen Exklusivität haben eine wichtige beziehungsstiftende Funktion. Dabei sind Jugendliche in der Regel tatsächlich monogam, wenn auch oft in kurzen Partnerschaften, seriell monogam. Sie wünschen sich dauerhafte Beziehungen, solange sie sich aufgehoben fühlen und die Beziehung als befriedigend und lebendig erleben. Die Mehrheit der Jugendlichen hatte im Alter von 18 Jahren schon mehr als eine feste Beziehung. Sie nehmen wahr, dass serielle Beziehungen bei Jugendlichen und Erwachsenen heute eher die Regel, als die Ausnahme sind. Die Serialität von Beziehungen wird aber nicht als ein Scheitern bedauert, sondern eher als Gelegenheit akzeptiert, mit unterschiedlichen PartnerInnen unterschiedliche Erfahrungen zu sammeln (vgl. Matthiesen 2013, S. 70 ff.).

Jugendsexualität im Internet

Die Aussage, dass „das Internet" für die sexuelle Sozialisation und den sexuellen Alltag von Jugendlichen eine wichtige Bedeutung hat, erscheint mittlerweile banal. [...]

Und doch polarisiert das Thema „Sexualität im Internet" heute noch ähnlich stark wie vor 20 Jahren, als die sogenannten „neue Medien" tatsächlich neu waren und sowohl große Hoffnungen als auch mache übertriebene Sorgen auslösten. [...]

Nicola Döring (2008, S. 293 ff.) beschreibt sechs Bereiche sexualbezogener Nutzungsweisen des Internets: Pornografie, Sexshops, Sexarbeit, Sexualaufklärung, Sexkontakte und sexuelle Subkulturen. Davon sind für Jugendliche nicht alle relevant: vor allem kostenpflichtige Dienste spielen für die sexualbezogene Internetnutzung von Jugendlichen keine Rolle. Sexuelle Aktivitäten von Jugendlichen im Internet lassen sich in drei große Bereiche unterteilen: (1) die Suche nach sexualbezogenen Informationen, (2) die Suche nach Partnern oder Partnerinnen für potentielle sexuelle Kontakte oder Beziehungen (Online-Flirten, Online-Daten) und (3) den Konsum von Internetpornografie.

Sexualbezogene Informations- und Aufklärungsangebote im Internet

Das Internet dient Kindern und Jugendlichen heute als eine zentrale Anlaufstelle, wenn es um die niederschwellige Suche nach Informationen zur Sexualität geht. Das birgt zugleich Chancen und Gefahren. Einerseits gelingt es auch bei randständigen Fragen schnell, kostengünstig, ortsunabhängig und anonym, hilfreiche Antworten zu erhalten, ggf. Selbsthilfeangebot zu nutzen und mit Gleichgesinnten in Verbindung zu treten. So haben themenbezogene Informations- und Selbsthilfeangebote im Internet homo-, inter- und transsexuelle Entwicklungen vor allem für jene Menschen enorm erleichtert, die in ländlichen Regionen wohnen und die noch vor 20 Jahren ihre spezifischen Wünsche und Interessen nur mit größter Mühe benennen oder gar mit einem positiven Lebensentwurf in Verbindung bringen konnten.

Andererseits besteht die Gefahr, dass das Internet neben hilfreichen auch viele Fehlinformationen bereitstellt. Zahlreiche Institutionen und Einzelpersonen stellen mehr oder weniger professionelle Aufklärungsangebote zur Sexualität ins Netz. [...]

Darüber hinaus existieren thematisch strukturierte Kommunikationsforen, Online-Selbsthilfenagebote, und auch innerhalb nicht-sexualbezogener Internetdienste wird über Sexualität kommuniziert. Hier den Überblick zu behalten, ist nicht einfach. Um Informationsmängel zu erkennen und seriöse von nicht-seriösen Anbietern (etwa von religiös motivierten anti-homosexuellen Beratungsseiten) unterscheiden zu können, ist für Ratsuchende neben einer praktischen auch eine spezifische reflexive *Medienkompetenz* vonnöten, über die Jugendliche nicht immer verfügen [...].

Trotz solcher Schwierigkeiten schätzen Jugendliche selber ihre Versorgung mit Informationen zum

Thema Sexualität als sehr gut ein. In einer Studie mit englischen Teenagern gaben 89 % der Befragten an, dass sie zu den Themen Sexualität und Beziehungen alles wissen, was es zu wissen gäbe (Choudhry et al. 2010). [...]

Sex aus dem Netz? Online-Suche nach Sexual- und BeziehungspartnerInnen

Partnersuche im Internet findet bei Jugendlichen selten zielgerichtet über professionelle Dating-Portale oder Online-Kontaktbörsen statt. [...]

Auch nicht-sexualbezogene soziale Netzwerke wie Facebook u.ä., die gerade bei Kindern und Jugendlichen vergleichsweise eng mit dem realweltlichen Freundeskreis verschränkt sind, bieten alltägliche und niederschwellige Gelegenheit, potentielle Sexual- und BeziehungspartnerInnen in einem vertrauten Umfeld kennenzulernen. Angesichts der großen Verbreitung dieser Medien erscheint es gerade für jüngere Generationen immer weniger sinnvoll, Online-Dating als ein eigenständiges Phänomen vom Offline-Dating abzugrenzen.

Online-Flirts sind unter deutschen Jugendlichen weit verbreitet: 64 % haben Erfahrungen mit Internetflirts. Dabei flirten junge Männer genauso häufig wie junge Frauen, Singles häufiger als fest Liierte und mit zunehmendem Alter nimmt die Flirtaktivität ab (Matthiesen und Martyniuk 2011). Die ersten Erfahrungen machen Jugendliche meist über das sogenannte Spaßflirten. Dabei geht es nicht primär um sexuelle Erregung, die zentrale Motivation ist Neugier und Spaß. Jugendliche nutzen das Internet als niedrigschwelligen Einstieg in die Welt der erotischen Begegnungen. Es dient ihnen dazu, erste Erfahrungen mit den Regeln des Flirtens zu machen, sich selbst und andere auf dem Partnermarkt zu positionieren und die eigene Attraktivität und Selbstinszenierung zu testen. Tatsächlich bewegen sich Jugendliche in der virtuellen Welt, weil sie sexuelle Erlebnisse mit geringen Kosten und Risiken verspricht, ohne Investitionen und ohne böse Folgen.

Grundsätzlich ist davon auszugehen, dass gegenwärtig – für Erwachsene und Jugendliche gleichermaßen – eine Normalisierung der Partnersuche im Internet stattfindet, was die allgemeine Nutzungskompetenz fördern und den Anteil riskanter Nutzungsweisen eher reduzieren dürfte. Die Online-Partnersuche ist für viele Menschen erfolgreich und befriedigend [...].

Internetpornografie

Ein Großteil der öffentlichen Beunruhigung angesichts des Themenbereichs „Sexualität im Internet“ entzündet sich angesichts der erheblichen Präsenz und Verbreitung von Internetpornografie, auf die anonym, kostenlos, unkompliziert und standortunabhängig zugegriffen werden kann. Pornografie gehört heute in ihren vielfältigen Verarbeitungsformen ganz selbstverständlich zur sexuellen Umwelt von Jugendlichen und dementsprechend ist Pornografienutzung durch Jugendliche ebenso altersangemessen wie weit verbreitet. Schädliche Wirkungen per se sind nicht nachgewiesen, wenngleich die ungewollte Konfrontation mit Pornos im Internet von manchen Jugendlichen als unangenehm beschrieben wird. Es zeigt sich auch keine generelle Auswirkung eines Pornografiekonsums im Jugendalter auf sexuelle Skripte Erwachsener (vgl. Stulhofer et al. 2009; Starke 2010; Weber und Daschmann 2010; Zillich 2011).

In keinem Bereich des sexuellen Verhaltens Jugendlicher finden wir so massive Geschlechterunterschiede wie im Bereich der Pornografie und – damit eng verknüpft – im Bereich der Masturbation. Während jedoch die Geschlechterunterschiede im Masturbationsverhalten von den Jugendlichen selbst nur unscharf wahrgenommen werden, weil darüber nicht gesprochen wird, treten sie bei Pornografie klar hervor. Jungen nutzen deutlich häufiger Pornografie als Mädchen und sie suchen Pornografie im Internet gezielter auf, Mädchen kommen meist eher zufällig damit in Kontakt. Es zeigt sich, dass für Mädchen heutzutage das Desinteresse an Pornografie die weibliche Geschlechtsidentität stabilisiert und stützt, während für Jungen gerade das Gegenteil der Fall ist: ihnen dient das offensive Interesse an Pornografie zur Stützung und Affirmation der sich ausbildenden männlichen heterosexuellen Geschlechtsidentität. [...]

Jungen konsumieren Pornografie heute in der Regel im Internet. Die Pornowelt ist für sie klar zweigeteilt: Sie unterscheiden zwischen „normalen“ und „erregenden“ Videos einerseits, sowie „perversen“ und „abtörnenden“ andererseits. Erstere nutzen sie weitaus am häufigsten, vor allem allein und häufig im Zusammenhang mit Masturbation. Letztere nutzen sie im homosozialen Kontakt zur derben Unterhaltung und manchmal mit machohaftem Gehabe. Zusammen mit der Partnerin werden Pornofilme gelegentlich zur gemeinsamen Stimulation und auf der Suche nach einvernehmlicher Variation ihrer Sexualpraxis angesehen. Insgesamt ist der Umgang junger Männer mit Pornografie wählerisch, er folgt ihren Vorlieben, die meist konventionell und heterozensiert sind. Einen Einfluss hat der Pornografiekonsums auf ihre Bereitschaft, neue Koitusstellungen und oralen Sex real oder in der Fantasie auszuprobieren (vgl. Schmidt und Matthiesen 2011). [...]

Statt eine generell schädliche Wirkung von Pornografie zu postulieren (die wissenschaftlich nicht belegt ist), kann es aus klinischer Sicht sinnvoll sein, problematische Nutzungsweisen durch entsprechend disponierte vulnerable Gruppen zu beleuchten. Hier zeigt sich beispielsweise bei der (kleinen) Gruppe jugendlicher männlicher Intensivkonsumenten von paraphiler bzw. Gewaltpornografie eine positivere Bewertung von Gewalt und auch ein höheres Risiko, real sexuell übergriffig zu werden. In solch spezifischen Fällen kann Pornografie in Wechselwirkung mit bestimmten Persönlichkeitsfaktoren die Rolle eines Verstärkers einnehmen (Hill 2011a, b). [...]

Quelle: Matthiesen, Silja/Dekker, Arne (2018): Jugendsexualität. Sexuelle Sozialisation im Zeitalter des Internets. In: Lange, A. (2018) (Hg.): Handbuch Kindheits- und Jugendsoziologie. Wiesbaden: Springer Fachmedien. S. 379–392.

Arbeitsauftrag

1. Geben Sie die im Text genannten wesentlichen Erkenntnisse zur jugendlichen sexuellen Sozialisation mit eigenen Worten wider.
2. Erörtern Sie vor dem Hintergrund Ihrer Kenntnisse des MpR (insbesondere Prinzip 7 und 8) Chancen und Risiken jugendlicher sexueller Sozialisation im Internet.

M 6 Was, wenn nicht immer alles so eindeutig ist, wie wir denken? Erfahrung LSBT*-Jugendlicher in der Schule und das Konzept der Ambiguitätstoleranz

(Meike Watzlawik, Ska Salden, Julia Hertlein)

Text 1: Theoretischer Hintergrund aus soziologischer Perspektive: Binäre Geschlechterordnung & doing gender

Während des Sozialisationsprozesses werden die binäre Geschlechterordnung und die „heterosexuelle Matrix“ (*Butler* 1991) in Form von habituellen Denk-, Wahrnehmungs- und Handlungsschemata nicht nur tief in das Denken, sondern auch tief in die Körper der Akteur_innen eingeschrieben (*Bourdieu* 2005). Die Sprache, in die wir hineingeboren werden und innerhalb derer der Sozialisationsprozess abläuft, repräsentiert *und* erzeugt die vorherrschende soziale und kulturelle Gesellschaftsordnung, es handelt sich um „symbolische Macht“ (vgl. *Boudieu/Wacquant* 1996, S. 177).

Der Historiker *Thomas Laqueur* (1992) analysierte beispielsweise in seiner Kulturgeschichte der Geschlechtsorgane, dass die Zweigeschlechtlichkeit, die heute gemeinhin als naturgegeben angesehen wird, selbst ein historisches Produkt sei. Noch bis ins 18. Jahrhundert gingen Gelehrte, Mediziner und Anatomen von einem „one sex model“ aus. Diese Annahme war von der Vorstellung getragen, dass die weiblichen Geschlechtsorgane den männlichen sehr ähnlich, allerdings „umgekehrt“ angelegt seien (*Laqueur* 1992). Damit konnte aus wissenshistorischer Perspektive gezeigt werden, dass der anatomische Geschlechtsunterschied selbst keine naturgegebene, vordiskursive Kategorie, sondern ebenfalls offen für kulturelle Interpretation ist (vgl. *Singer* 2004). Anders formuliert: Der anatomische Unterschied zwischen den Geschlechtern wird gesellschaftlich auf eine bestimmte Art und Weise gedeutet/konstruiert und dieser Unterschied wird dann zu der als natürlich erscheinenden Grundlage der gesellschaftlichen Sichtweise, die ihn erst geschaffen hat. Der Geschlechtsunterschied wird naturalisiert (*Boudieu* 2005, S. 27). Diese Operation kann auch als „Selbstverschleierung“ sozialer Konstruktionsprozesse bezeichnet werden (*Villa* 2006, S. 125).

Tatsächlich ist die sprachliche Manifestation der normativen Geschlechter- und Begehrensordnung in Form von Einteilungen, Kategorien und Begriffen keine deterministische Einbahnstraße, sondern diese Ordnung musste beständig durch kulturelle Interpretationen aktualisiert bzw. „performt“ werden. Diesem Aspekt trägt das Konzept des „doing gender“ Rechnung. Geschlecht ist demnach nicht etwas, was man *ist*, sondern etwas, das man *tut*. Durch Typisierung und Klassifikation wirkt die Kategorie Geschlecht stark komplexitätsreduzierend innerhalb von sozialen Interaktionen (*Gildemeister* 2004). Die Art und Weise, wie typisiert und klassifiziert wird, entspricht gesellschaftlichen Zwängen: Es handelt sich um „institutional genderism“ (vgl. *Goffman* 1994).

„Das Herstellen von Geschlecht (doing gender) umfasst eine gebündelte Vielfalt sozial gesteuerter Tätigkeiten auf der Ebene der Wahrnehmung, der Interaktion und Alltagspolitik, welche bestimmte Handlungen mit Bedeutung versehen, Ausdruck weiblicher oder männlicher Natur zu sein […]" (*West/Zimmermann* 1987, zitiert nach *Gildemeister* 2004, S. 132)

Zentral an dieser Stelle ist die Formulierung „mit Bedeutung versehen". Wenn klassifikatorische Geschlechtszugehörigkeit durch soziale Interaktionen immer wieder bestätigt werden muss, um stabil zu bleiben, kann sie innerhalb von sozialen Interaktionen auch „irritiert" und damit auch ein Stück weit verändert werden (vgl. *Butler* 1997, S. 317). Selbst wenn man die sogenannte Trägheit des Bourdieu'schen Habitus Konzept mitberücksichtigt, so räumt *Bourdieu* (1992, S. 274) selbst ein, dass der Habitus in Zeiten der Krise sowohl mit Beharren als auch mit Veränderung reagieren kann.

Queere, feministische und postkoloniale Kritik(en)

Kritik an der Binarität der Geschlechterordnung formulierten auch Queer Studies […]. Kritisiert wird eine Identitätspolitik, die durch ihre positive Stellungnahme für marginalisierte soziale Gruppen und Bewegungen gleichzeitig neue Ausschlüsse produziere. Die Zugehörigkeit zu einer Kategorie, also der Fokus auf ein bestimmtes Identitätsmerkmal (wie z. B. lesbisch), macht zwar Politik im Namen dieser spezifischen Identität möglich (z. B. die Forderung nach gleichgeschlechtlicher Ehe), führe aber immer wieder zu neuen Abgrenzungen (z. B. bisexuell, pansexuell). Dieser problematische Aspekt von Identitätspolitik war bereits im Rahmen der zweiten Frauenbewegung sichtbar geworden, als sich Women of Color gegen eine Politik im Namen „der Frau" wehrten: „White feminist scholars pay hardly more than lip service to race as they continue to analyse their own experience in ever more sophisticated forms" (*Higginbotham* 1992, S. 183). Schwarze Feministinnen und postkoloniale Theoretikerinnen beanstandeten vehement den Eurozentrismus des weißen Mittelklasse-Feminismus (vgl. *Dietze* 2005). *Liebsch* (2010, S. 78) fasste den problematischen Aspekt von Identitätspolitik folgendermaßen kompakt zusammen:

„Die in dieser Gemeinschaftlichkeit hergestellte Form einer Gruppenidentität ist immer an das Prinzip von Einschluss und Ausschluss als Instrument der Selbstbeschreibung gebunden; eine männliche Identität zu haben, bedeutet, keine Frau zu sein, zur Gruppe der Alten zu gehören, schließt die Jungen aus."

Wie also diesem Dilemma rund um Identität und Differenz begegnen? *Judith Butler* (2007) kann in Übereinstimmung mit *Spivaks* Konzept eines „Strategischen Essentialismus" so interpretiert werden, dass identitätsstiftende Kategorien nicht völlig verabschiedet werden, sondern diese als vorläufige Kategorien strategisch einsetzbar bleiben sollten (vgl. *Spivak/Harasym* 1990, S. 51; vgl. *Balzer/Ludewig* 2012). Strategisch bedeutet in diesem Zusammenhang die politische Notwendigkeit, gesellschaftliche Ungleichheiten und Ausgrenzungen von bestimmten Gruppen benennen zu können. Gleichzeitig müsse aber deren vorläufiger und prozesshafter Charakter immer präsent bleiben. Laut *Butler* (1997) ist es notwendig „eine doppelte Bewegung zu erlernen: die Kategorie anzuführen und dementsprechend eine Identität vorläufig zu stiften und die Kategorie gleichzeitig als einen Ort der dauernden politischen Auseinandersetzung öffnen" (S. 303) […].

Arbeitsauftrag

1. Beschreiben Sie die Idee des „doing gender" mit eigenen Worten!
2. Arbeiten Sie heraus, welche Kritik an der Binarität der Geschlechterordnung im Text zum Ausdruck kommt.
3. Nehmen Sie Stellung zu dieser Kritik!

Text 2: Theoretischer Hintergrund aus psychologischer Perspektive: Ambiguitätstoleranz, was ist das?

Wenn man die Online Version des Lexikons der Psychologie, den Dorsch (*Wirtz* n. d.), befragt, wird unter Ambiguitätstoleranz Folgendes verstanden:

[engl. *ambiguity tolerance*; lat. *ambiguitas* Doppelsinn], Vieldeutigkeit und Unsicherheit zur Kenntnis nehmen und ertragen können. Die Ambiguitätstoleranz ist eine Dimension der Einstellungsmessung und Persönlichkeitsvariable (*Frenkel-Brunswik* 1949). Soziologisch ist Ambiguitätstoleranz (nach *Krappmann* 1971) ein notwendiges Sozialisierungsergebnis in einer Gesellschaft mit verschiedenen Wertgeltungen und Bedürfnissen. Kognitiv ist Ambiguitätstoleranz ein Denkmuster (*patterns of thought*), das das Differenzierungsniveau der Reduktionsschemata bestimmt. [...]

In *ambiguitiven*, also widersprüchlichen Situationen hingegen passt das Wahrgenommene nicht zueinander bzw. steht zu logischen Grundsätzen oder Überzeugungen im Widerspruch. Wenn die eigene Welt (bisher) z. B. nur aus heterosexuellen, cis-geschlechtlichen Menschen bestand, können Personen, die nicht in das bekannte Schema passen, irritieren. Je nach individueller Möglichkeit können die eigenen Überzeugungen nun in Frage gestellt und ggf. modifiziert werden, oder, im anderen Extrem, das Wahrgenommene muss abgewertet und „eindeutig" gemacht werden, damit wieder Sicherheit herrscht. Als Beispiel kann Homosexualität fälschlicherweise als Krankheit bezeichnet werden („Das ist doch krank!"), was es aus der Sicht der Person dann zu einer „Ausnahme" und dadurch weniger bedrohlich werden lässt; ggf. glaubt die Person sogar an die Möglichkeit einer „Heilung" (vgl. *Drescher/Zucker* 2006, zur Diskussion über Spitzer-Studie).

Egal auf welchen Aspekt (kognitiv, motivational, interaktiv) der Ambiguitätstoleranz fokussiert wird, geht es immer darum, wie und ob der Mensch mit Uneindeutigkeiten umgeht bzw. umgehen kann/will. Die Vermutung, dass die Ambiguitätstoleranz eines Menschen mit seinem Hang zum stereotypen Denken und damit der Wahrscheinlichkeit, andere zu diskriminieren, zusammenhängt, lag schon bei der Entwicklung des Konstruktes nahe. Bereits *Frenkel-Brundwick* (1949) ging davon aus, dass Menschen mit hoher Ambiguitäts**in**toleranz rigider im Denken seien und Ambivalenzen, die sie als emotionale Ambiguität beschreiben, schwer aushalten [...].

Die Annahme, dass man Ambiguitätstoleranz positiv beeinflussen kann, liegt im Falle von Einstellungen also erst einmal näher als bei der Annahme, es handle sich um ein stabiles Persönlichkeitsmerkmal („Die Menschen sind einfach so!"). Allerdings zeigen verschiedene Forscher_innen, dass man auch in letzterem Fall nicht von Änderungsresistenz ausgehen sollte. Laut *Roets* und *Van Hiel* (2011) würden verschiedene Studien zeigen, dass gerade der Kontakt mit Personen aus diskriminierten Gruppen zu einer Reduktion von Vorurteilen beitrage. Sie begründen dies mit einer Reduktion von Angst vor dem Anderen. Der Hintergrund sei hier, dass Personen mit hoher Ambiguitätsintoleranz schnell zugängliche Informationen, insgesamt „Vetrautes", schätzen würden, was durch Gruppenkontakt ermöglicht wird. In *Roets* et al. (2015) gehen die Autor_innen sogar einen Schritt weiter: Sie zeigen hier, dass das Bedürfnis nach kognitiver Geschlossenheit selbst durch den Austausch reduziert werden kann und sogar zu einer nicht nur bereichsspezifischen Reduktion von Vorurteilen führt [...].

Ambiguitätstoleranz und mit ihr das stereotype Denken in Bezug auf verschiedene Personengruppen kann also beeinflusst werden, so dass Diskriminierung weniger wahrscheinlich wird [...].

Arbeitsauftrag

1. *„[...] würden verschiedene Studien zeigen, dass gerade der Kontakt mit Personen aus diskriminierten Gruppen zu einer Reduktion von Vorurteilen beitrage. Sie begründen dies mit einer Reduktion von Angst vor dem Anderen."* (Z. 1227 ff.) Diskutieren Sie Chancen und Risiken solcher *„Kontakte"*.

2. Entwickeln Sie ein pädagogisches Setting, in dem Begegnungen mit diskriminierten Menschen in der Schule ermöglicht werden können und welche bedeutsamen Lernerfahrungen Schüler*innen dabei machen können!

Text 3: Aktuelle Situation von lesbischen, schwulen, bisexuellen und trans* (lsbt*) Jugendlichen: Empirische Befunde zum Kontext Schule

LSBT* im Allgemeinen und lsbt* Jugendliche im Speziellen erleben auch heute noch Diskriminierungen [...]. Von daher bleibt es dringend notwendig, sich mit Diskriminierungsmechanismen und Interventionsmöglichkeiten gegen Diskriminierung auseinanderzusetzen. Ein für Diskriminierung Jugendlicher prädestinierter Kontext ist die Schule als „normierendes System" (*Morgade* 2006) und somit als Ort der ständigen Bewertung, d. h. Ab- als auch Aufwertung Einzelner oder

Gruppen. Im Rahmen einer Studie zu sexueller und geschlechtlicher Vielfalt und Diskriminierung besuchten wir zwei Gruppen einer queeren Jugendorganisation und sprachen mit ihnen über Erfahrungen, die sie in Bezug auf ihre geschlechtliche Identität und ihre sexuelle Orientierung in der Schule gemacht hatten. [...]

Die Jugendlichen berichteten von zahlreichen Diskriminierungen, die häufig dann stattfanden, wenn sie einer weit verbreiteten Annahme zur Eindeutigkeit von Geschlecht und/oder sexueller Orientierung nicht entsprachen. Es kristallisierten sich in den Auswertungen drei „Eindeutigkeitsannahmen" heraus, die sich teilweise gegenseitig bedingen: Die Annahme, es gebe die beiden zeitlich stabilen und von außen erkennbaren Geschlechter „männlich" und „weiblich"; die Annahme, Menschen begehren Personen des jeweils „anderen" Geschlechts und die Annahme, mit dem Geschlecht seien noch eine Reihe weiterer Eigenschaften verbunden (vgl. oben erwähnte Zwei-Geschlechterordnung bzw. „Heterosexuelle Matrix" (*Butler* 1991)). Das Konzept der Ambiguitätstoleranz stellt nun *eine* Möglichkeit dar, diskriminierendes Verhalten zu erklären: Wird eine dieser Eindeutigkeitsannahmen verletzt, wird Ambiguität wahrgenommen. Um das aus dieser Ambiguität entstehende psychologische Unwohlsein bei Einzelnen oder gar ganzen Gruppen zu reduzieren, sind verschiedene „Strategien" möglich, beispielsweise die sich scheinbar ambivalent verhaltenden Personen zurechtweisen, die Person ablehnen oder abwerten, sie nicht ernst nehmen oder gar vollkommen ignorieren. Dies sind Erfahrungen, die lsbt* Jugendliche im Zusammenhang mit ihrer Geschlechtsidentität oder ihrer sexuellen Orientierung machen, wie auch in unseren Diskussionen mit den lsbt* Jugendlichen deutlich wurde [...].

Eindeutigkeitsannahme 1: *Binäre und intraindividuelle Eindeutigkeit: Ein Mensch hat eines der beiden Geschlechter „weiblich" oder „männlich", das von außen erkennbar und zeitlich stabil ist.*

Die Annahme, dass jede Person *eindeutig einem* der *beiden* Geschlechter „weiblich" oder „männlich" zugeordnet werden kann, gilt insgesamt als gesellschaftlicher Konsens. Sie manifestiert sich nicht nur in zwischenmenschlichen Interaktionen („Ist es ein Mädchen oder ein Junge?" als Frage an Eltern von Kleinkindern), sondern auch an den in unserer Umwelt vorgegebenen Strukturen – von den Auswahlmöglichkeiten des Geschlechts auf Formularen über die übliche Anrede bei offiziellen Briefen bis hin zu der Ausweisung öffentlicher Toiletten. Eine weitere verbreitete Annahme ist, dass das Geschlecht einer Person von außen erkennbar sei und sich zudem im Laufe des Lebens nicht verändert [...].

Zu ignorieren, dass Geschlecht und Begehren nicht immer eindeutig bzw. den Erwartungen entsprechend ausfallen, geht häufig mit einer unbewussten Grundannahme einher, dass alle Schüler_innen cisgeschlechtlich und heterosexuell seien. Diese Grundannahme beeinflusst, wie und ob über geschlechtliche und sexuelle Vielfalt gesprochen wird.

„ich glaube eine Sache, dass nicht so ernst genommen wird das Thema, dass ganz viele nicht wissen, wie viele Leute es eigentlich betrifft und das in jeder Schulklasse statistisch 1–3 Leute sitzen, die irgendwie selber queer sind [...] ich habe immer das Gefühl, die denken dann, ach, sie reden jetzt über irgendwelche Leute, die sie eh nie zu Gesicht bekommen." [Papa, 21]

Eine weitere Form ignoranten Umgehens mit Trans*geschlechtlichkeit, die von den Jugendlichen angesprochen wurde, ist ein aktives Unsichtbarmachen.

„Und dann daraufhin hat sich eine in der Nebenklasse geoutet, auch als trans*, und da hat der Klassenlehrer zu ihr gesagt, dass sie es der Klasse nicht sagen sollte, weil die dann verwirrt sind oder so." [Liam, 17]

Von „Toilettensituationen" wurde von den Jugendlichen in den Fokusgruppen häufig berichtet, da sich in für „Frauen" und „Männer" unterteilte öffentliche Toiletten die Annahme binärer und intraindividueller Eindeutigkeit von Geschlecht deutlich manifestiert und eine Irritation dieser Annahme ebenso deutlich ist. Ein_e andere_r Jugendliche_r hat auch direkt einen Lösungsvorschlag parat:

„[...] so blöde Situationen [...] die auf jeden Fall vermieden werden können, wenn es geschlechtsneutrale Toiletten gibt so." [Skaterboi, 20]

Neben diskriminierenden Umgängen mit wahrgenommener Ambiguität berichten manche Jugendliche aber auch von Verhalten, bei dem diese positiv aufgenommenen bzw. ausgehalten wurden, z. B. bei einer (nicht offiziellen) Namensänderung:

„Also als ich mich geoutet habe, [...] mein Klassenlehrer ist dann zu allen Lehrern gegangen und hat in der Liste den Namen gleich geändert, also nicht im Computer offiziell, sondern einfach nur in den Listen, damit die Lehrer mich dann auch mit richtigen Namen ansprechen und so, das fand ich echt gut." [Liam, 17] [...]

Eindeutigkeitsannahme 2: *Heterosexuelle Eindeutigkeit: Männer begehren (nur) Frauen und Frauen begehren (nur) Männer.*

Eine zweite Annahme, die viel gesellschaftlichen Konsens erfährt, besagt, dass innerhalb des binären und eindeutigen Geschlechtersystems Frauen sich (nur) in Männer verlieben bzw. diese begehren, und Männer sich (nur) in Frauen verlieben bzw. diese begehren. Wer in seinem Begehren dieser Annahme widerspricht, erfährt auch hier häufig Diskriminierung. Die Verwendung des Wortes „schwul" als Schimpfwort und die damit einhergehende Botschaft, schwul sein sei etwas Schlechtes, nannten relativ viele Teilnehmende der Fokusgruppen als häufige negative Erfahrung [...].

Das Wort „schwul" wird durch seine häufige Verwendung als Schimpfwort mit einer negativen Bedeutung versehen, sodass dieser Begriff oft nicht mehr für einen positiven Selbstbezug geeignet ist. Dies erschwert das Finden von Worten für die eigene Identität und das eigene Begehren noch zusätzlich.

Auch in Bezug auf Begehren kann das Verschweigen bzw. Unsichtbarmachen von Nicht-Heterosexualität eine „Strategie" sein, um sich Ambiguität nicht auszusetzen:

„Wir hatten damals ein Lehrbuch in der neunten Klasse und die Lehrerin war immer strikt nach dem Lehrbuch gegangen. Hat wirklich jede Seite Seite für Seite durchgearbeitet außer bei einem Kapitel, einer Doppelseite. Da ging es einfach um Regenbogenfamilien [...] und das hat sie einfach mal übersprungen und einfach mit dem nächsten Kapitel weitergemacht." [Luna-San, 20]

Nicht-heteronormative Beziehungen sind ohnehin in Schulbüchern unterrepräsentiert (*Bittner* 2011). Statt das Thema zumindest an den wenigen Stellen, an denen es explizit auftaucht, anzusprechen, wird es hier übersprungen und somit eine Auseinandersetzung unterbunden. Ein_e andere_r Jugendliche_r äußert einen Wunsch in Bezug auf die Darstellung von Familien in Lehrmaterialien:

„Also ich finde es auch wichtig, dass es auch zum Beispiel in der Matheaufgabe, dass es da nicht immer nur um das Pärchen Mutter, Vater und ein Kind un noch Hund oder sonst irgendwas geht, dass es nicht immer nur die normative Familie dargestellt wird, sondern, [...] dass das Thema halt nicht nur Thema ist, wenn es darum geht, so, sondern dass es halt einfach existiert so, dass es auch einfach sichtbar gemacht so, generell, auch in anderen Unterrichtseinheiten." [Skaterboi, 20]

Eindeutigkeitsannahme 3: *Eindeutige Geschlechterrollen: mit den beiden eindeutigen Geschlechtern „weiblich" und „männlich" sind bestimmte Eigenschaften verbunden.*

Neben den schon erwähnten Annahmen darüber, wie Jungen / Männer und Mädchen / Frauen auszusehen und zu heißen haben, und in wen sie sich zu verlieben bzw. wen sie zu begehren haben, werden auch viele andere Erwartungen an jedes dieser beiden Geschlechter gerichtet. Solche Erwartungen können eine Einengung des Handlungsspielraums bedeuten – entweder dann, wenn ein_e Jugendliche_r sich im eigenen Verhalten zensiert, weil er_sie weiß, dass sich etwas für „Jungen" oder „Mädchen" „nicht gehört" und er_sie nicht riskieren möchte, für dieses Verhalten abgewertet zu werden, oder weil eine andere Person das nicht geschlechtstypische Verhalten unterbindet oder abwertet. Davon sind nicht nur lsbt* Jugendliche, sondern potenziell alle Jugendlichen betroffen. Ein_r Jugendliche_r berichtet vom Sportunterricht:

„Dann wurden auch diese Rollenklischees auch wieder aufgegriffen. Also wir Mädchen haben dann Bänder-Tanz gemacht und Hula-Hoop und Seilspringen und die Jungs haben halt Fußball gespielt und Judo gemacht und so und ich wär viel lieber bei den Jungs gewesen, durfte aber auch nicht, weil ich war ja ein Mädchen. [...]. Das war nicht nur, dass man einteilt „Ja, Mädchen, Jungs, macht was Unterschiedliches", das hatte ja schon diesen Touch „Ja, wir wollen euch in eine Richtung erziehen, also wir wollen ja gucken, ja was sind denn die femininen Vorlieben angeblich und was die männlichen." [Zora, 17]

In Bezug auf Jungen, die einen Gymnastik / Tanz-Sportkurs gewählt hatten, berichtet diese_r Jugendliche weiter:

„Und dann hat, ich weiß auch nicht, wie wir auf das Thema kamen, hat unsere Sportlehrerin gesagt „Ja, ich hatte mal in einem Semester das erste Mal

[…] zwei oder drei Jungs im Kurs […] und die habe ich dann erstmal ziemlich zusammengefaltet", so von wegen, „Ja, wollt ihr mich eigentlich verarschen?", und hat die irgendwie voll auf die Probe gestellt und hat dann gemerkt, dass die es wirklich wollen." [Zora, 17] […].

Quelle: Watzlawik, M./Salden, S./ Hertlein, J. (2017): Was, wenn nicht immer alles so eindeutig ist, wie wir denken. Erfahrungen LSBT-Jugendlicher in der Schule und das Konzept der Ambiguitätstoleranz. In: *Diskurs Kindheits- und Jugendforschung.* 12 (2). S. 161–175.

Arbeitsauftrag

1. Erläutern Sie die drei im Text genannten Eindeutigkeitsannahmen in Ihren eigenen Worten.
2. Entwickeln Sie schulische Angebote, die (vgl. Eindeutigkeitsannahme 3) dazu helfen können, Rollenklischees aufzubrechen.
3. Versuchen Sie aufgrund der vorliegenden Informationen im Text einen möglichen Forschungsprozess zu skizzieren, der den Ergebnissen vorangegangen sein könnte.

M7 Einmal Mann sein, bitte

(Kathrin Hummel)

Die Zahl der jungen Frauen, die sich für transgender halten, explodiert. Nie zuvor war es für sie so einfach, Testosteron zu schlucken oder sich die Brüste abnehmen zu lassen. Mit zum Teil fatalen Folgen.

Als Kind spielte Sarah mit der Puppenstube, dem Playmobil-Bauernhof, sie liebte Pferde und machte Ferien auf dem Reiterhof. Sie las Ponybücher, sie las die „wilden Hühner" – typische Mädchenlektüre. An Karneval war sie mal Prinzessin, mal Pippi Langstrumpf. „Wir haben aber auch einen Piratengeburtstag gefeiert, wir haben sie nicht in die Mädchenrolle gedrängt", sagt ihre Mutter, eine Soziologin. „Doch als wir ihr mechanische Bausätze aus Holz geschenkt haben, hat sie sich nicht dafür interessiert."

In der Schule war Sarah, die eigentlich anders heißt, eine Außenseiterin; sie hatte die Aufmerksamkeitsstörung ADS und galt als schwieriges, verschlossenes Kind. Die Mutter schleppte sie zur Ergotherapie, zur Physiotherapie, zur Motopädie und zum therapeutischen Reiten. Zweimal verliebte Sarah sich in Mitschülerinnen, sie schwärmte aber auch für Jungen und für männliche Schauspieler. Mit 16 sagte sie eines Abends aus heiterem Himmel zu den Eltern: „Ich glaube, ich überlege, ob ich ein Junge bin."

Zwei Wochen später war Sarah sich sicher, so erzählt es die Mutter: „Sie sagte, ihr Uterus quäle sie, ihre Brüste, alles müsse dringend weg." Plötzlich habe sie auch starke Regelschmerzen gehabt. Sie sei dann sehr aggressiv zu den Eltern gewesen und habe geschrien: „Ich will einen Penis!"

Ein Mädchen aus Sarahs Klasse hatte sich zuvor als transident geoutet und von einem Jugendtreff des Schwulen- und Lesbenverbandes erzählt, in dem junge Trans-Menschen wie sie ein- und ausgingen. „Sarah kam mit und fand dort zum ersten Mal in ihrem Leben richtige Freunde", so stellt es die Mutter dar. Ihr gesamtes soziales Umfeld habe sie jetzt im Trans-Bereich, ihre erste große Liebe habe sie dort gefunden, „das Bändchen vom Christopher Street Day trägt sie wie eine Trophäe am Handgelenk, und Transflaggen als Kette und Ohrringe".

Tatsächlich ist es zurzeit in gewissen jugendlichen Milieus cool, trans zu sein. Die Folgen einer Geschlechtsangleichung – lebenslange Hormoneinnahme, Operationen an gesunden Genitalien, Kinderlosigkeit – blenden die Jugendlichen meist aus. Einige junge Mädchen sind so fixiert darauf, Testosteron zu bekommen, dass sie gar nicht mehr klar denken können", sagt Annette Richter-Unruh, Professorin für Kinder- und Jugendmedizin an der Uni Bochum. 2006 haben sich bei ihr drei transidente Kinder vorgestellt; dieses Jahr waren es mehr als 200.

Der Boom spiegelt sich auch in der Zahl der Suchanfragen für Trans-Themen auf der Online-Plattform Pinterest. Die sind dort seit Mai 2018 weltweit drastisch gestiegen, und zwar um 4000 Prozent im Vergleich zum Vorjahr. Während Nutzer früher vor allem nach Begriffen wie „inspirierende Zitate Transgender", „Transgender Pride", „Transgender-Fakten" und „Transgender-Kunst" suchten, war 2019 „Transgender-Transition" der meistgesuchte Begriff aus diesem Bereich: also Maßnahmen zur Anpassung des Körpers an das empfundene Geschlecht. Millionen Suchanfragen gibt es nun auch zu verwandten Themen wie Hormontherapie, geschlechtsangleichende Operationen, Transgender-Styling und zu der Frage, wie man eine nahestehende Person bei der Transition unterstützt.

„Die Zahlen nehmen weltweit stark zu und natürlich auch bei uns", sagt Susanne Junginger, Fachärztin am Endokrinologikum Hamburg. Doch nicht nur das: Insbesondere die Zahl der Mädchen und jungen Frauen, die eine Transition wünschen, ist explodiert. „Früher kamen auf drei Trans-Frauen ein Trans-Mann; heute ist es bei den unter 25-Jährigen umgekehrt“, beobachtet Junginger. „Die Zahl der Frauen, die transitionieren wollen, ist bei uns in der Praxis in dieser Altersklasse etwa fünfmal so groß wie die der Männer.“

Absolute Zahlen liefert das britische Gesundheitsministerium. In Englands einziger Klinik, die minderjährige Transgender behandelt, dem Tavistock Centre in London, haben sich vor 10 Jahren 32 Mädchen und 40 Jungen vorgestellt, weil sie sich im Unklaren darüber waren, welches Geschlecht sie hatten. Zwischen April 2018 und April 2019 waren es 624 Jungen und 1740 Mädchen, fast alle Teenager. Die Zahl der Mädchen ist also innerhalb von 10 Jahren um mehr als 5000 Prozent gestiegen.

Sogar einen wissenschaftlichen Namen hat diese enorme Zunahme unter jungen Menschen schon: „Rapid Onset Gender Dysphoria“, zu Deutsch etwa „Schnell einsetzendes sich einem anderen als dem körperlichen Geschlecht zugehöriges leidvolles Empfinden“.

Umstritten ist unter Ärzten und Psychotherapeuten allerdings, warum immer mehr Menschen sich für transsexuell halten oder transsexuell sind. Die einen sagen, es sei ein Hype. Die anderen sagen, es seien schon immer so viele Menschen transsexuell gewesen, nur hätten sie sich früher nicht getraut, sich zu outen, weil es kaum professionelle Ansprechpartner gegeben habe und die Gesellschaft nicht offen gegenüber Transsexuellen gewesen sei. Aber warum viel mehr junge Mädchen und Frauen als junge Männer diesen Weg gehen oder gehen wollen – das können diejenigen, die sagen, es sei kein Hype, sondern schlichte Biologie, nicht erklären. Die Verantwortung, diese Frage in jedem Einzelfall zu beantworten, liegt bei den Psychotherapeuten, die den Transsexualismus ihrer Patienten entweder bestätigen oder als Hirngespinst entlarven müssen.

Dass das nicht immer gelingen kann, ist klar. Mary, 20, hat Öffentliches Gesundheitswesen in den Vereinigten Staaten studiert und lebte von 15 bis 18 als Junge. Seit zwei Jahren lebt sie nun wieder als Frau. Wie das kam, beschreibt sie am Telefon: Sie sei schon immer eine Außenseiterin gewesen, die sich wie ein Junge verhalten habe; sie habe nie mit Puppen gespielt, nie Mädchenkleider angezogen. „Ich habe geheult, wenn ich welche anziehen sollte, zum Beispiel, um in die Kirche zu gehen.“ Mit 14 habe sie dann einen Freund gehabt, der trans war, und im Internet über Transsexualität gelesen. „Dann habe ich gedacht, ich sei trans.“

Sie stellte sich in der Abteilung Child and Adolescent Gender Care der Duke University in Durham im amerikanischen Bundesstaat North Carolina vor. Sechsmal besuchte sie einen Psychologen, über einen Zeitraum von sieben Monaten hinweg, jeweils 45 Minuten lang. Dass sie damals Psychopharmaka nahm wegen Depression und einer Angststörung, dass sie bulimisch war und Selbstmordgedanken hegte, wusste der Therapeut, denn er war derjenige, der sie auch deswegen behandelte und ihr die Psychopharmaka verschrieb. „Aber der Psychologe sagte zu diesen Krankheiten nichts, er kümmerte sich nur um das Thema ‚trans‘“, sagt Mary. Nachdem sie sechsmal bei dem Psychotherapeuten gewesen war, bekam sie ein Rezept für Testosteron. Sie war 15 und nannte sich jetzt Zach.

Mental ging es Zach nun besser. Er hatte kurze Haare, eine tiefe Stimme, und er kleidete sich wie ein Junge. Aber nach anderthalb Jahren fühlte es sich an, als hätte er einen Fehler gemacht. „Ich fühlte mich sehr verloren. Wie ein Junge im Körper eines Mädchens. Ich fühlte mich aus dieser sichtbaren Kategorie geschubst: zu wissen, was ich bin“, sagt Mary heute über diese Zeit. Zach schlief nicht mehr und aß nicht mehr. Er konnte morgens nicht mehr aufstehen, konnte nicht mehr duschen, es war alles viel schlimmer als zuvor, und die Selbstmordgedanken waren auch immer noch da. „ich hatte noch viel mehr Probleme, obwohl ich selbst und mein gesamtes Umfeld immer gedacht hatte, meine Probleme würden kleiner, wenn ich transitioniert sei.“

Zach wurde klar: Seine Transition war ein Fehler gewesen. Als er aufs College ging, setze er das Testosteron wieder ab, ließ seine Haare wieder wachsen und zog wieder Frauenkleidung an. Heute, zwei Jahre später, erhebt Mary gegen ihren Therapeuten schwere Vorwürfe: „Er hätte mich heilen müssen, bevor ich Testosteron bekam. Man hätte das mir niemals erlauben sollen, ich war psychisch krank. Manche Leute sind trans und brauchen Testosteron, aber nicht so viele.“

Sarahs Eltern sehen die Lage ähnlich wie Mary. Dazu kam, dass Sarah unter einer Depression litt. Deshalb wandten sie sich an den Jugendtreff, in dem Sarah ein- und ausging. Sie sagten den

Betreuern dort: „Wir glauben nicht, dass Sarah trans ist. Wir hoffen, dass Sie vorsichtig sind im Umgang mit ihr.“ Die Betreuer scherten sich nicht um die Eltern. Sie gaben Sarah die Adresse eines Psychotherapeuten, und als dieser sich weigerte, Sarah die Diagnose „trans“ zu stellen, die Adresse des Münsteraner Psychiaters und Psychotherapeuten Michael Szukaj. Der stellt seit mehr als dreißig Jahren Trans-Diagnosen und behandelt heute in jedem Quartal 300 Transsexuelle, von denen etwa 40 bis 50 unter 18 sind. Die Zahl der minderjährigen Patienten hat sich in seiner Praxis seit 2015 nahezu verfünffacht.

Szukaj hat kürzlich fast 1000 seiner Patienten, die er zwischen 1987 und 2016 behandelt hat, einen Fragebogen zugeschickt. Unter ihnen sind mehr Männer als Frauen entgegen dem heutigen Trend. Und 100 Jugendliche. 80 Prozent der Patienten gaben an, dass sie sich schon vor dem siebten Lebensjahr als transgender wahrgenommen hatten. Dass das Trans-Sein also ganz früh schon angelegt war. „Deshalb sollte man auch schon frühzeitig behandeln“, sagt Szukaj. Das eindeutig diagnostizierte Trans-Sein vergehe nur selten wieder, in aller Regel nur in vorhersehbaren Zweifelsfällen. „Alle anderen deswegen so lange warten zu lassen ist unverantwortlich.“

Wenn Szukaj eine Diagnose stellen will, dann fragt er seine Patienten: Wie kommen Sie darauf, dass Sie trans sind, und wie lange ist das schon so? Er fragt nach ihrem familiären Hintergrund, nach seelischen Erkrankungen und Belastungen, die das transsexuelle Erleben als Problemlösestrategie erklären könnten. Er fragt zum Verlauf, zum Erleben, zur Sexualität. Er zieht alte Krankenunterlagen heran. Zu hundert Prozent sicher müsse er sich mit seiner Diagnose allerdings nicht sein, wenngleich er es häufig sei, denn er sei „kein Richter, sondern jemand, der Patienten in einer drastischen Lebenslage einen Weg aufzeigt, wie er leben kann“.

Dass er einen Patienten unverrichteter Dinge wieder wegschickt, kommt so gut wie nie vor. „Diejenigen, die zu mir kommen, sind meistens trans“, sagt Szukaj. Das liege auch daran, dass zu ihm eher Betroffene kämen, die ihr biologisches Geschlecht schon immer und schon ganz früh abgelehnt hätten, „weil die informiert sind, wer ich bin“.

Fakt ist indes, dass er seinen Patienten glaubt. „Wenn ich nicht bereit bin, meinem Gegenüber zu vertrauen, ist die erforderliche empathische Grundhaltung nicht gewährleistet“, sagt Szukaj. Und fügt hinzu: „ich spüre im Kontakt sehr bald, ob jemand authentisch berichtet.“

Sarah für ihren Teil berichtete Michael Szukaj – so erzählt sie es ihrer Mutter nach ihrem Besuch dort –, sie habe als Kind immer Röcke tragen müssen und habe das gehasst. Die Mutter erinnert es anders: „Die wenigen Röcke, die sie ab und zu anzog, waren nie ein Problem.“ Sarah erzählte Szukaj ferner, sie habe früher ihre Schultasche immer vor dem Körper getragen, damit man ihre Brüste nicht sehe. „Müssen Mädchen in der Pubertät denn ihre Brüste gern zeigen?“, fragt die Mutter. Sarah erfinde sich eine Trans-Kindheit und sei wohl nun auch selbst überzeugt von dieser Version. „Und diese Neufassung erzählt sie ihrem Therapeuten.“ Szukaj indessen sagt, mit Lügen kämen seine Patienten bei ihm nicht weit: „ich bekomme aus Erfahrung relativ schnell mit, ob sie die Wahrheit sagen.“

Sarah hat er wohl geglaubt. Er hat ihr nach ihrem Besuch bei ihm die Diagnose „Transsexualität“ ausgestellt. Wenn junge Patienten – so wie es bei Sarah der Fall ist – depressiv sind oder sich ritzen oder wenn sie Borderliner sind, dann ist das für Szukaj kein Grund, von einer Transition abzuraten: „Einige sind mit 16 oder 17 schon fünfmal in der Klinik gewesen“, weiß er. „Das alles können Symptome ihrer Transsexualität sein.“ Wenn diesen Menschen nicht frühzeitig geholfen werde, brächten sie sich vielleicht um. „Ich mache ihnen Mut und entlaste sie. Wenn man das nicht ernst nimmt, dann sind die auf den Bahngleisen, die Kiddies.“

Nun ist es natürlich gut und richtig, dass Menschen, die transsexuell sind, frühzeitig geholfen wird, ihr körperliches Geschlecht an ihr empfundenes Geschlecht anzupassen. Das Problem ist nur, dass Menschen sich irren können. Dass sie die psychischen oder sonstigen Probleme, die sie haben, falsch deuten, indem sie sich für trans halten. Und diesen Irrtum manchmal erst bemerken, wenn sie schon Hormone genommen oder sich haben operieren lassen. Weil die psychischen Probleme dann immer noch da sind.

Eine 2016 veröffentlichte Metastudie von Tamara Syrek Jensen vom Center for Medicare und Medicaid Services des amerikanischen Gesundheitsministeriums hat ergeben, dass geschlechtsangleichende Operationen die psychischen Probleme der transidenten Personen meist nicht lösen konnten. Und eine Langzeitstudie, in der transidente Personen, die Hormone genommen und sich hatten operieren lassen, mehr als zehn Jahre lang begleitet worden waren, ergab, dass das Selbstmordrisiko dieser Menschen um 19 Mal höher liegt als das der Allgemeinbevölkerung. „Die eigentliche Ursache, aus der diese Individuen ihr biologisches Geschlecht ablehnen, wurde nicht bearbeitet“, so das Fazit von Cecilia Dhejne vom Karolinska-Institut bei Stockholm in der Studie „Long-Term Follow-Up of Transsexual Persons Undergoing Sex Reassignment Surgery: Cohort Study in Sweden“.

In Deutschland ist man unterdessen dabei, Transitionen so leicht und unkompliziert möglich zu machen wie niemals zuvor. Eine neue Leitlinie zur Diagnostik und Behandlung von Transsexualität, die vor rund einem Jahr unter der Federführung der deutschen Gesellschaft für Sexualforschung (keiner ärztlich-medizinischen, sondern einer sexualwissenschaftlichen Fachgesellschaft) veröffentlicht worden ist, besagt, dass Therapeuten „den diagnostischen Prozess so kurz wie möglich halten“ sollen. Bei psychisch kranken Menschen sei eine Verzögerung von Hormongaben oder auch Operationen „häufig nicht zielführend“, da es durch ebendiese Maßnahmen in vielen Fällen zu einem Nachlassen psychischer Störungen kommen könne.

Wer früher, vor der neuen Leitlinie, transitionieren wollte, musste erst mal ein Jahr lang nach außen hin im anderen Geschlecht leben, also zum Beispiel als Mann Röcke tragen und einen Frauennamen annehmen. Erst wenn das im Alltag gut klappte, konnte er Hormone nehmen oder sich operieren lassen und so körperlich irreversible Fakten schaffen. Nun aber ist eine Verlaufsbeobachtung und psychotherapeutisch begleitete Alltagserprobung hinfällig“. Das heißt, jeder – auch psychisch kranke Menschen – kann, wenn er ein paarmal beim Psychotherapeuten war und dort glaubwürdig gewirkt hat, Hormone bekommen und sich operieren lassen.

Der Gedanke hinter dieser Leitlinie ist, dass die Patienten selbst – und nicht ihre Ärzte und Therapeuten – entscheiden sollen, was sie tun möchten. Wenn sie der Meinung sind, dass Hormone und Operationen ihnen besser helfen als Psychotherapie, bekommen sie diese. Selbst wenn sie im Alltag noch nie in ihrer neuen geschlechtlichen Rolle gelebt haben.

Nicht alle Organisationen, die an der neuen Leitlinie mitgewirkt haben, finden das gut. Die Deutsche Gesellschaft für Sexualmedizin, Sexualtherapie und Sexualwissenschaft beispielsweise hat sich nachträglich von deren Inhalten distanziert und hält die Leitlinie nun für „nicht annehmbar“. Die Ärzte dieser Gesellschaft monieren, es solle „stets allen Behandlungssuchenden alles ermöglicht werden“. Doch allein der Wunsch einer Person, Operationen oder Hormone zu bekommen, stelle „noch keine hinreichende Indikation für körperverändernde Maßnahmen dar“. Es sei nicht auszuschließen, „dass künftig mehr Menschen ihre Hormonbehandlungen oder Brustabnahmen bedauern“. Außerdem glaubten viele Patienten, dass körperverändernde Maßnahmen ein „Wundermittel“ für alle ihre Lebensprobleme darstellten. Aber das sei nicht so. Deswegen sei Psychotherapie das Mittel der Wahl; Operationen und Hormone dürften nur der letzte Schritt in der Behandlungskette sein.

Es ist ein internationaler Glaubenskrieg, der da entbrannt ist. Die gleiche Diskussion wie in Deutschland gibt es in Großbritannien und den Vereinigten Staaten. Stets steht die Frage im Mittelpunkt: Wie schnell Hormone geben? Wie schnell operieren? Im Tavistock Centre in London, wo die Zahl der Mädchen, die transitionieren wollen, in den letzten zehn Jahren um 5000 Prozent gestiegen ist, haben im Frühjahr mindestens fünf Ärzte und einer der Leiter der Klinik aus Gewissensgründen gekündigt; sie sprechen von einem „Lebendversuch“ an Hunderten Kindern, denen Hormonblocker verschrieben wurden, ohne dass geklärt worden sei, was die Ursache für ihre geschlechtliche Verwirrung gewesen sei.

In den Vereinigten Staaten hat sich die Meinung, dass der Wille zur Transition ausreichend sei, dass es also keine medizinische Diagnose einer Transidentität mehr geben müsse, bereits ziemlich flächendeckend durchgesetzt. „Informed consent“ (informierte Einwilligung) heißt hier das Zauberwort, und es besagt, dass Menschen Hormone nehmen und sich operieren lassen können, ohne sich untersuchen lassen zu müssen. Sie müssen einfach nur auf einem Aufklärungsbogen unterschreiben, dass sie das wollen.

Das sei „unglaublich befreiend“, so die Befürworter des Modells, das bereits in 580 Kliniken in ganz Amerika angewendet wird. Mit zum Teil absonderlichen Blüten. So erklärt Jennifer Childs-Roshak, Klinikleiterin der Planned Parenthood League in

Massachusetts, in einem Youtube-Video, Hormone zu nehmen, sich die Brüste abnehmen zu lassen oder einen Penis aufzubauen, das sei in puncto Selbstbestimmung vergleichbar damit, zu verhüten oder abzutreiben. Denn „Transgender-Rechte sind reproduktive Rechte."

Dass so etwas auch in Deutschland möglich ist, beweist die Geschichte von Patrick, 41, aus Berlin. Vor vier Jahren hatte Patrick den Eindruck, transsexuell zu sein, nachdem er lange Zeit schwul gewesen war und zuvor die Zugehörigkeit zu seinem männlichen Geschlecht radikal abgelehnt hatte. Er wandte sich an einen Psychotherapeuten, der selbst transgender ist und früher eine Frau war. „ich habe damit gerechnet, dass ich eine gewisse Betreuung erfahren würde, um eine fundierte Entscheidung treffen zu können", erzählte Patrick. „Aber das passierte nicht. Nach 45 Minuten bestätigte er mir, dass ich transsexuell sei, und gab mir ein entsprechendes Schreiben mit."

Die ganze Verantwortung habe somit bei ihm selbst gelegen. „Das hört sich nach Freiheit und Selbstverwirklichung an. Aber diese Sichtweise ist extrem euphorisch und naiv", sagt Patrick rückblickend. In Wirklichkeit sei das, was der Therapeut getan habe, ein Beispiel für institutionalisierte Fahrlässigkeit.

Der Psychotherapeut überwies Patrick an einen Allgemeinarzt, weil er als Psychotherapeut selbst keine Hormone verschreiben durfte. Patrick dachte, dieser Arzt würde vielleicht zu einem anderen Schluss kommen, weil das Gespräch mit dem Psychotherapeuten insgesamt nur eine Stunde gedauert hatte. Aber der Mediziner verschrieb ihm, nachdem er die Diagnose des Psychotherapeuten zur Kenntnis genommen hatte, sofort Östrogene und Testosteronblocker, und seine Krankenkasse bezahlte sie. Also änderte Patrick seinen Namen in Hannah. Ihm wuchsen Brüste, und er ließ seinen Kiefer und seine Nase operieren, um weiblicher auszusehen.

Zwei Jahre später aber wollte er wieder zum Mann werden. „Ich dachte: Kein Mensch ist auf die Welt gekommen, um von synthetischen Hormonen abhängig zu sein und sich gesunde Körperteile entfernen zu lassen. Die Gleichung stimmte für mich nicht. Ich hatte das Gefühl, dass ich durch diese Bastelei meinen Mann-Körper einfach kaputt machte." As er anfing, kritische Berichte zu lesen, wurde ihm klar, dass ihm, ganz im Sinne der neuen deutschen Richtlinien, die nicht mehr in erster Linie auf Psychotherapie setzt, nur eine einzige Behandlungsoption angeboten worden war: Hormone.

Sarahs Eltern haben angesichts solcher Berichte Angst, dass ihre Tochter sich umbringt, sollte sie irgendwann merken, dass ihre angestrebte Transition ein Fehler war. Sie versuchen, das den Behandlern von Sarah klarzumachen, indem sie über Sarahs Kindheit und Jugend sprechen. Deswegen haben sie Kontakt mit der Klinik aufgenommen, in der Sarah wegen ihrer Depressionen und dem Ritzen stationär behandelt wurde und in der sie von den Therapeuten durchgängig als Junge angesprochen wurde. Doch obwohl Sarah noch minderjährig war, weigerte sich die Klinik, ohne Sarahs Beisein mit den Eltern über ihre mögliche Transsexualität zu sprechen. Dies hat die Klinik selbst im Nachhinein als Fehler bezeichnet.

Auch Sarahs Krankenkasse weigerte sich die Bedenken der Eltern zur Kenntnis zu nehmen. Ein Schreiben, in dem die Eltern der immer noch minderjährigen Sarah ihre Sorgen schilderten, wies die Kasse mit der Begründung zurück, nur Sarah dürfe, wenn sie erst mal 18 sei, entscheiden, welche Informationen vom Medizinischen Dienst der Krankenkasse bei der Entscheidung über eine Kostenübernahme berücksichtigt werden sollten. Und da dies bald der Fall sei und Sarah bislang noch keinen Antrag auf Kostenübernahme eingereicht habe, könne man die eingereichten Unterlagen eben nicht schon mal vorsorglich berücksichtigen. Die Mutter versteht die Welt nicht mehr. „Damit ist ihre gesamte Krankengeschichte nicht erfasst", sagt sie. „Man ist total hilflos. Man nimmt anfangs an, die Hürden für eine Transition seien hoch. Aber das sind die nicht."

Auch Ruth Rohdich, Psychotherapeutin beim Medizinischen Dienst der Krankenversicherungen und dort zuständig für allgemeine Fragen der Begutachtung von Patienten, für die Bewertung von Behandlungskonzepten und für Beschwerden von Patienten, wundert sich: „Wieso sollte die Kasse Unterlagen nicht verwenden? Das leuchtet mir nicht ein." Sie selbst würde „bei Unsicherheiten den Versicherten einladen". Und sich selbst ein Bild machen. Ein Schreiben der Eltern würde eine Kassenmitarbeiterin ihrer Empfindung nach an den Medizinischen Dienst weiterleiten, auch bei 18-Jährigen. „Man würde den Widerspruch sehen und die Versicherte ganz klar einladen. Vielleicht würde man sogar versuchen, eine weitere Stellungnahme von Behandler zu bekommen."

Sarahs Eltern haben nun das Gefühl, das gesamte Gesundheitssystem werfe ihnen indirekt vor, den Jungen in Sarah nicht gesehen zu haben. Um dann zu sagen: Aber das könnt ihr jetzt wiedergutmachen, indem ihr die Transition unterstützt. „Es ist infam", sagt die Mutter, die vor Sarahs Ankündigung, transsexuell zu sein, eigentlich immer gedacht hatte: Ist doch schön, dass diese ganzen Transsexuellen sich jetzt alle trauen, sich zu outen.

Bald hat Sarah ihren zweiten Termin bei der Münsteraner Psychotherapeuten Michael Szukaj. Der sagte im Gespräch mit dieser Zeitung, dass er seine Patienten mindestens drei- bis viermal sieht, bevor er Hormone verschreibt. Ihrer Mutter hat Sarah indes erzählt, dass sie bei ihrem nächsten Besuch bereits eine Indikation für eine Hormontherapie von Szukaj bekomme. Ob das stimmt, weiß die Mutter nicht. Szukaj selbst findet es hingegen gar nicht schlimm, Testosteron zu verschreiben: „Das ist eine Art Test, ob jemand wirklich transsexuell ist. Bei Frauen wird die Stimme dauerhaft tiefer, der Rest ist rückgängig zu machen. Das kann also auch eine Klärung sein, es kann sich danach immer noch herausstellen: Das ist es nicht."

Was dann aus solchen Menschen werden kann, beschreibt Mary, die mit 15 Testosteron nahm und es drei Jahre später wieder absetzte: „Meine Stimme ist die eines Mannes. Ich weiß nicht, ob ich Kinder kriegen kann. Meine Klitoris ist gewachsen, ich muss sie operieren lassen." Und Patrick aus Berlin sagt: „Kinder werde ich wohl nicht mehr zeugen können, aber meine weibliche Brust hat sich zurückentwickelt, und den Rest habe ich mir absaugen lassen."

Wie häufig sind Fehldiagnosen, jetzt, wo es ganz einfach ist, körperlich zu transitionieren? Niemand weiß das, weil die Studien zu dem Thema alle aus der Zeit stammen, in der einer Transition eine lange Alltagserprobung und eine lange Psychotherapie vorausgingen. Damals waren die Raten derer, die ihre Transition bereut haben, sehr gering. Und heute? Es gibt noch keine Zahlen. Aber es ist einfach, Menschen wie Mary und Patrick zu finden. Sie nennen sich Detransitioners. Man kann dazu zum Beispiel in die Gruppe „detransitioniers" auf der Online-Plattform Reddit gucken. Sie hat mehr als 6000 Mitglieder.

Gleichzeitig ist es für Menschen, die wirklich transsexuell sind, ein enormer Glücksfall, dass sie nun nicht mehr als krank gelten und schnell und einfach transitionieren können. Das ist ein großer Schritt auf dem Weg zur Gleichberechtigung aller, auch der nicht normativen, Geschlechter. Das Problem, das bleibt, so formuliert es Anette Richter-Unruh, Professorin für Kinder- und Jugendmedizin an der Uni Bochum: „Einige Menschen fühlen sich ihrem eigenen Geschlecht mal mehr, mal weniger zugehörig."

Quelle: Kathrin Hummel (2019): Einmal Mann sein, bitte. In: Frankfurter Allgemeine Sonntagszeitung 49 (2019).

Arbeitsauftrag

1. Geben Sie die zentralen Aussagen des Texts wieder.
2. „Wer früher, vor der neuen Leitlinie, transitionieren wollte, musste erst mal ein Jahr lang nach außen hin im anderen Geschlecht leben, also zum Beispiel als Mann Röcke tragen und einen Frauennamen annehmen. Erst wenn das im Alltag gut klappte, konnte er Hormone nehmen oder sich operieren lassen und so körperlich irreversible Fakten schaffen. Nun aber ist eine Verlaufsbeobachtung und psychotherapeutisch begleitete Alltagserprobung hinfällig". (Z. 310ff.)

   Diskutieren Sie zuerst in Kleingruppen, anschließend im Plenum Chancen und Risiken einer vereinfachten Transition.
3. Entwickeln Sie ein Rollenspiel bzw. eine Podiumsdiskussion, in dem die verschiedenen Positionen in einen Diskurs kommen. Prüfen Sie sich im Anschluss selbst, ob sich etwas an Ihrer eigenen Position verändert hat.

M 8 „Sexualität interessiert alle. Macht was draus!"

(Judith Luig)

Seid ihr heterosexuell? Mehr als 20 Prozent der Schülerinnen der Evangelischen Schulstiftung sagten dazu: Nein. Und: Sie wollen mehr über das Thema reden. Aber wie?

Über 20 Prozent ihrer Schülerinnen und Schüler würden sich nicht als heterosexuell bezeichnen. Das besagt eine Studie, die die Evangelische Schulstiftung in der Evangelischen Kirche Berlin Brandenburg schlesische Oberlausitz (EKBO) zusammen mit der Boston Consultig Group (BCG) an einigen ihrer Schulen durchgeführt hat.

Demnach gaben sieben Prozent der Befragten im Alter zwischen zwölf und 23 Jahren an, sie seien bisexuell, drei Prozent wollten sich gar nicht festlegen.

Über 20 Prozent? Diese Zahl dürfte viele überraschen. Ähnlich wie die weiteren Funde der Studie: Schülerinnen und Schüler, ob sie nun Mädchen oder Jungs oder niemanden anziehend finden, wollen über Sexualität im Unterricht reden. Über Verhütung, über HIV, über Mobbing und Vorurteile, über sexuelle Gewalt und über Beziehungen generell. Und das nicht nur in Bio oder Reli.

Die Überschrift der Studie ist *Bunt.Lieben.Leben.* und weil das Bunt gleich am Anfang steht, könnte man denken, den Befragten ginge es vor allem darum, dass man vermeintlich andere nicht ausgrenzen darf. Und auch die Einordnung in Kategorien der sexuellen Orientierung lässt vermuten, das Thema seien abweichende Formen der Sexualität. Aber beachtet man die Ergebnisse so sieht man: Genau diese Einordnung ist überholt. Ob sich Jugendliche nun als heterosexuell oder als bisexuell bezeichnen: Sie wollen alle mehr über Sexualität, und alles was damit zusammenhängt, reden.

Nun sind die Ergebnisse der EKBO und BCG nicht repräsentativ. Befragt wurden knapp 500 Schüler ausschließlich in Berlin und Brandenburg. Sie alle gehen auf christliche Privatschulen. Wie aussagekräftig ist so eine Studie für eine Brennpunktschule in Offenbach, eine Stadtteilschule in Hamburg, ein Gymnasium in der bayerischen Provinz?

Wir haben Schülerinnen, Lehrerinnen und Schulleiter aus verschiedenen Schulen befragt, wie dort mit dem Thema Sexualität und sexuelle Vielfalt umgegangen wird. Hier die Antworten.

Willy Hanewald, 18, Abiturientin: „Ich habe mich in meiner Schule nicht geoutet"

Es ist total normal, wenn Mädchen irgendwann zwischen der achten Klasse und dem Abitur bisexuelle Erfahrungen machen. Wenn sie mit anderen Mädchen kuscheln oder knutschen oder was auch immer. Bei Jungs ist das anders. Zumindest nach außen hin. Da bewahrt man sich seine heterosexuelle Männlichkeit. Jungs, würde ich sagen, fällt es generell erstmal schwerer mit ihrer Sexualität umzugehen.

Als ich in der siebten Klasse war, fingen ein paar meiner Mitschüler an über mich zu reden. So hinter vorgehaltener Hand. Haha, der ist schwul, sagten sie. Die wollten mich nicht diskriminieren, die hassen auch Schwule gar nicht, die waren einfach nur ungebildet und unreif.

Wenn man wie an den meisten Schulen nie über Sexualität spricht, dann orientieren sich alle an dem Standard: Mädchen müssen in Jungs verliebt sein, Jungs in Mädchen. Alles was davon abweicht, gilt als komisch oder falsch. Würden Lehrer ganz offen über Sexualität reden, dann würden die Schüler auch nicht darüber flüstern müssen.

Sexualkunde findet hier in Berlin, wenn man keinen Religionsunterricht hat, im Ethikunterricht statt. In unserem Fall unterrichtete eine Biolehrerin, die eine Fortbildung gemacht hatte. Wir besprachen in Ethik Themen wie zum Beispiel Alkohol und Drogen. In einer Prüfung musste ich berechnen, wie viel Promille jemand im Blut hat, der 80 Kilo wiegt und drei Bier getrunken hat.

Ungefähr so lief es auch ab, als wir Sexualkunde hatten. Da hieß es, Schwule sind Männer, die Männer lieben, Lesben sind Frauen, die Frauen lieben. Aber was das bedeutet, wie man sich outet, wie man andere nicht diskriminiert, darüber haben wir nicht geredet. Wir haben über Sexualität so geredet, als beträfe sie irgendwelche fremden Menschen da draußen, aber auf keinen Fall uns selbst.

Ich identifiziere mich als Transfrau. Ich bin mir sicher, es hätte mir geholfen, wenn ich noch einen anderen Ort gehabt hätte als das Internet, an dem ich mich hätte informieren können. Gerade wenn man das erste Mal spürt, dass man solche Gefühle hat, ist man damit sehr alleine. Ich habe mit Freundinnen geredet, aber die wussten auch nicht viel mehr. Wenn man nicht aufgeklärt wird, denkt man, es stimmt etwas nicht mit einem. Und dann folgen alle möglichen Probleme. Das ist einfach Scheiße.

Es gibt Leute, die sagen, Aufklärung ist ein Thema für die Eltern. Aber viele Eltern wissen gar nicht besonders viel über sexuelle Vielfalt. Ich finde, die Schulen sollten ab der siebten, achten Klasse anfangen, über Sexualität zu reden und danach immer wieder und verlässlich. Zum Beispiel im Deutschunterricht in der Oberstufe, wenn wir einen Roman wie *Effi Briest* lesen, können wir doch auch darüber reden, was für eine Gesellschaft das war, in der ein junges Mädchen an jemanden verheiratet wird, der mehr als doppelt so alt ist. Und warum man das heute nicht mehr machen würde. Es gibt so viele Momente in verschiedenen Fächern. Aber die Lehrer trauen sich nicht.

Schulen sind ein heteronormativer Raum. Als Transfrau sage ich sogar: ein cisnormativer. Die meisten Lehrer denken gar nicht darüber nach, aber sie teilen ihre Schülerinnen ständig nach Geschlechterstereotypen ein. Zum Beispiel: Jetzt müssen wir ein paar Bänke in einen anderen Raum tragen, da brauchen wir starke Männer.

Ich habe mich in meiner Schule nicht geoutet. Hätte ich es gemacht, dann wäre ich die bunte Kuh geworen. Einige wären sicher total nett zu mir gewesen, weil sie tolerant sein wollten. Andere hätten mich beleidigt. Ich wollte aber nicht, dass meine geschlechtliche Identität alles andere überdeckt, was mich ausmacht. Ich wollte nicht die Beauftragte für alle Fragen über Schwule, Lesben, Trans und Queer werden. Ich bin ja immer noch derselbe Mensch.

In der Schule kommen so viele Menschen zusammen, die sich sonst vielleicht nie treffen würden. Gerade dadurch gibt es eine große Chance, dass man ihnen beibringen kann, wie unterschiedlich Menschen und Lebensmodelle sind. Und dass sie alle okay und valide sind. Diese Chance muss die Schule nutzen. Und Sexualität interessiert unter Garantie alle.

Lena Rohde, 15, Gymnasiastin: „Es darf nicht mehr cool sein, jemanden zu beleidigen“

In der Grundschule lernen wir Schüler*innen im Biologieunterricht, dass es zwei verschiedene Geschlechter gibt. Das wiederholt sich, etwas vertiefter, in der achten Klasse. Dann ist auch Verhütung Thema. Aber was Homosexualität ist, was Sexualität generell bedeutet, darüber erfahren wir nichts. Die Lehrerin hat uns zwar gesagt, wir müssten unsere Aufsätze gendern, sonst gäbe es Punktabzug, doch es fehlte jede Debatte darüber, warum es wichtig sein könnte, in einem Text die geschlechtliche Vielfalt zu beachten.

Wir haben an den allermeisten Schulen ein Klima, das nicht unbedingt dazu ermutigt, zu seiner sexuellen Orientierung zu stehen. Das gilt für Schülerinnen und Schüler wie für Lehrerinnen. Dabei wäre es gerade gut, wenn wir ein paar offen schwul oder lesbisch lebende Lehrer hätten, sie können ein Vorbild sein.

Die Schüler*innen beschäftigt das Thema etwa ab der achten Klasse auf einer ganz persönlichen Ebene: Wie gehe ich damit um, wenn sich mein bester Freund outet? Wenn ich selber merke, dass ich mich nicht so leicht einem Geschlecht zuordnen kann? Aber auch darüber hinaus. Es sollte etwa in Religion oder Geschichte auch um Themen wie Gleichberechtigung gehen, zum Beispiel. Warum kommen sie in anderen Schulfächern einfach nicht vor?

Ich glaube, die Lehrer*innen wären offen dafür, sind aber unsicher, wie sie es gestalten sollen. In Religion zum Beispiel, gibt es ja diese berühmten Bibelzitate: Der Mann soll nicht beim Manne liegen. Wie gehe ich als gläubiger Christ damit heute um? Das sollte doch besprochen werden. Es gibt Pfarrer*innen, die die Bibel queer lesen. Das könnten Lehrer auch einmal tun.

Ich selbst habe von diesem queer Lesen und anderen Themen rund um die Diversität durch die Evangelische Schulstiftung, der meine Schule angehört, viel gelernt. Regelmäßig werden hier Fortbildungen angeboten.

Einfach ist es allerdings nicht, dieses Thema an die Schule zu bringen. Ich habe mal für eine Klasse ein Treffen mit einer Organisation veranstaltet, die den Schülern Diversität näher bringen wollte. Das Feedback auf diesen Tag war sehr geteilt. Viele haben sich darüber gefreut, manche haben gesagt, es sei völlig überflüssig, über verschiedene Formen sexueller Orientierung zu reden. Es seien ja ohnehin alle total tolerant. Ich glaube, dass einige nicht über Sexualität reden wollen, zeigt, dass wir eben nicht offen genug sind.

Dass sich in der Studie über 20 Prozent der Schüler nicht als heterosexuell bezeichnen, sondern homosexuell, unentschlossen oder sogar asexuell, finde ich bemerkenswert. Ich glaube, diese Zahl spiegelt eine gesellschaftliche Realität wider. Sie wäre ähnlich, wenn man deutschlandweit gefragt hätte. Ich denke, damit wird ein Dialog entstehen. Bei uns an der Schule, aber auch in der Gesellschaft. Die Studie kann Schüler ermutigen, auf ihre Lehrer zuzugehen und zu sagen: Wir wollen im Unterricht darüber reden.

Wir sollten aber nicht alle überrennen, die anders denken. Manche Eltern erwarten von der Schule, dass sie konservativ sein soll. Es gibt auch Schülerinnen und Schüler, die glauben, Homosexualität sei eine Krankheit, die man heilen muss. Unwissen über Vielfalt ist gefährlich. Es kann auch zu Verletzungen von Schülern untereinander führen. Die 13-, 14-Jährigen auf den Gängen sagen immer noch: „Du Schwuler“. Sie meinen das als spielerische Beleidigung. Aber es ist eine Diskriminierung. Es darf nicht mehr cool sein, jemanden zu beleidigen. Das können aber gerade sehr junge

Menschen nur verstehen, wenn es ihnen jemand erklärt.

Karin Schmidt, 33, Lehrerin: „Mich geht das Liebesleben der Schüler nichts an“

In der Oberstufe haben wir aktuell drei transgender Schüler. Die Eltern haben uns darüber informiert. Dann sage ich in der ersten Stunde: Der neue Name dieses Schülers ist Tim. Wer Fragen hat, kann die gerne mit den Lehrern besprechen. Im Unterricht selber haben wir nicht darüber geredet. Warum auch? Es geht die Lehrerinnen und Lehrer nichts an, welche geschlechtliche Identität oder sexuelle Orientierung ihre Schüler haben. Genauso wenig wie die Schüler mein Liebesleben angeht.

Ich lebe mit einer Frau zusammen. Ich habe das lange vor den Kollegen geheim gehalten. Denn ich bin Lehrerin für katholische Religionslehre. Das Fach dürfte ich vermutlich gar nicht mehr unterrichten, wenn die Kirche davon erfahren würde. Am Anfang hatte ich auch noch Sorge, dass einer meiner Schüler erfahren würde, dass ich lesbisch bin. Nicht nur wegen meines Jobs, sondern auch deswegen, weil ich nicht wollte, dass die Jugendlichen hinter meinem Rücken über mich reden. Ich bin Frau Schmidt und nicht die Lesbe.

Andererseits glaube ich, dass gar nicht so viel passieren würde, wenn meine Schülerinnen und Schüler es wüsten. Ich habe mit den allermeisten ein sehr gutes Verhältnis. Aber ich will mich nicht angreifbar machen. Idioten gibt es immer. Daran würde man auch nichts ändern, wenn man noch mehr über sexuelle Vielfalt reden würde.

Bei Tim zum Beispiel merke ich, dass ein paar der megacoolen Jungs, von denen es in der 10. Klasse so einige gibt, ihre Probleme haben, mit ihm umzugehen. Vielleicht hängt er deswegen auch lieber mit den Mädchen rum. Die sind offener, was das Thema Sexualität angeht.

An unserer Schule wollen wir uns jetzt mehr mit Diversität und Gender befassen. Wir überlegen, wie wir diese Themen stärker in den Unterricht einbauen können. Wir haben gemerkt, dass immer mehr Schülerinnen und Schüler in der Pubertät unsicher sind, wer oder was sie sein wollen. Sie nehmen ihr Geschlecht oder auch die heterosexuelle Orientierung nicht mehr unbedingt als Norm hin. Bei diesem Weg brauchen sie aber Begleitung.

Die Schule kann ihnen helfen, über Mechanismen und Konsequenzen von Outing aufzuklären. Auch das ist eine Tendenz, die ich beobachtet habe: Es wird auf dem Schulhof und in den Klassenzimmern immer mehr über persönliche Dinge gesprochen.

Manche Lehrer sind noch sehr befangen. Besonders, wenn sie gerade erst in den Beruf einsteigen. Und nicht in jeder Klasse gibt es ein Klima, das einem Lust macht, über Sexualität zu reden. Manche Schüler liegen schon auf dem Boden, wenn jemand „Penis“ sagt. In anderen Klassen hat jemand lauter Penisse auf die Tafel gemalt. Um sensible Themen zu unterrichten, muss man erstmal die richtige Atmosphäre schaffen. Da überlege ich manchmal schon, ob ich ein anderes Thema drannehme.

Karin Schmidt, 33, Lehrerin für Englisch und katholische Religionslehre an einem Gymnasium im Rheinland, heißt anders. Sie möchte aber ihren Namen nicht nennen, weil das ihren Job gefährden könnte.

Julia Renner, Lehrerin: Sexualkunde – „es ist so ein freudiges Gruseln“

Meine Schüler sind immer ganz aufgeregt, wenn in der sechsten Klasse das Thema Sexualkunde in Bio kommt. Die meisten blättern im Buch vor, manche können die Seiten schon auswendig. Besonders die Darstellung mit den nackten Körpern hat es ihnen angetan. Die schlagen sie dann auf, gruseln sich, und schlagen sie schnell wieder zu. Es ist aber mehr ein freudiges Gruseln.

Man kann die Peinlichkeit vermeiden, wenn man sich von Anfang an gemeinsam auf die Termini einigt, die wir benutzen wollen. Meistens sind es die biologischen, wenn wir über Geschlechtsorgane, den weiblichen Zyklus, sexuelle Orientierung reden. In der achten kommt das Thema wieder, diesmal etwas ausführlicher.

In meinem Kurs in der sechsten habe ich gerade einen transidenten Jungen. Er weiß seit der fünften Klasse, dass er ein Junge sein will und geht offen damit um. Er hat den anderen Kindern angeboten, dass sie Fragen stellen können und das tun sie auch. Weil wir in der Klasse so eine gute Klassengemeinschaft haben, gab es da keine Probleme. Einmal sagte ein Mädchen aus einer höheren Stufe zu ihm auf dem Pausenhof: „Du bist doch eigentlich ein Mädchen.“ Sie wollte ihn aufziehen. Aber da sagte einer aus der Klasse: „Ja, und? Das weiß doch jeder.“ Und dann war es gut.

Natürlich müsste noch viel mehr über Vielfalt

gesprochen werden oder über Sexualität generell. Die Kinder brennen auf diese Themen. Ich unterrichte an einer Gesamtschule, da verstehen wir uns als Erziehungsbegleiter. Aber wir haben auch einen sehr straffen Lehrplan. Es gibt viele Themen, die deswegen etwas zu kurz kommen. Ich würde auch gerne mehr über Cybermobbing sprechen zum Beispiel. Ich kenne keine Lehrerin oder keinen Lehrer, der beschämt wäre oder Angst vor dem Thema Sexualität hätte, es fehlt einfach nur die Zeit.

Für den Deutschunterricht gibt es einige Lektüren, die alle Aspekte des Themas Vielfalt aufgreifen. Da ist dann mindestens einer schwul, ein anderer behindert. Mir ist das zu künstlich. Ich lese Bücher wie *Tschick*, da kommt das Thema auch vor, aber nicht so mit dem Holzhammer.

Das wichtigste ist, das Lehrerinnen an der Entwicklung der Kinder und Jugendlichen dran bleiben. Seit ich eine transidente Schülerin habe, habe ich mich mit dem Thema viel stärker auseinandergesetzt. Da habe ich gemerkt, es gibt vielleicht noch ganz andere Dinge, von denen ich wenig weiß. Für diese Situation bin ich nicht geschult worden. Fortbildungen können nicht schaden, aber ich halte sie nicht zwingend für notwendig. Wir haben einen guten Blick für unsere Schülerinnen und Schüler, das ist unser Job.

Julia Renner, 45, heißt in Wirklichkeit anders, möchte aus Rücksicht auf ihre Schülerinnen und Schüler ihren Namen nicht nennen. Sie unterrichtet Deutsch und Biologie an einer Gesamtschule im Münsterland.

Thomas Moldenhauer, Grundschulleiter: „Vielfalt ist auch für den Lernerfolg wichtig“

Die Schule hat den Auftrag, Kinder in ihrer Entwicklung bestmöglich zu begleiten und zu fördern. Das gilt auch für das Thema sexuelle Vielfalt. Einige denken, das sei ein Privatthema. Lehrerinnen und Lehrer aber vermitteln nicht nur Wissen – sondern lehren auch, wie man andere Menschen mit Respekt und Wertschätzung behandelt. Ich nenne das gerne Begegnungskompetenz.

Unsere Schule will sich dem Thema Vielfalt und insbesondere auch der Thematik der sexuellen Vielfalt stellen. Bisher geschieht dies nur im Biologie- bzw. Sachunterricht oder im Fach Naturwissenschaften in der Grundschule. Hier liegt der Fokus auf der Vermittlung von Körperwissen. Die Studie unseres Schulträgers zu diesem Thema hat ergeben, dass das Thema sexuelle Vielfalt ein sehr großes Anliegen unserer Schüler*innen ist und auch ihrer Lebensrealität entspricht, aber im schulischen Kontext aus ihrer Sicht viel zu wenig Raum hat. Wir brauchen also an Schulen in Deutschland eine Diversitystrategie.

Das fängt bei den Unterrichtsmaterialien an. Keine Schülerin und kein Schüler wird uns ernst nehmen, wenn in den Schulbüchern immer nur die glückliche Familie aus Vater, Mutter, Kindern auftaucht, die in einem Haus mit Garten und Familienhund leben.

Die Pädagogen, aber auch alle Schulleitungen, bräuchten Fortbildungen, um sich mit dem Thema sexuelle Vielfalt kompetent auseinanderzusetzen. An unserer Grundschule haben wir bereits Fachleute eingeladen und über altersgerechte Methoden und Lernformen nachgedacht.

Aber auch für den Alltag unserer Grundschule ist es wichtig, sexuelle Vielfalt sichtbar zu machen. Zum Beispiel, wenn im Morgenkreis eine lesbische Lehrerin davon erzählt, dass sie mit ihrer Frau im Konzert war. Oder wenn ein Schüler, der zwei Väter hat, berichtet, dass eine der Großmütter zu Besuch war. Wir wollen an unserer Schule eine Haltung entwickeln, die die Vielfalt wertschätzt und Begriffe wie „normal“ oder „unormal“ abbaut.

Sich für solche Themen der Vielfalt zu öffnen, bedeutet auch, formale Rahmenbedingungen zu verändern. Wir fragen bei der Schulanmeldung im Aufnahmeformular nicht mehr nach Vater und Mutter des Kindes, sondern nach den Erziehungsberechtigten. Das schließt andere Familienkonstellationen nicht aus und ist leicht umsetzbar. Im Sportunterricht wird es schwieriger: Es gibt bislang nur Umkleiden für Mädchen und für Jungen. Wie finden da Kinder einen Raum, die sich keiner dieser Kategorien zuordnen wollen? Gesonderte Räume wären für unsere Schule ein bauliches Problem, vielleicht würden sie auch zu neuen Diskriminierungen führen.

Vielfalt ist wichtig für den Lernerfolg. Auch in unserer Schule wollen wir erreichen, dass Kinder lernen und für einen guten Schulabschluss vorbereitet werden. Aber es gibt eben noch mehr. Nämlich die Persönlichkeitsentwicklung unserer Kinder. Sie haben eigene Erfahrungen, Fragen, Bedürfnisse und Einschätzungen. Welche dies sind, zeigt die Studie sehr eindrucksvoll. Dass sich 20 Prozent unserer Schüler*innen im Bereich der

Jahrgangsstufe 7 bis 13 nicht als heterosexuell beschreiben, hat uns in der Dimension alle überrascht. Und außerdem war ein wichtiges Ergebnis, dass sich unsere Schüler*innen wünschen, in der Schule kompetente Ansprechpartner*innen zu finden und Schutz vor Diskriminierung zu erleben. Auch hier will unsere Schule klar „Farbe bekennen".

Ich finde: Wenn wir an den Fragen und Anliegen der Kinder und Jugendlichen vorbei unterrichten, geht der Lernantrieb verloren und das Verhältnis zwischen Pädagoge Schüler wird maßgeblich gestört. Schüler, die sich im Unterricht wertgeschätzt und ernstgenommen fühlen, lernen hingegen deutlich besser und gehen gern zur Schule.

Quelle: Luig, Judith (2019): Diversität. Sexualität interessiert alle. Macht was draus. Aufgerufen am 30.07.2020 unter https://www.zeit.de/gesellschaft/schule/2019-05/diversitaet-schulen-sexuelle-vielfalt-mobbing-diskriminierung

Arbeitsauftrag

Vier Positionen, vier Meinungen. Welchen Ideen können Sie am ehesten folgen. Begründen Sie.

M9 Warum pauschale Jungenförderung ins Leere läuft

(Jürgen Budde)

Wegen der Corona-Krise sind Girls' Day und Boys' Day in diesem Jahr abgesagt. Eigentlich hätten an diesem Donnerstag Mädchen und Jungen Berufe in der Praxis kennenlernen sollen, in denen das jeweils andere Geschlecht eher selten vertreten ist. Ziel der bundesweiten Aktionstage ist vor allem eine klischeefreie Berufsorientierung. Und es geht auch darum, Benachteiligungen zu vermeiden. Lag der Fokus dabei ursprünglich mehr auf den Mädchen, gelten nicht erst seit den Ergebnissen jüngster Bildungsstudien häufig Jungen als Bildungsverlierer. Der Erziehungswissenschaftler Jürgen Budde hält von dieser Zuspitzung wenig. Im Interview mit dem *Schulportal* erklärt er, welche Rolle Geschlechterstereotypen in der Schule spielen, wieso Maßnahmen für einen jungengerechten Unterricht oft ins Leere laufen, wieso er aber eine Breakdance-AG durchaus bei der Jungenförderung für hilfreich hält.

Schulportal: **Die Debatte um Jungen als Bildungsverlierer ist nach der Veröffentlichung der jüngsten PISA-Ergebnisse wieder einmal entbrannt. Jungen schneiden in den meisten Bereichen schlechter ab als Mädchen. Woran liegt das?**

Jürgen Budde: Das ist zu pauschal. Es schneiden ja nicht die Jungs schlechter ab als die Mädchen, sondern einige Jungs schlechter als einige Mädchen. Die Schnittmengen bei Studien wie PISA sind sehr viel größer als die Ränder. Die Unterschiede scheinen also nicht daran zu liegen, dass die Jungen an sich weniger talentiert sind. Im Hochbegabtenprogramm finden wir zum Beispiel mehr Jungen als Mädchen.

Trotzdem verlassen mehr Jungen die Schule ohne Abschluss, schreiben häufiger schlechte Noten.

Zwei Gründe spielen dabei eine Rolle: Es entsteht eine ungünstige Konstellation, wenn eine Orientierung an traditioneller Männlichkeit mit dem Fokus auf Wettbewerb, Konkurrenz, Stärke mit einem Elternhaus zusammenkommt, das über wenig ökonomisches Kapital verfügt. Außerdem geht eine bestimmte Form der Männlichkeitsvorstellung nicht mit schulischen Leistungserwartungen zusammen.

Können Sie das näher erläutern?

Wir erwarten in der Schule zweierlei: Einerseits gelten Leistung und Konkurrenz, andererseits wollen wir, dass sich die Schülerinnen und Schüler auf plurale Lebensvorstellungen einlassen und demokratisch handeln. Wenn sich Jungen aber an sehr traditionellen Formen von Männlichkeit orientieren, kann das im Widerspruch zu dem stehen, was Schule erwartet, und dadurch zu Konflikten führen.

Die Fokussierung auf Stärke und Wettbewerb ist aber doch zumindest eine Facette von Schule, die Jungen anspornen könnte.

Das Erstaunliche ist tatsächlich, dass Jungen starke Vorstellungen von Wettkampf und Leistung haben können, sie aber oft in der Schule nicht zum Ausdruck bringen. Schule scheint eher eine Domäne zu sein, die Jungen nicht so richtig zum Wettbewerb reizt.

Woran liegt das?

In unseren Untersuchungen haben wir festgestellt, dass sich viele Jungen nicht gesehen fühlen. Das kann auf die Leistung drücken oder auf den Willen, Leistung zu erbringen. Oft entwickelt sich daraus eine Negativspirale: schlechte Leistungen, störendes Verhalten, Probleme im Verhältnis zwischen Lehrkraft und Schüler. Die sind vielleicht auch nötig, aber helfen würden vor allem unterstützende Maßnahmen. Die sind vielleicht auch nötig, aber helfen würden vor allem unterstützende Maßnahmen und mehr Verständnis.

Jungen – die unbekannten Wesen. Wissen Lehrkräfte zu wenig über Jungen?

Es ist sicher sinnvoll, sich mit der männlichen Sozialisation auseinanderzusetzen, um sich in Jungen besser hineinversetzen zu können. Was bedeutet beispielsweise Sport für Jungen? Welche Rolle spielen dabei Anerkennung, Leistungsfähigkeit, Eingebundensein in die Gruppe? Allerdings haben wir bislang nur wenig Daten. Ich wünsche mir mehr Forschung zu Jungen, vor allem in Verbindung mit verschiedenen Referenzkategorien, zum Beispiel zu Jungen mit Migrationshintergrund oder Jungen mit Behinderung – das ist eine völlige Leerstelle. Und wir brauchen mehr Längsschnittstudien zu Bildungskarrieren.

Wie könnte eine gute Jungenförderung aussehen?

Die Gruppe der Jungen ist zu vielschichtig, als dass wir sie insgesamt als Gruppe fördern könnten. Pauschale Maßnahmen, Schulen jungengerecht zu gestalten, laufen oft ins Leere. Man muss immer das konkrete Problem betrachten: habe ich zum Beispiel eine Gruppe von Jungen, die Schwierigkeiten mit der deutschen Sprache haben, dann muss ich genau da ansetzen.

Jungenförderung hat viel mit Anerkennung zu tun

Die Frage ist aber sicher auch, inwieweit in der Schule Orte der Anerkennung finden. Es ist interessant zu sehen, wie sich weiterführende Schulen am Tag der offenen Tür vorstellen: meist mit dem Chor, dem Orchester, der Theatergruppe. Häufiger sind es Mädchen, die hier auftreten, seltener Jungen. Vielleicht liegt es auch daran, dass es wenig Breakdance- oder Hiphop-Gruppen an Schulen gibt. Auch auf der Schul-Homepage finden wir Jungen oft dann auf den Fotos, wenn es um Pause oder Fußball geht. In Lernsituationen werden hingegen mehr Mädchen abgebildet. Hier könnte man ansetzen.

Sollte es auch in der Schule mehr Angebote für Jungen geben – Kampfsport zum Beispiel?

Beim Kampfsport oder Boxen bin ich mir nicht sicher, ob man das Kind nicht mit dem Bade ausschüttet. Es gibt auch viele Jungen, die gerade nichts mit Kampf und hypermännlichen Bildern anfangen können. Die verweisen wir damit auf Geschlechterstereotype, in denen die sich gar nicht wiederfinden. Die Botschaft „Echte Jungen boxen" ist für die Jungen, die nicht gerne boxen, ein Problem. Aber Breakdance oder Hiphop spricht viele Jungen an – und auch Mädchen. Solche Angebote halte ich für sinnvoll.

Eignet sich geschlechtergetrennter Unterricht zur Jungenförderung?

Mal abgesehen davon, dass die Umsetzung organisatorisch sehr anspruchsvoll ist, setzt das ja genau an den Stereotypen an. Wie begründe ich denn den Jungen gegenüber, dass sie Deutschunterricht jetzt ohne Mädchen haben? Weil sie nicht so gut sind? Darauf reagieren Jungen doch nicht mit Leistungssteigerung! Geschlechtergetrennter Unterricht hilft vielleicht dabei, Unterschiede aufzuzeigen, aber das reicht nicht aus und ist noch nicht die Lösung. Es müssen dann weitere Schritte der Differenzierung folgen.

Werden Jungen in der Schule benachteiligt?

Die Mehrzahl der Lehrerinnen und Lehrer benachteiligen die Jungen nicht im Unterricht, dafür haben wir in unseren Untersuchungen keine Hinweise gefunden. Ich frage mich aber, ob ein Unterricht mit 30 Kindern in einem relativ kleinen Raum, in dem alle stillsitzen und lernen, eine angemessene Form ist, die allen Kindern gerecht wird. Das funktioniert auch nur, wenn sich alle an eine bestimmte Ordnung halten. Jungen haben vielleicht nicht so viel Interesse daran, sich auf diese Ordnung einzulassen – das kann zu Konflikten führen.

Aber ich halte diese Form ohnehin nicht mehr für angemessen. Ich verbringe meinen Arbeitstag ja auch nicht acht Stunden lang in 45-Minuten-Blöcken am Schreibtisch sitzend, obwohl das eigentlich mein Arbeitsort ist. Über andere Unterrichtsformen nachzudenken würde sicher helfen – und nicht nur den Jungen. Das ist ohnehin wichtig bei der Jungenförderung: Von den Maßnahmen, die sich Lehrkräfte ausdenken, müssen Jungen genauso profitieren wie Mädchen.

Quelle: Kuhn, Anette (2020): Warum pauschale Jungenförderung ins Leere läuft. Aufgerufen am 21.08.2020 unter https://deutsches-schulportal.de/unterricht/juergen-budde-bildungsverlierer-warum-pauschale-jungenfoerderung-ins-leere-laeuft/

Arbeitsauftrag

1. Setzen Sie sich mit der im Text genannten Kritik an Jungenförderung auseinander.
2. Entwickeln Sie schulische Handlungspläne für ein ausgewähltes Fach, um eine „gute" Jungenförderung umzusetzen. Stellen Sie Ihre Ergebnisse im Plenum vor.
3. Sie haben die Vorstellungen Ihrer Mitschüler*innen gehört: Was denken Sie darüber? Was fühlen Sie? Was werden Ihre nächsten Schritte sein?

M 10 Wenn Kinder homosexuell sind

(Maximilian Geißler und Andrea Przyklenk)

Homosexualität ist längst ein öffentliches Thema, besonders wenn es sich um homosexuelle Männer handelt. Viele Prominente und Künstler, wie der ehemalige Berliner Oberbürgermeister Klaus Wowereit oder der Schauspieler Dirk Bach, stehen öffentlich zu ihrer Homosexualität. Auch Lesben bekennen sich inzwischen öffentlich wie zum Beispiel die Schauspielerinnen Ulrike Folkerts und Maren Kroymann, die Sängerin Marla Glen oder die Schriftstellerin Anne Holt. Es gibt schwule Filme, die großen Erfolg haben. Der Comiczeichner Ralf König mit seinen schwulen Figuren ist inzwischen auch bei Heterosexuellen beliebt. Es gibt sogar inzwischen die „Homo-Ehe".

Doch oft geht die Toleranz nicht weit. Die Aussage „ich habe nichts gegen Homosexuelle" wird bei vielen Leuten spätestens dann zu Makulatur, wenn das eigene Kind bekennt, schwul oder lesbisch zu sein. Alte Vorurteile kommen hoch, die Angst vor der Reaktion der Familie, Freunden oder Bekannten bricht sich Bahn. Die eigene und die Zukunft des Kindes sieht plötzlich nicht mehr so rosig aus. Die Eltern machen sich Sorgen um die berufliche Laufbahn des Kindes und sie sehen, wie sich die eigene Vorstellung über eine Zukunft mit Enkelkindern und Schwiegertochter oder Schwiegersohn in Luft auflösen. Alles was sie sich einst für ihr Kind erträumten und erhofften, scheint davon zu schwimmen. Aids, bisher kaum mehr als ein Wort, wird zu einer schrecklichen Bedrohung.

Der Großteil dieser Ängste rührt aus Unwissen. Sind wir doch mal ehrlich: Was wissen wir wirklich über das Leben von Homosexuellen, über ihre Schwierigkeiten in einer heterosexuellen Welt? Was wissen wir wirklich über Aids? Nicht viel, denn viele von uns kennen (zumindest unbewusst) keine Homosexuellen. Immerhin stellen die Homosexuellen lediglich zwischen fünf (offiziell) und zehn (inoffiziell) Prozent der Bevölkerung. Das klingt nach wenig, ist aber doch viel. In Deutschland sind das hochgerechnet auf die Bevölkerung jedoch immerhin vier bis acht Millionen Homosexuelle.

Machen Sie sich als Anfang einmal einige Fakten über Homosexualität klar, die es Ihnen einfacher machen werden, damit umzugehen, wenn Ihr Kind Ihnen eröffnet homosexuell zu sein:

- Homosexualität ist keine Krankheit, sondern eine Veranlagung, mit der man geboren wird. Es gibt zwar immer wieder einige „Psychologen" oder sonstige Heilsbringer, die behaupten, Homosexualität sei „heilbar" oder Homosexuelle könnten „umgedreht" werden, doch das ist nichts als Scharlatanerie, mit der einige Leute versuchen, besorgten oder auch verbohrten Eltern das Geld aus der Tasche zu ziehen. Man ist schwul oder lesbisch, wie man blond oder braunhaarig ist.
- Die meisten Jungs zum Beispiel erkennen relativ früh, dass sie anders sind als die anderen, wissen aber oft nicht genau, was nun anders ist. Selbst wenn sie es wissen, dauert es in der Regel noch eine Weile, bis sie es tatsächlich aussprechen und bei vielen noch länger, bis sie es anderen, vor allem den Eltern, mitteilen. Sie haben Angst davor, die Eltern zu verletzen und sind sich unsicher über deren Reaktion.
- Die Erziehung kann nichts daran ändern, ob jemand homosexuell ist oder nicht. Homosexualität wird nicht anerzogen. Sie ist einfach da. Insofern ist auch keine übermächtige Mutter oder ein nicht vorhandener Vater daran schuld. Man kann niemanden zum Homosexuellen erziehen.
- Homosexuelle sind im privaten und beruflichen Leben in der Regel genauso erfolgreich wie Heterosexuelle. Mitunter haben sie es etwas schwieriger, weil sie mit Vorurteilen zu

kämpfen haben, aber daraus gehen viele gestärkt hervor.

- Homosexuelle unterscheiden sich grundsätzlich von Heterosexuellen nur durch ihre sexuelle Orientierung. Im Prinzip ist das jedoch eine private Angelegenheit oder fragen Sie als Eltern ihre heterosexuellen Kinder über ihre Sexualpraktiken aus? Kümmern Sie sich darum, ob ihr heterosexueller Sohn besondere sexuelle Vorlieben hat? Mit Sicherheit nicht. Also sollte es Sie eigentlich auch nicht kümmern, was Ihr homosexuelles Kind im Bett tut.
- Von der Immunschwächekrankheit Aids sind Hetero- und Homosexuelle gleichermaßen betroffen. Man kann sich nur durch die Benutzung von Kondomen dagegen schützen. Es ist Aufgabe der Eltern, allen ihren Kindern die Wichtigkeit des Schutzes klar zu machen.

Allgemeine Anzeichen dafür, dass ein Kind homosexuell ist, gibt es nicht. Es gibt jedoch einige Dinge, die man oft beobachten kann. Dazu gehört vor allem das Verhalten im Freundeskreis und gegenüber den Eltern. Wer entdeckt, dass er homosexuell ist, oder es vermutet, ist zunächst verunsichert, und zwar gleichermaßen gegenüber Schulkameraden, Freunden und Eltern. Bei niemandem kann sich der Jugendliche über die Reaktion sicher sein. Also zieht er sich zurück, wartet ab oder sucht einen neuen Bekanntenkreis, sofern er schon Kontakte zu anderen Homosexuellen hat. Andererseits ziehen sich viele Jugendliche während der Pubertät sowieso von den Eltern zurück. Sie beginnen sich abzunabeln und ihr eigenes Leben zu leben.

Tipp

Wenn Sie annehmen, dass Ihr Sohn oder Ihre Tochter homosexuell ist, aber keine Gewissheit haben und auch davor zurückscheuen, direkt zu fragen, ist es am besten, zu signalisieren, dass Homosexualität für Sie nichts Unnormales ist. Das können Sie zum Beispiel tun, indem Sie das Gespräch auf einen schwulen Kollegen oder eine lesbische Schauspielerin bringen. Wichtig ist, dass Sie positiv über Homosexualität sprechen. Bringen Sie zum Ausdruck, dass die Lebensform und die sexuelle Neigung eines Menschen für Sie nichts mit dessen Charakter zu tun haben.

Wenn Sie Ihr Kind fragen, stellen Sie die Frage so, dass er oder sie ausweichen kann ohne lügen zu müssen, falls sich das Kind noch nicht offenbaren möchte. Also nicht „Bist du schwul/lesbisch?“, sondern „Ich habe in letzter Zeit bemerkt, dass du keinen Besuch mehr bekommst und oft alleine ausgehst. Ich habe mir überlegt, was die Gründe dafür sein könnten und wollte jetzt einfach mal mit dir darüber sprechen.“ An der Reaktion werden Sie merken, ob Sie tiefer ins Gespräch einsteigen können. Fühlt sich Ihr Kind bedrängt, können Sie anbieten, das Gespräch zu verschieben.

„Mama, Papa ich bin schwul/lesbisch“

Wie sollten sich Eltern verhalten, wenn sie diesen Satz von ihrem Sohn bzw. ihrer Tochter hören? Am allerwichtigsten ist es, Ihrem Kind zu versichern, dass Sie es lieben, egal ob schwul, lesbisch oder nicht. Das Kind muss wissen, dass es Ihr Kind ist und bleibt. Ansonsten sollten Sie Ruhe bewahren. Niemand erwartet von Ihnen bei einer solchen Eröffnung, das Sie vor Freunde jubeln, auch ihr Kind nicht. Im Gegenteil: Es wird vermutlich sehr unsicher sein und unter Umständen lange mit sich gerungen haben, bevor es Ihnen dieses Geständnis gemacht hat. Vielleicht hadert es auch selbst noch mit seinem Schicksal. Er wird verstehen, wenn Sie zum Beispiel sagen: „Das kommt für mich sehr überraschend, Ich muss jetzt erstmal darüber nachdenken. Lass uns morgen ausführlicher darüber sprechen. Aber ob du homosexuell bist oder nicht, ändert nichts daran, dass du mein Kind bist und ich hinter dir stehe.“

Damit gewinnen Sie Zeit, sich selbst über Ihre Reaktion klar zu werden, sich gegebenenfalls zu informieren oder mit einem vertrauten Menschen darüber zu sprechen. Das Schlimmste, was Eltern tun können, ist, das Kind zu verstoßen. Sie werden es vielleicht nicht glauben, aber es gibt auch noch Eltern, deren Reaktion so weit geht, den Sohn oder Tochter aus dem Haus zu weisen. Diese Kinder landen zwangsläufig auf der Straße, und besonders schwule Jungs, sofern sie nicht anderweitig Hilfe finden, auf dem Straßenstrich. Manche sehen Selbstmord als den einzigen Ausweg, wenn sie von der Familie verstoßen werden.

So können Eltern helfen

- Sparen Sie bei der Aufklärung Ihrer Kinder das Thema Homosexualität nicht aus. Ihre Kinder müssen wissen, dass Sie Homosexualität als normal betrachten und Sie mit Ihnen darüber reden können.
- Verbergen Sie es nicht, wenn Sie überrascht sind, aber versichern Sie Ihrem Kind unbedingt,

dass Sie es nach wie vor lieben, egal wo seine sexuellen Präferenzen liegen.

- Seien Sie geduldig und stellen Sie in Gesprächen nicht Ihre eigenen Fragen in den Vordergrund, sondern die Fragen und Schwierigkeiten Ihres Kindes.
- Mädchen bzw. junge Frauen reagieren sensibler auf das Thema Kinder als Männer. Gehen Sie vorsichtig damit um, wenn das Gespräch darauf kommt.
- Die Hochzeit in Weiß und Kinder sind nicht das erste Thema, das Sie erörtern sollten – warten Sie bis es angesprochen wird.
- Verkneifen Sie sich Weisheiten wie „da muss nur der/die Richtige kommen" oder „du bist ja noch so jung, das wird schon noch". Viele denken zwar, eine lesbische Frau sei nur so lange lesbisch, bis der richtige Mann kommt, aber das ist nur das Wunschdenken schlecht informierter Eltern.

Selbst wenn Sie sich nicht in der Lage sehen, mit der Situation fertig zu werden, können Sie das Ihrem Kind klar machen, ohne es zu verstoßen. Seien Sie ehrlich und geben Sie es zu und suchen Sie professionelle Hilfe, zum Beispiel bei einer Familienberatung oder bei einer Elterngruppe. Es gibt inzwischen Gruppen für die Eltern homosexueller Kinder.

Am Ende dieses Beitrags finden Sie entsprechende Adressen, wo Sie sich weitergehend informieren können.

Und noch ein Tipp

Falls Sie diesen Text lesen, und Ihr homosexuelles Kind bereits vor die Tür gesetzt haben, geben Sie Ihrem Herzen einen Stoß und holen Sie es zurück oder versuchen Sie zumindest, das Verhältnis zu reparieren. Dabei hilft allerdings nur Offenheit. Geben Sie zu, dass Sie sich unüberlegt verhalten haben und Opfer Ihrer eigenen Vorurteile wurden. Ihr Kind wird es vermutlich akzeptieren, wenn Sie auch Ihr Verhalten entsprechend ändern.

Was tun bei Klatsch?

Wenn sich herumspricht, dass jemand in Familie, Nachbarschaft oder Freundeskreis homosexuell ist, wird unweigerlich geklatscht. Klatsch begegnet man am besten mit Offenheit und Wahrheit. Wenn Sie mitbekommen, dass in der Familie oder bei Freunden, Bekannten und Nachbarn geklatscht wird, schweigen Sie nicht, sondern gehen Sie in die Offensive. Fragen Sie, worum genau es geht, woher die Informationen stammen, die die Klatschtanten/Klatschonkel besitzen, und versuchen Sie, das Thema sachlich anzugehen. Machen Sie den Klatschtanten/Klatschonkeln auch unmissverständlich klar, dass sich an dem Verhältnis zwischen Ihnen und Ihrem Sohn oder Ihrer Tochter durch deren Homosexualität nichts geändert hat.

Sicherlich kann es passieren, dass der eine oder andere Nachbar, Freund, Onkel Otto oder Tante Emma trotz aller Aufklärungsversuche nicht zu überzeugen sind. In diesem Fall sollten Sie, so schwer es fällt, Prioritäten setzen.

Wichtig: Es ist sinnvoll, gegen Klatsch anzugehen. Das bedeutet allerdings nicht, dass die Eltern diejenigen sein sollten, die aller Welt mitteilen, dass das Kind homosexuell ist. Es ist allein Sache des Betroffenen, wen er ins Vertrauen ziehen will und wen nicht. Wenn Sie sich nicht sicher sind, wem er oder sie es gesagt hat, fragen Sie nach.

Nützliche Seiten im Internet

www.befah.de

Die Seite des Bundesverbandes der Eltern, Freunde und Angehörigen von Homosexuellen e.V. Hier findet man Informationen zu allem, was einen bewegt, wenn man zum ersten Mal direkt mit Homosexualität konfrontiert wird und die Adresse lokaler Elterngruppen.

www.bzga.de

Bundeszentrale für gesundheitliche Aufklärung, Beratung und Broschüren

www.aidshilfe.de

Hier finden Sie auch die Anschriften lokaler Aidshilfe-Vereine, Beratung und Broschüren

www.homosexualitaet.de

Unter dieser Seite haben sich Schwulen- und Lesbenverbände zusammengeschlossen und informieren ausführlich über das Thema Homosexualität.

www.lesarion.de

Eine Seite speziell für Lesben. Hier gibt es Buchempfehlungen, Chaträume etc. – einfach alles rund um lesbisches Leben

Quelle: Geißler, Maximilan/Przyklenk, Andrea: Wenn Kinder homosexuell sind. Aufgerufen am 24.08.2020 unter https://www.familienhandbuch.de/babys-kinder/bildungsbereiche/sexualitaet/WennKinderhomosexuellsind.php

Infos zur Quelle:

Herausgeber

Das Online-Familienhandbuch wird herausgegeben vom Staatsinstitut für Frühpädagogik (IFP)
Winzererstraße 9
80797 München
Telefon: 089 99825-1900
Telefax: 089 99825-1919
E-Mail: kontakt@ifp.bayern.de

Verantwortlich für den Inhalt

Gesamtverantwortung: Institutsleiterin Prof. Dr. Fabienne Becker-Stoll
Verantwortliche Redakteurin: Dr. Jutta Lehmann
E-Mail: mail@familienhandbuch.de
oder jutta.lehmann@ifp.bayern.de

Das Online-Familienhandbuch wurde erstellt unter der Leitung von Prof. Dr. Dr. Dr. Wassilios E. Fthenakis (bis 2005) und Dr. Martin R. Textor (bis 2006).

Das Staatsinstitut für Frühpädagogik ist eine nachgeordnete Behörde des Bayerischen Staatsministeriums für Arbeit und Soziales, Familie und Integration.

Arbeitsauftrag

Ratschläge sind auch Schläge. Diskutieren Sie die im Text genannten Ratschläge für Eltern homosexueller Kinder kritisch. Wo stimmen Sie zu, was ist aus Ihrer Sicht fragwürdig?

Weiterführende Aufgabe (Forschungsprojekt)

Sie haben nun unterschiedliche Standpunkte erarbeitet. Gibt es eine Fragestellung, die Sie gerne selbst einmal nachspüren wollen. Oder interessiert es Sie, wie es sich an Ihrer Schule verhält etc.? Haben Sie eine eigene Hypothese? Dann begeben Sie sich doch auf eine kleine Forschungsreise und entwerfen ein Projekt dazu. Führen Sie Interviews, sammeln Sie Daten mithilfe eines Fragebogens, beobachten Sie gezielt. Daten können Ihnen einen anderen Blick verschaffen auf den Gegenstand »Gender«.

Vorschlag für ein eigenes Projekt

Verhalten sich Väter und Mütter ihren Kindern gegenüber anders? Beobachten Sie das Erziehungsverhalten von Vätern und Müttern auf Kinderspielplätzen. Überhaupt: Wie sind Spielplätze aufgebaut? Welche Angebote finden sich dort? Wer benutzt was, wie? Diese und andere Fragen können Sie sich stellen, um einen Spielplatz zu analysieren und hinsichtlich gender spezifischer Kategorien und Fragen zu untersuchen.

3.4 Identität

Einleitung

Der Begriff Identität hat viele unterschiedliche Facetten. Der Begriff wird wissenschaftlich sehr unterschiedlich belegt, seine Bedeutung wird in der Philosophie (z. B. in der Ontologie oder Erkenntnistheorie) ganz anders verstanden als in der Linguistik (so z. B. die sprachliche Identität eines Menschen) oder der Mathematik (z. B. als logische Ununterscheidbarkeit innerhalb einer Funktion) und Recht (als Feststellung einer Person, der Urheberschaft etc.). Ähnlichkeiten bestehen darin, dass mit dem Identitätsbegriff zusammengefasst wird, was ganzheitlich oder nicht unterscheidbar ist. Im Sozialen wird damit vor allem das Auftreten einer Person, die selbst wahrgenommene oder von außen zugeschriebene Erscheinung, das Empfinden für das eigene »Ich« oder der »Ich-Kern« zusammengefasst. Identität ist in dieser Hinsicht ein synonymer Begriff für Person oder Subjekt, wobei stärker als bei den Synonymen mit dem Identitätsbegriff auf das Erleben der eigenen Handlungsfähigkeit abgehoben wird. Wenn in der Psychologie mit diesem Innenblick vor allem die Verästelungen des kognitiven Wahrnehmungs- und Denkapparates verknüpft sind, ist in der sozial- und erziehungswissenschaftlichen Perspektive eher der Blick auf die ganze Person entscheidend. Dieser Zugang ist wichtig, um zu verstehen, wie Menschen sich selbst einschätzen und von außen wahrgenommen werden, weil das die Grundlage für die Ausrichtung eigener Handlungen ist. Noch wichtiger wird diese ganzheitliche Beschreibung einer Person mit Blick auf die Potenziale der persönlichen Stärkung. Gerade die Aspekte der Resilienz (Widerstandsfähigkeit gegen Krisen) und des Empowerment (der Stärkung) werden an Aspekte der Identitätsarbeit gekoppelt. In gewisser Weise ist dies die sehr positive Betonung von Identität. Mit einer »festen« oder »feststehenden« Identität werden durchgehend vorteilhafte Eigenschaften eines Menschen verbunden. Dagegen wird das Pochen auf Gruppenidentitäten eher skeptisch gesehen, weil damit eine Ein- und Ausschlusstendenz verbunden wird, die gerade in nationalistischen Bewegungen als tragende ideologische Säule auftaucht. Kaum ein Begriff ist darum so schillernd wahrzunehmen wie der Identitätsbegriff. Er hat eine lange historische Tradition, wird in verschiedenen Fachdisziplinen sehr unterschiedlich verstanden und ist eng an politische Strömungen und Debatten gekoppelt.

Der Begriff Identität

M 1 Ideengeschichtliche Bandbreite

(Sascha Nicke)

Der Begriff *Identität* ist relativ jung. Er findet zwar schon in einigen Lexika des frühen 19. Jahrhunderts bei der Erklärung von Wörtern wie *Derselbe* oder *Einerley* Verwendung [5], als eigenständiger Ausdruck wird er dort jedoch erst zum Ende des 19. Jahrhunderts geführt und charakterisiert als „philos[ophisches] Kunstwort“, das aus dem Neulateinischen abgeleitet für „Einerleiheit“ [6] oder „Wesenseinheit“ [7] steht. In dieser Wortbedeutung der Gleichheit von zwei oder mehreren Dingen findet sich der Begriff jedoch schon in der antiken Philosophie in Form seines griechischen Ursprunges *autos, to auton* [8] sowie im theologischen Diskurs des Mittelalters im lateinischen Begriff *identitas* oder *idem*. [9]

Durch die von Rene Descartes entwickelte Erkenntnistheorie erfuhr die Identitätstheorie für das neuzeitliche Verständnis eine wesentliche Prägung. Mit seiner Definition der Substanz als etwas dauerhaft Seiendes, das in jedem Ding als Träger seiner Eigenschaften fungiert, bereitet er die Grundlage einer substantiellen Identitätskonzeption. Denn daraus leitet sich ab, dass jeder Mensch zeitlebens über einen ihm inhärenten, d. h. innewohnenden Wesenskern verfügt, in dem alle Grundzüge seiner selbst verankert seien. Die äußere Erscheinungsform, das Verhalten, sei demnach immer identisch mit dem inneren Wesenskern des Menschen. [10] Trotz zahlreicher Kritiken und alternativen Konzepte nimmt dieser „cartesianische Substanzgedanke“ innerhalb der Identitätstheorie bis in die Mitte des 20. Jahrhunderts eine herausragende Position ein. [11]

Erst ab diesem Zeitpunkt etablierte sich eine alternative Vorstellung innerhalb der Wissenschaften. Ausgehend von Sigmund Freuds Konzept der Identifizierung als psychischem Mechanismus verbreitet sich zu Beginn des 20. Jahrhunderts mit dessen Popularisierung auch die Idee einer prozesshaften Identität. [12] Für die endgültige wissenschaftliche Anerkennung sorgte dann das vom Psychoanalytiker Erik H. Erikson publizierte Werk „Kindheit und Gesellschaft“ („Childhood and

Society“) im Jahr 1950, in dem die Identitätsbildung als Folge eines achtstufigen Phasenmodells der psychosozialen Entwicklung entworfen wird. Ich-Identität ist bei Erikson das Gefühl, ein zusammengehöriges Ganzes zu sein. Dieses Gefühl ist nicht statisch, sondern muss durch das Ich als Prozess, der Wirklichkeit verarbeitet, permanent hergestellt werden. [13] Nach Erikson erfährt der Identitätsbegriff eine wissenschaftliche Konjunktur, die zu einer enormen Ausweitung seiner Verwendungsweisen führt. So findet man ihn charakterisiert als Synonym für den Sinn des Lebens oder den Subjektbegriff, als Äquivalent der Seele, Nation oder Kultur oder als Kollektiveinheit von Gruppierungen. [14] Die Vorstellung einer prozesshaften Konzeption von Identität etabliert sich in der zweiten Hälfte des 20. Jahrhunderts und ist schließlich in der sogenannten Postmoderne konzeptionell um die Erkenntnis eines multiplen Charakters und der permanenten Wandelbarkeit erweitert worden. [15]

Grundsätzlich lassen sich in der ideengeschichtlichen Begriffsrekonstruktion also zwei identitätstheoretische Grundauffassungen feststellen: Substanz und Prozess. Welche von beiden Vorstellungen ist nun in unseren heutigen Gesellschaften vorhanden?

Gegenwartsdiagnose: theoretische Konzepte von Identität

Ein prozesshaftes Verständnis der Identität scheint geeigneter zu sein, um die zeitgenössischen Gesellschaften und deren Akteure zu erklären, als es der Gegenentwurf einer substantiellen Identitätsdefinition vermag. Diese Vermutung stützen die Entwicklungen in den identitätsthematischen Forschungsbereichen der letzten Jahrzehnte. Um sich die Gründe dafür vergegenwärtigen zu können, muss zuerst einmal erläutert werden, wie Identität in einem prozesshaften Konzept konstituiert werden kann. [16]

Wenn Identität nicht eine feste, gegebene Entität sein soll, muss sie permanent gebildet werden. Weil dabei das Umfeld als Produktionsstätte der potentiellen Identitätskategorien fungiert, in dem durch Normen, Rollenmuster, Praktiken, Gesetzlichkeiten, Sprache usw. die potentiellen Identitätskategorien überhaupt erst geformt werden, [17] vollzieht sich die Herstellung der Identität im Spannungsfeld der Selbstwahrnehmung eines Individuums [18] und den sozio-kulturellen Denkweisen und Kategorien seines Umfeldes. Im Individuum selbst findet dann ein zweifacher Prozess statt: einerseits ist das die selbstständige Inkorporation aller außerhalb des Körpers getätigten Erfahrungen und Eindrücke, die im Gedächtnis als Wissensbestand gespeichert werden. Andererseits werden durch die individuelle Verarbeitung der sowohl extrinsischen Eindrücke und Zuschreibungen als auch der intrinsischen Wahrnehmungen situative Verhaltensweisen produziert. Sie werden in Abhängigkeit der sozialen Anforderungen, des Erfahrungswissens und der Selbstbilder angewandt. [19] Aufgrund der Fähigkeit zur Selbstreflexion vermag es der Mensch zudem, seine eigenen Handlungen zu beobachten und dementsprechend seine Erwartungshaltungen anzupassen sowie langfristige Selbstbilder, Wertvorstellungen und Ziele zu entwickeln. [20]

Prozesshafte Identität wird also in der Begriffstheorie als eine temporäre, vielfältige und relative Erscheinungsform verstanden, die im Verhältnis zur situativen Umwelt, den eigenen Selbstbildern und Moralvorstellungen, den sozio-kulturellen Denkweisen und Verhaltensnormen gebildet wird. Der Vorteil eines solchen Begriffsverständnisses besteht darin, dass die zeitgenössischen komplexen und vielschichtigen gesellschaftlichen Wirklichkeiten berücksichtigt und die Vielheit an individuellen Ichformen im Einzelnen erklärt werden können. Im Zentrum der Betrachtung stehen nicht stereotype und allgemeine Erklärungsmuster, die sich an zentralen Kategorien wie Nationalität, Milieu, Geschlecht usw. orientieren. Der Blick wird auf die feingliedrige, individuelle Konstellation gerichtet. Mithilfe einer prozesshaften Identitätskonzeption kann ein verständliches Erklärungsmodell entwickelt werden, das für das Spannungsfeld individueller Selbstbestimmung und struktureller Wirkmächtigkeit in der Identitätsausbildung eine hybride Lösungsmöglichkeit bietet. Denn in einem Zeitalter, in dem der Einzelne permanent mit Entscheidungssituationen konfrontiert wird, [21] erscheint die Vorstellung einer zumindest teilweisen selbstbestimmten Handlungsfähigkeit innerhalb spezifischer Denk- und Handlungsformen plausibler als Ansätze, die ein deterministisches Menschenbild vermitteln und von festen Identitätsformen ausgehen. Der Nachteil einer prozesshaft konzipierten Identität besteht in ihrer Relativität, die die Funktionalität von Identität vermindert. Wenn identitäre Erscheinungsformen im

Verhältnis zur Situation, personellen Konstellation usw. variieren und vielschichtige, unterschiedliche Ichvarianten jeweils gebildet werden, dann reduzieren sich langfristige und dauerhafte Orientierungsmuster als potentielle Identitätskategorien für den Einzelnen. Zwar lassen sich auch mittel- bzw. langfristige Merkmale wie Wertvorstellungen bilden, die dem Ich als Leitlinien in seinen Selbstbildern und Verhaltensweisen dienen. Einen „sicheren“ festen Platz in der Welt bzw. einen dauerhaft geltenden individuellen Lebenssinn vermitteln diese jedoch nur selten. Genau an dieser Schwachstelle von prozesshaft konzipierten Identitätsmodellen setzt der rechtspopulistische Identitätsentwurf an.

Quelle: Nicke, Sascha (2017): Der Begriff der Identität. Verfügbar unter http://www.bpb.de/politik/extremismus/rechtspopulismus/241035/der-begriff-der-identitaet (04.12.2020; 17.22 Uhr)

Arbeitsauftrag

Erläutern Sie die zwei im Text beschriebenen theoretischen Grundauffassungen: (1) Identität als Substanz und (2) Identität als Prozess.

M 2 Identitätskonstruktionen

(Bernadette Kneidinger)

In der Literatur wird immer wieder die Frage gestellt, inwiefern es sich bei der individuellen und der kollektiven Identität um ähnliche oder aber um grundsätzlich verschiedene Konzepte handelt. Gemäß der Theorie sozialer Identität von Henry Tajfel und John C. Turner (1986) ist die Entwicklung individueller Identität immer nur vor dem Hintergrund der sozialen Umwelt möglich. Umgekehrt sind kollektive Identitäten immer nur unter Rückbezug auf die Individuen, die sie vertreten möglich (vgl. Jenkins 1996: 19, Buckingham 2008: 6).

So betont auch Lützler (2001), dass individuelle Identitäten nie von den kollektiven Identitäten absorbiert werden. Zudem ist die Summe aller individuellen Identitäten immer anders als die kollektiven Identitäten an sich, da letztere durch Deklarationen, Manifeste und Programme mehr oder weniger abstrakt definiert sind. Auch der Prozess, in dem sie produziert, reproduziert und verändert werden, läuft bei beiden Konzepten analog ab, beide sind zudem „intrinsically social“. (Jenkins 1996: 19)

Interessant ist dabei, dass die unterschiedliche Selbst- und Fremdwahrnehmung abhängig davon ist, ob man sich als Individuum oder aber als Mitglied einer Gruppe sieht: Erfolgt die Selbst- und Fremdwahrnehmung vor dem Hintergrund einer Gruppenzugehörigkeit, so treten die Komplexität und Einzigartigkeit des einzelnen Individuums in den Hintergrund, während gleichzeitig die Unterschiede zwischen den Gruppen sowie die Gemeinsamkeiten innerhalb der Gruppen in den Vordergrund treten. Simon und Mummendey sprechen daher auch von zwei „Selbst-Interpretationsvarianten“: „zum einen die Selbst-Interpretation als Gruppenmitglied (die kognitive Einreihung in eine soziale Gruppe) und zum anderen die Selbst-Interpretation als einzigartiges Individuum“ (vgl. Simon/Mummendey 1997: 16). Buckingham schlussfolgert daher:

„As such, identity is a fluid, contingent matter – it is something we accomplish practically through our ongoing interactions and negotiations with other people. In this respect, it might be more appropriate to talk about identification rather than identity.“ (Buckingham 2008: 6)

Den größten Unterschied zwischen individueller und kollektiver Identität sieht Jenkins darin, dass die individuelle Identität stärker auf Unterschiede zielt, die kollektive hingegen stärker auf Ähnlichkeiten (Jenkins 1996: 19 f.). Jenkins geht bei seiner theoretischen Konzeption vor allem auf die Werke von Mead (1968), Goffman (1969) und Barth (1969) ein. Die grundlegende Voranname lautet bei Jenkins, dass Identität die notwendige Grundlage für soziales Leben ist und umgekehrt. Individuelle Identität ist ohne Einbindung in die soziale Welt anderer Menschen immer bedeutungslos. Individuen sind zwar einzigartig und unterschiedlich, aber ihr Selbst ist immer sozial konstruiert, d. h. steht immer im Bezug zu anderen Menschen. Genau genommen entsteht die individuelle Identität einerseits durch die Selbstwahrnehmung sowie die internale Selbstkonzeption, andererseits aber immer auch durch die externale Definition von anderen, die man in die Selbstdefinition mit aufnimmt. In diesem Punkt merkt man den starken Einfluss von Mead (1968), der ebenfalls zwischen dem I (dem eigentlichen Selbst) und dem „ME“ (den internalisierten Attributen des signifikanten Anderen) unterschied.

„This offers a template for the basic model which informs my whole argument, of the internal-external dialectic of identification as the process whereby all identities – individual and collective – are constituted.“ (Jenkins 1996: 20)

Goffman (1969) unterscheidet in diesem Zusammenhang zwischen dem „Selfimage“ und dem „Public Image“, d.h. jenem Bild, das wir sind und jenem Bild, das von uns gesehen werden soll. Interessant ist auch Goffmans (1967), „labeling perspective“, die ein Modell für die Platzierung der internal external Dialektik von individueller Identifikation in den sozialen Kontext darstellt. Dieses Modell lenkt die Aufmerksamkeit vor allem auf die externale Identifikation in der Konstituierung von individuellen Identitäten. Der prozessuale Charakter von Identität wird damit unterstrichen. Es reicht dabei nicht, dass von außen jemandem ein gewisses „Label“ gegeben ist, und es reicht auch nicht, dass sich jemand selbst dieses Label zuschreibt, vielmehr ist dazu ein mehrstufiger Prozess des Labelings notwendig, indem das Label für das Individuum Konsequenz hat, einerseits durch die Reaktionen anderer auf das Label, andererseits auch durch die Einbettung des Labels in das Selbst-Konzept. (vgl. Jenkins 1996: 79)

Gleichheit („inclusion“) und Einschluss gehen dabei immer einher mit Andersheit und Ausschluss („exclusion“). Wenn also Kriterien definiert werden, die darüber entscheiden, ob jemand zu einer Gruppe gehört, dann werden gleichzeitig Kriterien definiert, die darüber entscheiden, wer nicht dazu gehört. Grundsätzlich kann also gesagt werden, dass jeder Aspekt, den „wir“ gemeinsam haben, einen Unterschied zu den „anderen“ darstellt.

„Similarity and difference are always functions of a point of view: our similarity is their difference and vice versa. Similarity and difference reflect each other across a shared boundary. At the boundary we discover what we are in what we are not.“ (Jenkins 1996: 81)

Wichtig sind in diesem Zusammenhang Kategorisierungen, die die Einordnung von Individuen erleichtern und die Illusion ermöglichen, zu wissen, was uns bei anderen Menschen erwartet. Somit geht also die „group identification“ und die „social categorisation“ mehr oder weniger Hand in Hand (vgl. Jenkins 1996: 83).

Wichtig sind im Zusammenhang von kollektiven Identitätskonstruktionen auch immer gesellschaftliche Wandlungsprozesse, welche etwa in den „postmodernen Identitätskonzeptionen“ von Antony Giddens (1994), Ulrich Beck und Elisabeth Beck-Gernsheim (1994) oder Heiner Keupp (1999) diskutiert werden. Westliche Gesellschaften durchleben seit einigen Jahrzehnten tiefgreifende Wandlungsprozesse wie etwa erhöhte Mobilitätsraten, eine Dynamisierung von Berufsbildern und dem Arbeitsmarkt insgesamt, veränderte Bildungssituation, neu formierte Geschlechterverhältnisse, Familienstrukturen und eine allgemeine Tendenz zur Enttraditionalisierung (Bonfadelli 2008: 26). Derartig veränderte gesellschaftliche Rahmenbedingungen können zu Unsicherheit führen, die wiederum der Suche nach neuen Stützen der Identität wachsende Bedeutung zukommen lässt. War früher die Religion noch ein wichtiges Identifikationsinstrument, so spielt diese heute keine so große Rolle mehr. Auch die Rasse erscheint in Hinblick auf politische Korrektheit als keine geeignete Stütze der Identität. Was sich jedoch anbietet, ist der Staat bzw. die Nation als soziales Identifikationsmerkmal (vgl. Reiterer 2004: 78). Die Frage, die sich nun jedoch in einer Welt der zunehmenden Globalisierung stellt ist, inwiefern Staat und Nation auch in einer Welt, in der nationalstaatliche Grenzen zunehmend an Bedeutung verlieren, weiterhin als wichtige soziale Identifikationsmerkmale fungieren können.

All diese Ausführungen machen bereits sehr deutlich, dass die Messung von Identität ein sehr komplexes Unterfangen ist und eine derartig große Vielfalt an Facetten und Einflussfaktoren berücksichtigt werden muss, dass eine Analyse zu Identitäten zwangsläufig immer nur gewisse Ausschnitte, nie jedoch Identität in ihrer allumfassenden Gesamtheit, erfassen kann. Nicht zu unrecht konstatierte de Levita, dass der Begriff Identität „so viele Bedeutungen (...) wie es Theorien gibt, die ihn verwenden“ (de Levita 1971: 9) habe. So stellt sich bei der Verwendung dieser Begrifflichkeit unter anderem die Frage, ob man Identität aus der Sicht des Kollektivs oder aber aus der Sicht des Individuums behandeln möchte. Ist Identität etwas nur subjektiv Fassbares oder kann sie auch objektiv untersucht werden? Es gilt daher im Rahmen einer empirischen, aber auch theoretischen Analyse von Identitätskonzepten offen zu legen, welche Annäherung an den Identitätsbegriff gewählt wird. Eines der Ziele des theoretischen Teils dieser Arbeit ist es daher, unterschiedliche Identitätsfacetten und -ansätze aufzuzeigen und diese für eine Analyse von geopolitischen Identitätskonzepten nutzbar zu machen. In den inhaltsanalytischen Untersuchungen im Rahmen dieser Arbeit wird der Fokus weniger auf individuelle Identitätskonzepte einzelner Personen, als vielmehr auf einen aggregierten Ausdruck sozialer bzw. kollektiver Identität gelegt. Dies ermöglicht auch die Identitätsanalyse innerhalb der Social Network Site, indem hier bewusst auf die Konstruktion und Thematisierung innerhalb von Gruppierungen eingegangen wird und nicht Profile von Einzelpersonen die Basis der Untersuchung darstellen. Bei der Online-Befragung wird schließlich nach den individuellen Identitätskonzepten gefragt. Die Ergebnisse dazu werden jedoch anschließend ebenfalls auf aggregierter Ebene weiterbehandelt, da es weniger das Ziel ist, Aussagen über einzelne Personen zu treffen, als vielmehr gewisse Zusammenhänge und mögliche Wirkungsstrukturen in der Gesamtheit der befragten Personen zu erkennen.

Eine strenge Trennung der personalen / individuellen und der sozialen / kollektiven Identität wird somit bei der Untersuchung bewusst vermieden, da die Auffassung vertreten wird, dass sowohl Aspekte der individuellen Identität die kollektive Identität beeinflussen bzw. in diese Übergehen, als auch umgekehrt (vgl. u.a. Breakwell 2004: 28): Persönliche Erfahrungen, Sichtweisen, Einstellungen beeinflussen die individuelle Wahrnehmung und Zuordnung zu einer kollektiven Identität. Umgekehrt beeinflusst die kollektive Identität die persönliche Einschätzung individueller Erfahrungen, Sichtweisen und Einstellungen.

Eine strikte Trennung scheint daher wenig zielführend für das Forschungsinteresse dieser Arbeit. Identität wird zudem in einem engen Zusammenhang mit dem Zugehörigkeitsgefühl, d.h. mit dem Aspekt der Identifikation und selbstständigen Zuordnung einer Person zu einer Gruppe bzw. einer geopolitischen Einheit gesehen. Im Zentrum steht die Frage, wie sich Bürger innerhalb einer Region, Nation oder auch transnationalen Ebene selbst verorten und welche Identitätsfacetten mit dieser Verortung verbunden sind. Gleichzeitig wird untersucht, welche Angebote kollektiver Identität den Menschen in Printmedien bzw. im Social Network als „Vorlage" angeboten werden. Eine Analyse derartiger (oft medial vermittelter) Identitätsvorlagen bzw. -konstruktionen ist besonders in Hinblick auf die hohe Fluidität auch kollektiver Identitäten in der modernen Gesellschaft von besonderer Relevanz. Daher soll in der Folge kurz auf die Bedeutung derartiger „Medienidentitäten" eingegangen werden. (...)

Quelle: B. Kneidinger, *Geopolitische Identitätskonstruktionen in der Netzwerkgesellschaft*, Medien – Kultur – Kommunikation, DOI 10.1007/978-3-531-19253-6_4

Arbeitsauftrag

1. Arbeiten Sie die Unterschiede zwischen personaler / individueller und sozialer / kollektiver Identität heraus.
2. Stellen Sie dar, warum eine strikte Trennung zwischen diesen beiden Polen von Identität „wenig zielführend" ist.
3. Im Text wird von „gesellschaftlichen Wandlungsprozessen" (Z. 123 ff.) gesprochen. Erläutern Sie diese und geben Sie konkrete Beispiele.
4. Vergleichen Sie die im Text angesprochenen verschiedenen Darstellungen von Identität mit Ihnen bereits bekannten Identitätsmodellen, z.B. Hurrelmann / Bauer, Mead, Krappmann.

M 3 Identität: Antworten, Fragen, eine Definition und ein Ziel

(Heinz Abels)

Die Geschichte des Individuums in der Moderne ist die Geschichte einer doppelten Freiheit. Die eine Freiheit bezeichne ich als „Freiheit *zur* Individualität". Mit dieser Geschichte, die ich oben nachgezeichnet habe, beginnt aber auch die Geschichte der „Freiheit *von* einem einheitlichen gesellschaftlichen Orientierungsrahmen". Diese zweite Geschichte der Freiheit des Individuums ist von Anfang an in die andere eingewoben, und das vorläufige Ende dieser Geschichte ist bekannt: Die Moderne ist problematisch geworden, weil transzendentale Wahrheiten entzaubert wurden und die Lebenswelt, in der wir uns eigentlich sicher und zu Hause fühlen sollten, in eine Krise geraten ist. Das zu eigener Individualität freigesetzte Individuum sieht sich plötzlich vor eine Fülle von Optionen gestellt, die alle gleich Sinn machen. Rationalitäten haben sich pluralisiert, und deshalb gibt es bei vielen Entscheidungen – wenn man sie überhaupt trifft! – gute Gründe, sie auch anders zu treffen. Im raschen Wechsel der Moden des Denkens und Handelns ist das Risiko, die falschen Entscheidungen zu treffen, hoch. Gleichwohl muss das Individuum Entscheidungen treffen, und die Folgen seiner Entscheidungen gehen allein auf sein Konto. Das Individuum behilft sich, indem es sich nie ganz und schon gar nicht für die Ewigkeit festlegt, sich mehr oder weniger elegant über die Runden bringt und die Frage, wer es in all diesem eigentlich selbst ist, nicht aufkommen lässt. [...]

Ich beginne mit einem Zitat von Erik H. Erikson, auf dessen Theorie der Identität sich viele innerhalb und außerhalb der Soziologie immer wieder beziehen. Er schreibt: „Eine dauernde Sorge um seine Identität führt entweder zum Prahlen oder zum Klagen; man prahlt damit, dass man genau weiß, wer man ist (...), oder man beklagt sich darüber, dass man nicht weiß, wer man ist.“ (Erikson 1974, S. 140) In der ersten Hinsicht würde ich heute vorsichtiger formulieren. Leuten, die damit prahlen, genau zu wissen, wer sie sind, begegnet man heutzutage nur ganz selten, und wenn man überhaupt jemanden trifft, der das ungefragt von sich behauptet, dann kommt einem schnell der Verdacht, dass er im Grunde nur von sich eingenommen ist und sich und uns etwas vormacht. In der zweiten Hinsicht scheint mir Erikson ein Problem benannt zu haben, das sich heute noch genau so stellt. Wer sich wirklich fragt, wer er ist, findet oft keine Antwort. Mehr noch: Wem eine solche Frage in den Sinn kommt, hat den Eindruck, dass das, was Teil der Antwort sein könnte, von vielen Seiten bedroht ist.

In der Alltagssprache wird das Wort „Identität“ oft mit Situationen assoziiert, in denen ein Individuum in eine existentielle Krise gerät oder etwas verliert oder dass ihm etwas abgesprochen wird, was ihm unbedingt zukommt. Manchmal haben wir auch den Verdacht, dass jemand seine wahre Identität verbirgt oder dass ein anderer heute so und morgen so ist. Interessanterweise ist das ein Verdacht, den wir ganz selten gegenüber uns selbst haben. Wo das Individuum den Begriff Identität direkt mit sich selbst in Verbindung bringt, hat er oft auch eine ausgesprochen positive Bedeutung. Es assoziiert mit ihm eine Charakterstärke und die Überzeugung, dass es im Großen und Ganzen so ist, wie es ist und dass es im Kern auch immer so gewesen ist und sein wird. Überhaupt scheinen viele der Meinung zu sein, man könne beim Menschen nur dann von „Identität“ sprechen, wenn er in allen Situation „sich gleich“ sei (wenigstens im Prinzip!) und konsequent nach festen Grundsätzen handele. Interessanterweise ist diese Konnotation schon im lateinischen Ursprung des Wortes Identität angelegt, denn es kommt von „idem“, was übersetzt „derselbe“ oder „dasselbe“ heißt.

In diesem Sinne lässt sich auch lesen, wie der große Aufklärer Christian Wolff die Menschen als Personen definiert: Sie sind es deshalb, weil sie „eben diejenigen sind, die vorher in diesem oder jenem Zustand gewesen“ (Wolff 1720, § 924) sind. Je nachdem wie man die Worte betont, kann man diese Definition so interpretieren, dass sich der Mensch seiner vergangenen *Zustände* innewerden und sie im Lichte der Gegenwart reflektieren kann. 1. Man kann es aber auch so lesen, dass sie sich als *diejenigen*, das heißt als bestimmte, denen man etwas über alle Zustände hinweg zurechnen kann, erkennen. 2. Das würde nahe legen, die Person über Gleichheit und Kontinuität zu definieren. In der Alltagssprache wird das, wie gesagt, naiv getan.

Die Soziologie ist skeptisch, ob es eine solche gleiche und konstante Identität überhaupt gibt. Ich will Sie auf diese Skepsis und auf die verzweigte Diskussion einer Soziologie der Identität überhaupt vorbereiten, indem ich eine Frage formuliere, die Ihnen sicher auch schon gekommen ist. Die Frage lautet: „Wer bin ich?“. Man kann die Frage auch differenzieren, und dann lauten die aufeinander bezogenen „einfachen“ Fragen, wie ganz am Anfang schon erwähnt, so: „Wie bin ich geworden, was ich bin?“, „Wer will ich sein?“, „Was tue ich?“ und „Wie sehen mich die Anderen?“. Identität ist die Antwort auf diese Fragen.

Gehen wir die Fragen und mögliche Antworten, wie sie der gesunde Menschenverstand parat hat, im Einzelnen durch. Was die Frage nach der eigenen Biographie angeht, dürfte sich die Meinung, dass es da nichts zu diskutieren gäbe, breitester Zustimmung erfreuen. Die Vergangenheit sei Vergangenheit, und daran versuchten nur Lügner und Täuscher etwas zu ändern. Wir, die wir zwar manches vergessen, aber nichts verdrehen, „wissen“, wie es war, und deshalb ergibt sich unser Bild von uns auch konsequent aus einer Vergangenheit, die so ist wie sie ist, und deshalb ist das Bild von uns auch immer gleich. Soziologen haben da ihre Zweifel! Die Erinnerungen daran, wer wir in welchen Situationen waren und was wir erfahren haben, sind weder vollständig, noch eindeutig.

Das Wissen um die eigene Biographie und damit um die aus ihr erwachsene Struktur des eigenen Handelns steht nicht fest, sondern wandelt sich. Es gibt unmerkliche Revisionen der eigenen Geschichte. Manchmal vergisst man einfach, was man früher war und wollte, manchmal bringt man es unmerklich auf Vordermann. Dann findet man auch neue Erklärungen, warum man in einer bestimmten Weise handelt, und unter der Hand werden auch die Ziele des Handelns immer wieder neu definiert. Wir erinnern uns immer nur an das, was unser *aktuelles* Bild von uns bestätigt. Schon das ist also eine Konstruktion. Das mag die betrüben, die meinen, sie seien sich immer treu geblieben und würden ihr Fähnchen nicht nach dem Wind hängen. Doch um diesen frommen Wunsch geht es nicht, sondern um die Tatsache, dass das Individuum nicht allein auf einer Insel und in einer konstanten Umwelt lebt, sondern in sozialer und symbolischer Wechselwirkung mit zahlreichen, wechselnden Anderen und in einer dynamischen, komplexen Welt. Wer meint, dass er davon nicht beeindruckt wird, kommt für eine soziologische Betrachtung nicht in Frage. Wer meint, dass er umso rigider an seinem Bild von sich selbst festhalten müsse, wird möglicherweise den Anschluss an die Optionen des kulturellen und sozialen Wandels verpassen.

Damit will ich keineswegs jemanden ermuntern, das Fähnchen der Identität gar nicht erst aufzustellen. Ich will nur vor einer zwanghaften Vorstellung warnen, man sei nur dann identisch, wenn man unbeirrt *starren* Prinzipien folgt. Umgekehrt heißt das natürlich nicht, dass wir uns überhaupt nicht über Bedingungen und Prinzipien unseres Denkens und Handelns klar werden sollten. Das müssen wir sehr wohl – denn sonst wissen wir nicht wirklich, wer wir sind. Aber wir sollten die Muster unseres Denkens und Handelns immer in dem Bewusstsein identifizieren, dass wir die Verbindung zwischen unserer Vergangenheit und einer möglichen Zukunft *selbst* herstellen. Um diese in Angriff zu nehmen, muss sich jene gefallen lassen, dass wir früheres Handeln wie Nichthandeln, Ereignisse und ausgebliebene Erfahrungen neu bewerten und dass wir uns in einem neuen Licht sehen. Wenn wir die Zukunft als Chance denken wollen, müssen wir gegebenenfalls einen neuen Anlauf aus unserer Biographie nehmen!

Damit bin ich bei der zweiten Frage: „Wer will ich sein?" Sie zielt auf das Bild von uns in einer für möglich gehaltenen Zukunft. Diese Zukunft liegt in jedem Augenblick unseres Handelns unmittelbar vor uns. Identität ist also auch immer neuer Entwurf. Auf diese Zukunft hin muss die Vergangenheit gegebenenfalls neu bedacht werden. Wer sich z.B. vornimmt, ab morgen ein ganz neuer Mensch zu sein, und das ernsthaft in Angriff nimmt, wird sich nicht an alle Niederlagen erinnern dürfen, die er bei ähnlichen Vorhaben hat einstecken müssen. Er wird sie höchstwahrscheinlich nicht ganz vergessen können, aber vielleicht wird er bei gründlicher Durchsicht des Lebens Kerne von Mut oder Selbstbewusstsein in ihnen entdecken. Die Hoffnungen, die ich mit solchen Rekonstruktionen verbinde, können Sie nachvollziehen, wenn Sie das letzte Wort im Zitat von Jan Assmann betonen. Identität ist Feststellung, wer wir aufgrund unserer Biographie sind, und zugleich Entwurf. Wir müssen in der Lage sein, eine Geschichte über uns zu erzählen, die unser Denken und Handeln vor der Zukunft sinnvoll integriert.

Quelle: Abels, Heinz (2017): Identität. Berlin: Springer, S. 193–197

Arbeitsauftrag

„*... wir sollten die Muster unseres Denkens und Handelns immer in dem Bewusstsein identifizieren, dass wir die Verbindung zwischen unserer Vergangenheit und einer möglichen Zukunft selbst herstellen.*" (Z. 160 ff.) Erläutern Sie dieses Zitat.

M 4 Wodurch bleibt die Jugendphase signifikant?

(Ullrich Bauer)

Habermas identitätstheoretischer Ansatz, der aus den Vorarbeiten zur „Theorie des kommunikativen Handelns" (Habermas 1981) stammt, ist heute weitgehend vergessen worden. Er ist, was durchaus eine Parallele der Auseinandersetzung zu Bourdieu darstellt, entstanden durch Kritik am vorherrschenden Integrations- und Konformitätsmodell der Sozialisationsforschung der 1960er Jahre und dem damit korrespondierenden Anpassungskonzept der funktionalistischen Rollentheorie. Jürgen Habermas galt diesbezüglich als der vielleicht interessanteste deutschsprachige Vertreter einer „kritischen Rollentheorie", der ein eigenes Modell der Persönlichkeits- und Identitätsentwicklung entworfen hat. Dieses Modell (Habermas 1973, s. auch Abb. 1) beinhaltet, dass die „Rollenidentität" der Heranwachsenden nur eine Stufe auf der Entwicklung zu einer potenziell autonom handlungsfähigen Persönlichkeit darstellt. Habermas unterscheidet die frühe „natürliche Identität“ des Kleinkindes, dessen Bedürfnisse die Befriedung vitaler Interessen beinhaltet. Die sich in der frühen Kindheit anschließende „Rollen-Identität“, die die Konturen eines lebenslangen Prozesses der Lern- und Adaptionsfähigkeit des Individuums betont; sie ist durch jenes durch Vergesellschaftung erzeugte Vermögen gekennzeichnet, sich in ein soziales System integrieren zu können, sie ist lebenslang offen und durch ständige Lernprozesse charakterisiert. Das Kontinuum menschlicher Persönlichkeitsentwicklung schließt die Stufe der „Rollen-Identität“ allerdings nicht ab. Habermas tritt hier als Vertreter der kritischen Rollentheorie auf und wendet sich gegen die vorherrschende Lehrmeinung einer strukturfunktionalistischen Position. Habermas behauptet, dass Heranwachsende im Idealfall in der Lage sind, die dritte und damit höchste Stufe der Identitätsentwicklung zu erreichen, die Ausbildung einer „Ich-Identität“. „Ich-Identität“ bezeichnet ein sprach- und handlungsfähiges Subjekt, das sich von den Anforderungen in der Gestalt sozialer Rollenerwartungen emanzipiert und Handlungsautonomie auch gegen die Rigidität auferlegter Rollenzwänge aufrechterhält.

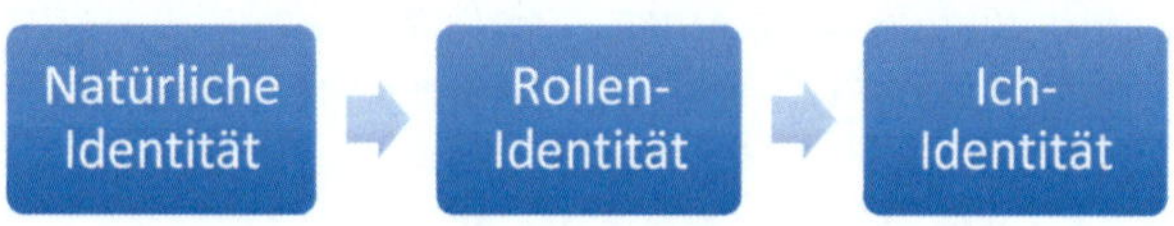

Abb. 1 Das Identitätsmodell von Jürgen Habermas. Eigene Darstellung

Das Identitätsmodell von Habermas ist denkbar einfach, aber herausragend in der Zeit seiner Entstehung, weil es einer sozialisationstheoretischen Perspektive damals ermöglichte, die Engführung auf die Integrationsfunktion im Sozialisationsprozess zu überwinden. Hier ist eine zeitgemäße Rezeption der Kritik an der funktionalistischen Rollentheorie (Wrong 1961) mit dem eigenen Ansatz von Habermas verschmolzen (der Entwicklung von Autonomie- und Vernunftfähigkeit des Individuums). Was die an Habermas anschließende Rezeption allerdings übersehen hat, ist, dass mit der Kategorie der „Ich-Identität“ eine mögliche, nicht aber notwendige Folge der Sozialisation Heranwachsender verbunden ist. Habermas hat die Erlangung einer „Ich-Identität“ als durchweg prekäre, von Reifekrisen und kumulativen Lernprozessen begleitete Entwicklung der Persönlichkeit dargestellt. Sie ist die Bedingung autonomer Handlungsfähigkeit des Individuums, ohne dass diese Bedingung zugleich von allen Heranwachsenden erfüllt wird bzw. werden kann.

Für Habermas selbst ist die Problematik einer fehlerhaften Rezeption seiner Annahmen aber noch nicht relevant. Im Vordergrund seiner sozialisationstheoretischen Auseinandersetzung steht die Distanzierung von der Rollentheorie und ihrer Implikationen für die Autonomie- und Vernunftfähigkeit der Individuen. Im Hintergrund dieser Entwicklung erfolgt in der Psychologie ein Paradigmenwechsel, der das behavioristische Denken überwindet und den ersten Höhepunkt der kognitiven Wende erlebt. Von diesem Zeitpunkt an steht das Subjekt mit seinen Lern- und Entwicklungsmöglichkeiten im Mittelpunkt der Diskussion. Habermas reflektiert dies und übersetzt in seine Vorstellung der Entwicklung von Identität. Ihn interessieren nicht die Sequenzen der Entwicklungsschritte kognitiver Fertigkeiten, sondern die qualitativen Sprünge der Entwicklung von Autonomie: Von der gleichsam bewusstseinslosen natürlichen Identität zur Förderung von begrenzter Autonomie innerhalb der Phase der „Rollen-Identität“ (weil sich Räume erweitern) zur potenziellen Stufe einer „Ich-Identität“, die dadurch gekennzeichnet ist, dass Autonomie des Handelns entsteht, wenn der Mechanismus der Selbst-Reflexion einsetzt und Zwänge des eigenen Handelns reflektiert und durch Diskurse reflexionsfähig gemacht werden.

Quelle: Bauer, Ullrich (2020) Wodurch bleibt die Jugendphase signifikant? Die theoretische Verortung der Jugendphase zwischen Habitusgenese, Autonomiebestreben und intensiver Mentalisierung. In: Andreas Heinen, Christine Wiezorek und Helmut Willems (Hg.) Entgrenzung der Jugend und Verjugendlichung der Gesellschaft. Zur Notwendigkeit einer »Neuvermessung« jugendtheoretischer Positionen. Weinheim: Beltz Juventa, 54–70.

Arbeitsauftrag

Diskutieren Sie, was eine pädagogische Fachkraft über die im Text beschriebene Entwicklung von »natürlicher Identität« über »Rollen-Identität« zur »Ich-Identität« wissen sollte. Beziehen Sie bei Ihren Überlegungen konkrete Arbeitsfelder (z. B. Kindertagesstätte, stationäre Jugendhilfe, Schulsozialarbeit) mit ein.

M5 Identität – Werte – Weltdeutung
(Nils Köbel)

Die dargestellten entwicklungspsychologischen Identitätstheorien erfuhren neben ihrer großen Zustimmung und Weiterführungen auch zunehmend Kritik durch sozial- und kulturwissenschaftliche Untersuchungen, die die Postulierung einer nach geordneten Phasen und Strukturen ablaufenden Identitätsbildung in engem Zusammenhang mit den gesellschaftlichen Ordnungsgefügen des frühen und mittleren zwanzigsten Jahrhunderts sahen. So konnte Erik Erikson in seinem Lebens- und Arbeitsumfeld noch davon ausgehen, dass Individuen in relativ stabile Sozialstrukturen eingebettet sind, die klare lebensphasen-spezifische Erwartungen an eine Person richten. Bis in die zweite Hälfte des zwanzigsten Jahrhunderts sind festgefügte kulturelle Normen, Konventionen und Rollenbilder vergleichsweise verlässlich und stabil; ein gelungenes Leben zeichnet sich in den meisten Milieus durch eine reibungslose Übernahme von gesellschaftlichen Regeln und Rollenmustern aus.

Jedoch setzen im Zuge der zunehmenden modernen Industrialisierung und Globalisierung auch Veränderungsprozesse ein, die immer stärkeren Einfluss auf die Lebensentwürfe von Menschen haben. Diese Veränderungen werden soziologisch häufig als Modernisierungs- und Pluralisierungsprozesse bezeichnet (Beck 1986): Die soziale Struktur wird zunehmend durchlässiger, Herkunft und gesellschaftlicher Status prägen zumindest in bürgerlichen Schichten nicht mehr zwangsläufig die individuellen Lebensentwürfe, es werden zunehmend Freiräume der eigenen Selbstbestimmung möglich. Bildung und individuelle Leistung etablieren sich immer stärker als allgemeingültige Maßstäbe für die soziale Bewertung von Lebensentwürfen Einzelner; das Ethos des Erfolges und der Tüchtigkeit tritt zunehmend in den Vordergrund. Ab der zweiten Hälfte des zwanzigsten Jahrhunderts beschleunigen sich diese Prozesse der Pluralisierung durch globalisierte Marktstrukturen, Demokratiebewegungen und technologische Innovationen insbesondere im Kommunikationsbereich. Verlässliche Traditionen, verankerte Bräuche und fest gebundene Wertvorstellungen werden durch diese tiefgreifenden gesamtgesellschaftlichen Veränderungen tief erschüttert. Für das Individuum bedeutet dieser Wandel einen „riesigen Schritt weg vom Schicksal hin zur freien Entscheidung" (Berger 1999, S. 95): Anders als die traditionale Gesellschaft gibt die globalisierte Moderne der einzelnen Person nun keinen Lebensentwurf mehr vor, sie kann und muss selbst bestimmen, welche gesellschaftlichen Strukturen und Funktionen sie in Anspruch nehmen will und wie sie ihr Lebensskript gestalten möchte (Kaufmann 1989; Gabriel 1992; Fend 2000; Grom 2000; Keupp 2002).

Durch die zunehmende Ausdifferenzierung befinden sich Personen in modernen Gesellschaften in nebeneinander bestehenden Lebenskontexten, was zu einer Fragmentierung von Erfahrungen führen kann: Sind in traditionalen Gesellschaften Arbeit, Freizeit, Freundschaften und Berufsrollen eng miteinander verbunden, so kann sich in modernen Gesellschaften das Gefühl einstellen, dass tiefe Gräben zwischen den privaten und den beruflichen Lebenssphären existieren. Die von den klassischen Entwicklungstheorien beschriebene Herausbildung einer personalen Ganzheit erfordert unter diesen Bedingungen mitunter viel Geschick und Kreativität in der Lebensführung. Durch die sich rasant entwickelnden Kommunikationstechnologien verändert sich zudem das Zeitempfinden von Menschen, und auch die traditionell für Stabilität zuständige Identitätsgrundlage Arbeit wird zunehmend unsicher. Die Sichtung dieser gesamtgesellschaftlichen Veränderungsdynamiken führt dazu, dass postmoderne Identitätstheoretiker die strukturalen Identitätsmodelle um flexiblere, praxisorientierte Zugänge ergänzen. Identität wird dann nicht als stabile Stufenabfolge, sondern als offener Konstruktionsprozess verstanden, der sich als immer wieder auszuhandelnde Gelenkstelle zwischen Individualität und Gesellschaft bewähren muss.

Die Einheit der Persönlichkeit bricht auf, es bilden sich den differenzierten Kontexten moderner Gesellschaften entsprechende Teilidentitäten heraus, die durch eine immerwährende Integrationsarbeit zu einem kohärenten personalen Selbst verbunden werden müssen. Bezugnehmend auf die soziologischen Studien Pierre Bourdieus werden die hierfür notwendigen sozialen, kulturellen und materiellen Ressourcen, die einer Person für ihre Identitätsarbeit zu Verfügung stehen, analysiert (Bourdieu 1987). Identitätsentwicklung zielt in der Moderne somit nicht auf Eindeutigkeit, sondern vielmehr auf die Herstellung eines konfliktorientierten Spannungszustandes, der sich in einer

'Ambiguitätstoleranz' zeigt, in einem Aushalten von nebeneinander existierenden Ernährungszuständen (Keupp 2002).

Quelle: Köbel, Nils (2018): Identität – Werte – Weltdeutung. Zur biographischen Genese ethischer Lebensorientierungen, Weinheim/Basel: Beltz Juventa

Arbeitsauftrag

1. Erläutern Sie, was unter Modernisierungs- und Pluralisierungsprozessen zu verstehen ist.
2. *„Identität wird dann nicht als stabile Stufenabfolge, sondern als offener Konstruktionsprozess verstanden"* (Z. 82 ff.). Erläutern Sie diese Aussage.
3. Reflektieren Sie Ihre eigene Biographie und versuchen Sie in Ihrer Entwicklung Beispiele zu finden.

M 6 Alle an einem Tisch. Identitätspolitik und die paradoxen Verhältnisse zwischen Teilhabe und Diskriminierung

(Aladin El-Mafaalani)

Interessenvertretung und Identitätspolitik

Mit zunehmender Integration wachsen der Gleichheitsanspruch und die Erwartung von Minderheiten und benachteiligten Gruppen, zur Gemeinschaft dazuzugehören. Dies führt zur Neuaushandlung von Privilegien mit der möglichen Folge, dass die dominanten Gruppen der Gesellschaft um ihre Privilegien bangen. An dieser Stelle werden Identitätspolitiken von verschiedenen Seiten wahrscheinlich: Minderheitenangehörige können sich – bildlich gesprochen – am Tisch zusammenschließen, um ihren jeweiligen Interessen Nachdruck zu verleihen. Dominante Gruppen können hingegen versuchen, über Ausschlusskriterien ihre Privilegien zu sichern. Es kann auf beiden Seiten zu komplexen Gruppenbildungsprozessen kommen – und nicht selten bestimmen am Ende die Merkmale Herkunft und Religion, wer zur Identität oder Gruppe gehört und wer nicht.

Auch wenn Identität heute immer weniger ursächlich für die Stellung einer Person in der Gesellschaft ist, nimmt sie im öffentlichen Diskurs einen immer größeren Raum ein. Offene Gesellschaften ermöglichen nämlich Verdichtung und Spaltung zur gleichen Zeit: Erst wenn viele am Tisch sitzen (Verdichtung), kann es dort zu Differenzen kommen (Spaltung). Eine solche Spaltung in der Verdichtung muss nicht grundsätzlich problematisch sein. Sie wird es erst dann, wenn die offene Gesellschaft und die liberale Demokratie zur Disposition gestellt werden.

Identitätspolitik hat auf die Gesellschaft unterschiedliche Auswirkungen, je nachdem ob sie von benachteiligten Gruppen beziehungsweise Minderheiten ausgeht oder von dominanten Gruppen beziehungsweise Angehörigen der Mehrheit. Was in Deutschland und Europa als „Rechtsruck" beziehungsweise Rechtspopulismus, in Nordamerika als backlash bezeichnet wird, ist Ausdruck einer solchen identitären Mobilisierung für den sozialen Ausschluss und gegen die offene Gesellschaft, getragen von Teilen dominanter Bevölkerungsgruppen.[8] Hierbei wird in der Regel das Ziel der gesellschaftlichen Restauration verfolgt und kulturelle Hegemonie angestrebt, während es bei identitätspolitischen Bewegungen von benachteiligten Gruppen eher um mehr Anerkennung geht. **(...)**

Die Diskrepanz zwischen Anspruch und Wirklichkeit sowie die identitätspolitisch geprägten Diskurse können zu einer gesellschaftlichen Überhitzung führen. So besteht die Gefahr einer sich selbst erfüllenden Prophezeiung. Weichen die Erwartungen für eine längere Zeit zu stark von der erlebten Wirklichkeit ab, kann es zur Folge haben, dass die gesellschaftlichen Verhältnisse beziehungsweise Zustände „falsch" interpretiert werden, was wiederum dazu führt, dass die Akteure ihr Verhalten nach der „falschen" Interpretation ausrichten. Das angepasste Verhalten kann dann zu neuen Verhältnissen führen, die die „falsche" Interpretation bestätigen. Die realen Verhältnisse würden sich schließlich zunehmend verschlechtern.

Ein Beispiel für eine solche sich selbst erfüllende Prophezeiung ist etwa folgende Stadtteilentwicklung: Ein Stadtteil ist objektiv gesehen nicht außergewöhnlich gefährlich. Allerdings wird er von Vielen öffentlich immer wieder als No-go-Area bezeichnet. Diese Zuschreibung wird im Laufe der Zeit von immer mehr Menschen angenommen. Lokale Journalisten fangen an, die Geschehnisse vor Ort besonders aufmerksam zu beobachten, und berichten über jedes kriminelle Vergehen – womit gleichzeitig die Berichterstattung über Kriminalität in anderen Stadtteilen vernachlässigt wird. Dadurch taucht der Stadtteil in der Presse regelmäßig in negativen Meldungen auf. Mittlerweile fürchten sogar die Bewohner des Stadtteils Gefahren und vermeiden es, sich abends im Viertel zu bewegen. Bereits jetzt wird es gespenstisch auf den Straßen, ohne dass es dafür einen nachweisbaren Grund gibt. Die Folge kann anschließend sein, dass sich kriminelles Verhalten in diesem Gebiet etabliert, weil zum Beispiel leere Straßen immer auch bedeuten, dass es weniger Augenzeugen bei Straftaten gibt. Schlussendlich ist das Viertel tatsächlich eine No-go-Area geworden. Die realen Verhältnisse haben sich den nicht korrekten Erwartungen und Deutungen angeglichen. Diese Mechanismen ließen sich auf unzählige andere Sachverhalte übertragen.

Solange wir Komplexität und Konflikte negativ konnotieren, spielen alternative Fakten und gefühlte Realitäten eine immer größere Rolle. Vielmehr erfordern die gesteigerte Komplexität der Gesellschaft und das zunehmende Konfliktpotenzial einen Perspektivwechsel. Der Kitt, der die offene Gesellschaft zusammenhält, bildet sich aus Konflikten und dem konstruktiven Umgang mit ihnen. [9] Hierfür lohnt es, sich daran zu erinnern, dass die größten sozialen Innovationen gesellschaftliche Konflikte als Ausgangspunkt hatten. Hierzu gehören nicht zuletzt die Demokratie, die Bürger- und Menschenrechte und der Sozialstaat. Hingegen ist konfliktfreier sozialer Fortschritt den Historikern nicht bekannt.

Quelle: El-Mafaalani, Aladin (2019): Alle an einem Tisch. Identitätspolitik und die paradoxen Verhältnisse zwischen Teilhabe und Diskriminierung (Essay). Aus Politik und Zeitgeschichte 69 (2019), S. 9–11. In: H-Soz-Kult, 02.05.2019. Verfügbar unter www.hsozkult.de/journal/id/zeitschriftenausgaben-11712 (04.12.2020; 17:56 Uhr)

Arbeitsauftrag

1. *„Mit zunehmender Integration wachsen der Gleichheitsanspruch und die Erwartung von Minderheiten und benachteiligten Gruppen, zur Gemeinschaft dazuzugehören. Dies führt zur Neuaushandlung von Privilegien mit der möglichen Folge, dass die dominanten Gruppen der Gesellschaft um ihre Privilegien bangen." (Z. 740ff.).*

   Geben Sie Beispiele für die hier genannten Gleichheitsansprüche und Neuaushandlungen an. Diskutieren Sie im Nachgang mögliche Konsequenzen für pädagogische Institutionen, wie z. B. für Kindertagesstätten, die verpflichtend sind, Erziehungs- und Bildungspartnerschaften (vgl. Kinderbildungsgesetz) mit den Eltern der Kinder einzugehen. Oder: Diskutieren Sie, was dieser Anspruch für Schulen bedeuten kann.
2. Im Text wird ein Beispiel für eine sich selbst erfüllende Prophezeiung gegeben, aufgrund von gesellschaftlicher Überhitzung. Finden Sie weitere Beispiele.
3. Diskutieren Sie die Bedeutung selbsterfüllender Prophezeiungen für pädagogisches Handeln.

M 7 Uneindeutigkeit und der Umgang mit Ambiguität: Orientierungen junger Heranwachsender mit und ohne Zuwanderungsgeschichte

(Haci-Halil Uslucan)

Die Litanei über den moralischen Verfall der Jugend ist so alt wie das Nachdenken über Moral und Generationen insgesamt: „Der Jugend von heute fehlt es an Anstand und Sitte; sie ist verroht und brutal; sie kennt kein Mitleid und keine Empathie mit den Schwächeren; sie hat keinen Respekt vor den Alten."

Noch größer ist gegenwärtig die Empörung, wenn es sich dabei um Jugendliche mit Zuwanderungsgeschichte handelt, denn dann wird ungewollt ein archaisches und bedrohliches Bild, und zwar das des „fremden, unzivilisierten Ruhestörers", wachgerufen.

Aber wir sollten Folgendes nicht vergessen: Die Phase der Jugend wird in allen Gesellschaften als eine höchst prekäre und gefährdete Phase wahrgenommen. Die Jugend ist ein Schwellenzustand, in dem gravierende physische (Pubertät) und psychische Umbrüche (aktive Identitätsentwicklung) stattfinden: Einerseits kann der Jugendliche den Schutz- und Schonraum des Kindes für seine Handlungen nicht mehr beanspruchen; andererseits hat er aber auch noch nicht die uneingeschränkten Möglichkeiten der Partizipation an der Lebenswelt des Erwachsenen.

Zugleich stehen Jugendliche in modernen Gesellschaften unter gesteigerten Entscheidungsoptionen und zugleich erhöhtem Entscheidungsdruck, das heißt, sie können und müssen heute mehr entscheiden denn je (Beck, 1986). Ihnen öffnen sich neue Chancen, aber ebenso auch neue Risiken. Dieser Anstieg von Gestaltungsmöglichkeiten bedeutet, dass Jugendliche immer mehr zu Entscheidungsträgern werden, gleichzeitig werden

Kriterien für Entscheidungen immer subjektiver, weil traditionale oder standes- und herkunftsspezifische Vorgaben mehr und mehr ihre Verbindlichkeit einbüßen.

Fokussiert man den Blick auf Jugendliche mit Zuwanderungsgeschichte, so wird deutlich, dass diese von diversen Belastungsmomenten betroffen sind. So ist beispielsweise zu erwarten – um beim Beispiel der türkeistämmigen Migrantengruppe zu bleiben –, dass türkische Migrantenfamilien bzw. türkeistämmige Jugendliche einem starken Akkulturationsstress und lebensweltlichen Verunsicherungen unterworfen sind. Sie haben in dieser Lebensphase mehrere Entwicklungsaufgaben zugleich zu bewältigen: Von ihrer frühen Sozialisation an beginnen Kinder und Jugendliche mit Zuwanderungsgeschichte, in mindestens zwei kulturellen Bezügen zu denken und sich zumindest geistig alternative Handlungsoptionen vorzustellen. Sie haben sich in der frühen Adoleszenz – zusätzlich zur allgemeinen Entwicklungsaufgabe, eine angemessene Identität und ein kohärentes Selbst zu entwickeln (personales Selbst) und ein soziales Selbst mit gemeinsamen Werten und Normen auszubilden – auch noch mit der Frage der Zugehörigkeit zu einer ethnischen Minderheit auseinanderzusetzen und eine „ethnische Identität" zu entwickeln. Ihre Identitätsbildung ist also von dieser dreifachen Spannung durchzogen.

Dies bedeutet einerseits große biographische Anforderungen, schafft andererseits für viele von ihnen auch ein größeres Erprobungsfeld gelingender Identität. Denn ethnische Identitäten entstehen in der Regel erst im Kontakt von Menschen unterschiedlicher Herkunft und dem Gefühl der Bedrohung eigener Identität (Phinney 1998). Die ethnische Identität wird Zuwanderern vielfach erst in der Migrationssituation als eine zentrale Dimension ihrer Persönlichkeit bewusst.

Gerade Jugendliche, die in einem multikulturellen Kontext leben und die Mehrheitskultur womöglich als ablehnend, feindlich und diskriminierend erleben, sind stärker der Gefahr ausgesetzt, ein gebrochenes Selbstbild zu entwickeln, weil sie der Wertschätzung durch andere, die ein zentraler Mechanismus der Identitätsstabilisierung darstellt, nicht immer gewiss sind.

Psychologisch betrachtet sind kritische Distanz und reflexives Verhalten gegenüber Normen wichtige Momente der Identitätsentwicklung. Zuwanderer befinden sich oft in einer Position, in der sie sowohl zu eigenkulturellen als auch zu mehrheitskulturellen Normen eine kritische Distanz entwickeln müssen. Denn sie müssen einerseits über die Differenz zum Anderen die eigene Identität wahren, sich andererseits aber auch um Partizipation bemühen und das Fremde ein Stück weit übernehmen. In der Begegnung mit den Anforderungen und der „moralischen Ordnung" der hiesigen Gesellschaft entdecken sie zu Recht kritikwürdige Aspekte der Herkunftsgesellschaft – einer Herkunftsgesellschaft, die sie oft nur noch über ihre Eltern und Großeltern kennen.

Diese Konstellation fördert die Fähigkeit zur Rollendistanz – ein wichtiger Aspekt gelingender Identität. Darüber hinaus sind sie in ihrem Alltag häufiger als Einheimische mit Situationen konfrontiert, in denen Ambiguitätstoleranz gefordert wird, weil eine Unvereinbarkeit von unterschiedlichen kulturellen Zielen und Anforderungen erkannt wird. Ambiguitätstoleranz ist in der Moderne eine enorm wichtige Ressource: Wir müssen heute viel häufiger mit Ambiguitäten, Widersprüchen, Unvereinbarkeiten, inkompatiblen Zielen und Erwartungen umgehen, als dies in der Vergangenheit der Fall war.

Eine Zuwanderungsgeschichte ist insofern keine Defizit- oder Mangelsituation, sondern angesichts erhöhter Ambiguitätstoleranz eine potenzielle Stärke. Bikulturalität lässt sich daher auch als Ressource verstehen, die Personen bemächtigt, „in vielen Traditionen zu Hause" zu sein und ein flexibles Selbst zu entwickeln, das dennoch unterschiedlichen Anforderungen gerecht werden kann. Deshalb sind – gerade mit Blick auf Jugendliche mit Zuwanderungsgeschichte – die bisherigen Deutungsschemata, die das „Zwischen-Zwei-Stühlen-Stehen" vornehmlich als eine Zerrissenheit, Belastung und Überforderung verstehen, zu revidieren: Diese Nicht-Festlegung der Identität in der Jugend kann entlang der Arbeiten von Marcia (1989) als eine durchaus angemessene Antwort auf heutige Anforderungen, sich in einer pluralen Gesellschaft multikulturell zu orientieren, betrachtet werden.

Marcia spricht von einer kulturell adaptiven Form der Identitätsdiffusion insbesondere in Zeiten rapiden ökonomischen und sozialen Wandels. Diese Deutung lässt sich auch auf die Identitätsentwürfe Jugendlicher anwenden: So kann es für einige von ihnen angesichts ungeklärter Bleibeperspektiven ihrer Eltern, ungeklärter Fragen zur Einbürgerung bzw. der doppelten Staatsbürgerschaft usw., also immer dort, wo gesellschaftliche Bedingungen Unverbindlichkeit und Indifferenz nahelegen, im Einzelfall auch hilfreich sein, sich etwa in seiner ethnischen Identität nicht ganz festzulegen bzw. sich andere Optionen offen zu halten sowie hybride Identitäten, etwa deutsch-türkisch oder deutsch-arabisch oder deutsch-italienisch etc. zu entwickeln.

Quelle: Uslucan, Haci-Halil (2015): Uneindeutigkeit und der Umgang mit Ambiguität: Orientierungen junger Heranwachsender mit und ohne Zuwanderungsgeschichte. Verfügbar unter http:///www.ufuq.de/identitaet-und-moral-orientierungen-junger-heranwachsender-mit-und-ohne-zuwanderungsgeschicht/ (03.12.2020; 15:46 Uhr)

Arbeitsauftrag

1. Die Jugendphase ist die erstmalige Chance so etwas wie eine eigene Identität aufzubauen. Dabei orientieren sich Jugendliche an Angeboten in ihrer unmittelbaren Umgebung. *„Wir müssen heute viel häufiger mit Ambiguitäten, Widersprüchen, Unvereinbarkeiten, inkompatiblen Zielen und Erwartungen umgehen, als dies in der Vergangenheit der Fall war.“* Uslucan sieht in dem Aufwachsen in multikulturellen Kontexten eine Chance zum Aufbau identitätsfördernder Qualifikationen. Nehmen Sie dazu vor dem Hintergrund von »Prinzip 9« des MpR kritisch Stellung.
2. *„Das Zusammenspiel von Identität und Bildung kommt insbesondere in multikulturellen Gesellschaften voll zum Tragen, denn längst ist »diversity« nicht mehr nur irgendein Modebegriff aus dem Feuilleton. Das Zusammenleben in Deutschland und anderswo ist heute bunter als noch vor einigen Jahrzehnten. Dennoch gibt es Vorbehalte, Angst, ja manchmal vielleicht sogar Hass“* (Tomas Philipp 2007). Erörtern Sie, wie pädagogische Institutionen auf diese Beobachtung reagieren sollten.

Weiterführenden Aufgabe (Forschungsprojekt)

Führen Sie ein Leitfadeninterview durch! Was darüber zu verstehen ist, entnehmen Sie den nachfolgenden Informationen.

Im Rahmen der Identitätsforschung geht es unter anderem darum, lebenslaufspezifische Herausforderungen als Ankerplätze zu identifizieren, die es erlauben, Hypothesen darüber aufzustellen, warum eine Person zu der Person geworden ist, die sie »heute« ist. Eine solche Idee findet sich z. B. in der Biographieforschung wieder.

Befragen Sie zum Beispiel eine Person über 65 Jahre nach ihrer Kindheit und Jugendzeit und Sie erfahren etwas über die Lebenswelten, in denen diese Person groß geworden sind. Befragen Sie Personen zwischen 30 und 45 Jahren. Befragen Sie sich selbst. Gibt es Parallelen und Unterschiede. Der Lohn Ihrer Mühen können erste Einsichten in das „Generationenverhältnis“ sein.

Für die Planung und Entwicklung von Fragen können Sie neben den Informationen aus den obigen Texten auch auf folgende Stichworte zurückgreifen: gesellschaftliche Veränderung, Bindung, Resilienz, Transitionen, Bildung, Schule, Beruf, Familie, Eltern, Geschwister, Großeltern, Erziehung, Mode, Sport, wichtige Ereignisse, Freunde, Freundschaften, Liebe, Geschlechterverhältnis, Wohnverhältnisse etc.

Wir schlagen vor, dass Sie zunächst selbst 15 Fragen formulieren. Achten Sie dabei auf die Fragestellung und welche Erkenntnisse Sie mit der jeweiligen Frage gewinnen wollen. Tauschen Sie sich in Gruppen á 3-5 Schüler*innen über Ihre Fragen aus. Einigen Sie sich auf eine begründete 15er-Liste und stellen Sie diese im Plenum vor.

Information: Was nun aber ist ein Leitfadeninterview?

1. Grundsätzliches

Das Charakteristikum eines Leitfadeninterviews besteht darin, dass vor dem Interview ein Leitfaden mit vorformulierten Fragen oder Themen erarbeitet wird, der der Durchführung des Interviews zugrunde liegt. Der Leitfaden dient auch dazu, eine gewisse Vergleichbarkeit der Ergebnisse verschiedener Einzelinterviews zu sichern.

Im Leitfadeninterview werden keine Antwortmöglichkeiten gegeben, die interviewten Personen können frei berichten, kommentieren und erklären. Der Vorteil dieser Methode liegt darin, dass der Interviewer mittels seines Fragenkatalogs zwar konkrete Fragen stellt, die interviewte Person kann aber offen antworten und das Gespräch eventuell auch auf neue Gesichtspunkte richten und das gesamte Interview erweitern. Der Interviewer hat also die Aufgabe, das Interview durch den Leitfaden zu steuern, die Reihenfolge der Fragestellung ist aber nicht zwingend einzuhalten.

2. Kennzeichen von Leitfadeninterviews

- allgemeine Technik des Fragens mit flexiblem Fragenkatalog als Gerüst zur Datenerhebung und Datenauswertung
- mit offenen, Hypothesen gerichteten und Konfrontationsfragen
- Strukturierung der Interviewinhalte durch Interviewer, induktiv-deduktives Vorgehen
- Vorschläge zum Ausdruck impliziten Wissens machen
- Leitfaden kann im Laufe der Interviews überarbeitet werden und neue Ideen einfließen lassen
- mehr oder minder offen formulierte Fragen in Form eines Leitfadens für die Interviewsituation
- Spielräume bei der konkreten Gestaltung des Interviews – der Interviewer soll im Verlauf des Interviews entscheiden, wann und in welcher Reihenfolge er welche Fragen stellt (ad hoc Entscheidung ob eine Frage schon en passant beantwortet wurde und weggelassen werden kann)
- Interviewer entscheidet im Interview, ob und wann er detaillierter nachfragen muss bzw. ob und wann er bei Abschweifungen des Interviewten zum Leitfaden zurückkehren sollte
- bestimmte vorgegebene Themen sollen im Interview behandelt werden

Das Interview ist gekennzeichnet durch viele Einzelentscheidungen, die nur in der Interviewsituation selbst getroffen werden können. Dies erfordert vom Interviewer einen guten Überblick über das bereits Gesagte und seine Relevanz für die Fragestellung und ein großes Maß an Sensibilität für den konkreten Interviewverlauf und für den Interviewten (situative Kompetenz).

3. Varianten

- das fokussierte Interview (Datenerhebung qualitativ und quantitativ)
- das halbstandardisierte Interview (theoriegeleitete, Hypothesen gerichtete Fragen)
- das diskursive Interview (Mischung aus Informations- und Wissensfragen)
- das problemzentrierte Interview (biographische Daten stehen im Mittelpunkt)
- das Experten-Interview (stark fokussierende Inhalte)
- das ethnographische Interview (beschreibende Fragen)

4. Vorteile

- Der konsequente Einsatz des Leitfadens erhöht die Vergleichbarkeit der Daten.
- Durch die Fragestellungen gewinnen die Daten an Struktur.
- Wir erhalten konkrete Aussagen über einen Gegenstand oder zu einem Thema.
- Bei der Gestaltung des Interviews muss man nicht an einer bestimmten Reihenfolge festhalten, Fragen können beliebig der Interviewsituation angepasst werden.
- Der Leitfaden gilt als eine Art Schutzfunktion für den Interviewer, indem er ihm Orientierung bietet (um nicht vom Thema abzukommen).

5. Nachteile

- Durch den Leitfaden wird eine ständige Frage-Antwort-Situation geschaffen, die wenig förderlich zum Aufbau einer Vertrauenssituation ist.
- Es besteht die Gefahr der Leitfadenbürokratie, d. h., dass der/die Interviewer*in am Leitfaden kleben bleibt.

6. Einsatzgebiet

Leitfadeninterviews liefern kontextbezogene Daten und können so ein oder mehrere Themen ausführlich beleuchten.

Ausführlicher Information finden Sie unter: http://www.qualitative-research.net/index.php/fqs/rt/printerFriendly/1758/3399 (0909.2015; 16:21 Uhr)

3.5 Medien

Einleitung

Die nach dem Jahr 2000 Geborenen sind »Digital Natives«, die mit Smartphone und Computer groß werden und diese als Bestandteil ihres Körpers empfinden. Die Angehörigen der »Generation Z« sind damit digital durchwirkte Persönlichkeiten. Die Nutzung digitaler sozialer Netzwerke wie Facebook und Plattformen wie »Instagram« oder »Snapchat« und »Houseparty« ist absolut selbstverständlich. Andere Kommunikationskanäle versiegen – wie etwa die Zeitung. Über Massenmedien wie Radio, Fernsehen und Internet ist heute eine informationelle Teilhabe an praktisch jedem Lebensbereich möglich. In der » Children's Worlds+« Studie der Bertelsmann Stiftung berichten noch rund 80 Prozent der 8-Jährigen, dass sie ausreichend Zeit für Freundinnen und Freunde haben, während dieser Wert mit zunehmendem Alter sinkt. Obwohl also die Freundesgruppen mit steigendem Alter wichtiger werden, wird Zeit für sie subjektiv gesehen immer weniger. Der Jugendforscher Claus Tully spricht von einer Kommerzialisierung des Jugendalters, die bereits im Kindesalter beginnt und durch Online-Suchverhalten junge Menschen bereits sehr früh zu »cleveren Konsumenten« erzieht. Die Hersteller von Konsumartikeln – vom Kleidungsstück über gemietete Autos bis zur Wohnungsausstattung – machen sich diese Einstellungen zunutze und bemühen sich durch Design und Werbung, Markenartikel zu etablieren, zu denen ihre Kunden eine enge Bindung aufbauen können. In der öffentlichen Debatte wird die Situation der internetgestützten Mediennutzung zwiespältig diskutiert. Offensichtlich ist, dass gestiegene Möglichkeiten der Vernetzung und Information zur Verfügung stehen, die es in dieser Form bisher noch nicht gegeben hat. Informationen über Finanzen, die eigene Gesundheit oder Bildungsinhalte sind so offen verfügbar wie noch nie. Das Gleiche gilt aber auch für Konsum, Selbstinszenierung und die Suchtpotenz digitaler Medien. Die Generation der heute schulpflichtigen Kinder und Jugendlichen verbringt mehr Zeit vor einem Handy-, Tablet- oder Computerbildschirm als in der Schule. Bei der Gerätepräferenz liegt das Smartphone uneinholbar vorne. 75 Prozent der weiblichen und 65 Prozent der männlichen Jugendlichen bevorzugen das Handy. »FoMo« (»Fear of missing out« oder deutsch »Angst, etwas zu verpassen«) ist das Synonym einer zwanghaften Nutzung, die gerade die digitalen Medien mit einem kritischen Beigeschmack versehen. Die bekannteste Kritik an einer expansiven Nutzung digitaler Medien stammt von dem deutschen Neurowissenschaftler und Hirnforscher Manfred Spitzer. Spitzer spricht provokativ von einer »digitalen Demenz«, die durch digitale Vielnutzung vor allem in der nachwachsenden Generation entsteht. Was Spitzer populärwissenschaftlich publiziert, treibt einen Keil zwischen die Generationen. Vor allem die Jüngeren betonen, dass soziale Medien, Messangerdienste & Co die Fähigkeit steigern, über Grenzen hinweg zu denken. Eines ist deutlich: Der Weg zurück in die analoge Welt funktioniert nicht mehr. Müssen wir vielleicht noch lernen, die neuen Techniken so einzusetzen, dass sie unseren Zwecken und Bedürfnissen tatsächlich dienen?

Material

Aufgaben

Zum Einstieg in diesen Themenbereich können Sie sich Ihre Vorstellungen bewusst machen. Sie können dazu die folgenden Fragen zunächst für sich in Einzelarbeit beantworten:

1. Wie nutzen Kinder und Jugendliche digitale Medien in Schule und Freizeit? Gibt es so etwas wie typisches Medienverhalten von Kindern und Jugendlichen? Wenn ja, wie sieht dieses aus?
2. Welche Bedeutung haben digitale Medien für die Persönlichkeitsentwicklung von Kindern und Jugendlichen Ihrer Meinung nach?
3. Welche Vorteile der Nutzung digitaler Medien in der Schule sehen Sie? Gibt es auch Nachteile?
4. Welche Risiken und Chancen sehen Sie für die Persönlichkeitsentwicklung von Kindern und Jugendlichen durch die Nutzung digitaler Medien?

Gehen Sie nach der Phase der Einzelarbeit in den Austausch, in dem Sie Paare bilden. Interviewen Sie sich gegenseitig. Kommen Sie zu einer ersten Bewertung über die Bedeutung digitaler Medien für die Persönlichkeitsentwicklung von Kindern und Jugendlichen.

Stellen Sie Ihre Ergebnisse im Plenum oder in Kleingruppen vor. Welche Fragen ergeben sich für Sie für die weitere Erarbeitung?

M 1 Tiktok
(Florian Güßgen)

Sagt Ihnen der Name Loren Gray etwas? 36 Millionen Follower. Oder Baby Ariel, 30 Millionen Follower. Oder, um in Deutschland zu bleiben, Dalia, 3,3 Millionen? Wissen Sie, was sich hinter dem Hashtag #aroundtheworld verbirgt? Nein, sagt Ihnen alles nichts? Dann fragen Sie mal Ihre Kinder, Enkel, Neffen oder Nichten, vor allem wenn die unter 20 sind. Die zeigen dann diese „Moves“: plötzliche Tanzverrenkungen beim Abendessen, drehen Rhythmen auf im Kinderzimmer, sind megastolz auf ihre Likes. Willkommen in der Welt von Tiktok, der derzeit heißesten Video-App der Welt – made in China.

Das Ding macht Spaß, all die #fails (Pannen), #meme (Kuriositäten) und „Challenges“: die nichts anderes sind als „Wettbewerbe“: Macht doch ein Video! Denn davon lebt das Ganze. Tiktok zeigt Kurzvideos, 15 oder 60 Sekunden lang, einfach und schnell produziert. Die Musik lässt sich fix auswählen, Tiktoks Archiv ist umfangreich, die Rechte geklärt. Dazu kommt eine schnelle Videoaufnahme mit dem Handy. Fertig. Jeder kann so mühelos zum „Creator“ werden: Lippensynchronisation, Karaoke, Tanzen. Liken und geliked werden. Und wenn man Glück hat, erscheinen die eigenen Videos im „Für dich“-Kanal. „Für dich“ – das ist Tiktoks allergrößte Bühne, bespielt von einem Algorithmus nach den persönlichen Vorlieben. Wer es in dieses Automaten-Casting schafft, kann berühmt werden, „Tiktok-famous“. […]

Quelle: Güßgen, Florian (2020): Gute Laune, made in China. In: stern, 02.01.2020, S. 73

Aufgaben

Tiktok ist nur eine der Apps, die von Kindern und Jugendlichen genutzt werden.

1. Sammeln Sie, welche Apps zur Zeit im Umlauf sind.
2. Diskutieren Sie, warum Kinder und Jugendliche diese nutzen.
3. Ergeben sich aus dieser Diskussion weitere Fragen?

Im Folgenden finden Sie Argumente zu unseren Eingangsfragen. Sammeln Sie diese so, dass Sie die angeführten Argumente am Ende für ein pädagogisches Urteil nutzen können.

M 2 Selbstdarstellung von Jugendlichen im Netz
(Niels Brüggen)

„Ich bin halt da so wie ich bin und nicht irgendwie anders.“ (Julia, 15 Jahre)

„Ich bleibe ich, egal wer da ist, egal was man macht.“ (Onur, 14 Jahre)

In den Äußerungen von Julia und Onur wird die enge Verbindung deutlich, die Jugendliche zwischen ihren Selbstdarstellungen auf Internetplattformen und ihrer eigenen Person sehen. Entnommen sind die Zitate einer Studie, die die Bedeutung der Selbstdarstellung von Jugendlichen im Internet für ihre Identitätsarbeit untersuchte (Wagner/Brüggen 2013). Dabei zeigt sich bei Julia, dass ihre Selbstdarstellung durchaus „anders“ ist, da sie online bewusst nur positive Aspekte ihrer Person präsentiert. Und auch bei Onur wurde deutlich, dass – ohne dass es Onur bewusst war – seine Selbstdarstellung durch bestimmte Plattformfunktionen und damit durch den medialen Rahmen verändert wurde. Es ist mithin „nicht egal“, was man online macht, da dies verändern kann, was, wie und womit man für andere sichtbar wird. Damit steht die Frage im Raum, welche Chancen und auch Herausforderungen die Selbstdarstellung von Jugendlichen in Online-Kontexten für ihre Identitätsarbeit und übergreifende Entwicklung mit sich bringen. Dieser Frage wird im Folgenden auf Basis der angesprochenen Studie, weiterer empirischer Befunde und anhand von praktischen Beispielen nachgegangen. Abschließend werden Perspektiven für die pädagogische Arbeit skizziert, die Jugendliche beim Aufwachsen in einer mediatisierten Lebenswelt unterstützen können.

Allgegenwärtige Medienöffentlichkeiten in jugendlichen Lebenswelten

Ein Interesse für die Selbstdarstellungen von Jugendlichen in und mit Medien besteht insbesondere seit mit dem Internet auch Jugendliche eigene Beiträge in mediale Öffentlichkeiten einbringen können. […]

Aktuell haben im Medienhandeln von Jugendlichen insbesondere Dienste ein großes Gewicht, die über Smartphone-Apps genutzt werden können, wie WhatsApp, Snapchat, Instagram aber auch weiterhin facebook (Medienpädagogischer Forschungsverbund Südwest 2016). Diese Dienste sind darauf angelegt, dass die Jugendlichen Bilder mit Texten und Kommentaren und damit präsentative mit dynamischen Formen der Selbstdarstellung verbinden.

Für die Betrachtung von Selbstdarstellungen sind damit nicht allein eingestellte Bilder relevant, sondern auch und insbesondere die sich daran anknüpfenden Interaktionen mit anderen Nutzenden.

Da mittlerweile das Smartphone den zentralen Zugang zum Internet und den entsprechenden Diensten bereitstellt, hat das Fotografieren bzw. Filmen von kurzen Videosequenzen einen zentralen Stellenwert erhalten. So startet die App Snapchat direkt mit der Kamerafunktion, womit deutlich die Aufforderung verbunden ist, die App nicht primär rezeptiv zu nutzen und sich die *Snaps* anderer Nutzenden anzusehen, sondern eigene Beiträge zu produzieren. Eine weitere Besonderheit dieser App ist, dass gesnapte Bilder nach einer bestimmten Zeit wieder gelöscht werden – was den dynamischen Charakter der medialen Selbstdarstellung unterstützt. Diese Entwicklung aufgreifend wird in neueren Studien auch das Bildhandeln bzw. die Kultur der sogenannten „Selfies“ in den Blick genommen. Diese Fotografien sind dabei nicht nur als Einblicke in den Alltag und die Lebenswelten von jungen Menschen zu betrachten. Vielmehr bieten sie übergreifend auch Einblicke (und Ansatzpunkte für die pädagogische Arbeit), wie sich Jugendliche mit ihren Entwicklungsthemen und gesellschaftlichen Anforderungen auseinandersetzen.

Selbstdarstellung Jugendlicher im Internet

Zwei Perspektiven lassen sich grob unterscheiden, wenn Selbstdarstellungen von Jugendlichen (auch im öffentlichen Diskurs) thematisiert werden. Dies ist zum einen der Fokus auf negative Folgen und Problembereiche, die in massenmedialen Veröffentlichungen teils reißerisch dargestellt werden. Dabei geht es bspw. um Online-Selbstdarstellungen als potenzielle Angriffsflächen für Cybermobbing oder problematische Vorbilder. Gerade mit Blick auf den Umgang mit dem eigenen Körper sind Selbstdarstellungen als besonders kritisch zu betrachten, die selbstgefährdendes Handeln propagieren. Ein Beispiel sind sogenannte Pro-Ana-Foren, in denen überwiegend junge Frauen ihre Erkrankung (Anorexie) positiv inszenieren. Solche jugendschutzrelevanten Aspekte stehen allerdings nicht im Fokus dieses Beitrags, da dabei die psychosozialen Bedingungen eine gesonderte Betrachtung erfordern. Anschließend an diese Blickrichtung werden der Schutz von Jugendlichen vor derartigen Einflüssen und die Stärkung von Resilienz gefordert.

Demgegenüber steht der Fokus auf positive Facetten der Selbstdarstellung und damit Bereichen, in denen Jugendlichen über die mediale Selbstdarstellung Entwicklungsmöglichkeiten eröffnet werden, die für sie ohne das Internet nicht verfügbar wären. Hierzu gehört durchaus das Erproben von Persönlichkeitsfacetten, die die Jugendlichen erst entwickeln wollen und für die online ein erweiterter Handlungsraum bereitsteht. Gerade für marginalisierte oder benachteiligte Gruppen können solche medial vermittelten Räume wichtig sein, um Persönlichkeitsfacetten in selbstgewählten sozialen Bezügen zu erkunden (hierzu bspw. Hugger 2014; Tillmann 2017). [...]

Mit einem fünfjährigen Forschungsschwerpunkt wurde am JFF-Institut für Medienpädagogik in Forschung und Praxis mit insgesamt vier Teilprojekten der Frage nachgegangen, wie Jugendliche sich die neuen Möglichkeiten des ‘Mitmachnetzes’ aneignen. Vor dem Hintergrund der zentralen Bewältigungsaufgaben im Jugendalter (sich in der Welt orientieren, soziale Beziehung gestalten, sich mit dem eigenen Selbst auseinandersetzen sowie an der Welt teilhaben) standen in den qualitativ-explorativen Teilstudien insbesondere auch die Selbstdarstellungen von Jugendlichen im Fokus. In einer Analyse von Selbstdarstellungen von Jugendlichen auf der Plattform *facebook.com* wurden dabei die Bereiche „Alltag und Freunde“ sowie „(medienaffine) Interessen“ als Schwerpunkte der Selbstdarstellungen identifiziert. Dabei ergaben sich deutliche geschlechterspezifische Zuordnungen. Bis auf ein Mädchen waren alle Selbstdarstellungen von Mädchen der Schwerpunktsetzung „Alltag und Freunde“ zuzuordnen, wohingegen die Jungen überwiegend ihre persönlichen Interessen in den Fokus ihrer Selbstdarstellung stellten.

Die eingangs zitierten Jugendlichen Julia und Onur stehen beispielhaft für diese beiden Schwerpunkte (Brüggen / Schemmerling 2013, 113 f.):

Julia ist ihre Beziehung zu ihren engen Freundinnen ausgesprochen wichtig und dies spiegelt sich auch in ihrem Umgang mit der Plattform *facebook.com.* So gratuliert sie ihren Freundinnen auch online zum Geburtstag, damit ihre Glückwünsche auch dort sichtbar werden. Sobald sie sich einloggt, überprüft sie ihre Benachrichtigungen, um so über Neuigkeiten aus der erweiterten Peergroup wie z. B. neue Profilbilder und Änderungen des Beziehungsstatus informiert zu sein. Bei Julia wird deutlich, wie neue Posts eine sozialintegrative Funktion übernehmen, da sie einen Anlass für Anschlusskommunikation wie Likes oder Kommentare bieten. Insgesamt ist Julia wichtig, dass sie sich angemessen präsentiert und entsprechend hält sie ihr Profil „sauber". Sie wählt bewusst solche Inhalte aus, die sie in einem positiven Licht zeigen und bei denen sie davon ausgehen kann, dass sie bei anderen keinen Anstoß erregen. Zudem löscht sie ggf. auch Verlinkungen zu ihrer Person, die andere Nutzende erstellt haben.

Onur ist zwar auch die Einbindung in den Freundeskreis wichtig. Für ihn ist *facebook.com* ein großer Jugendtreff, wo er aber zugleich einem inhaltlichen Interesse an lustigen Videos nachgehen kann. So legt er Wert darauf, dass er lustige Videos teilt, bevor sie alle anderen auch posten, um die entsprechende Resonanz mit Kommentaren und Likes zu erhalten. Im Interview betonte er diesbezüglich seine Expertise, mit der er sich vor anderen ausweisen möchte. Um selbst immer auf dem aktuellen Stand zu sein, folgt er verschiedenen Produzenten von Comedy-Videos. Dabei hatte er auch eine facebook-App installiert, über die automatisch neue Videos in seinem Namen gepostet wurden. Ohne sein Zutun und Wissen erschienen so also doch auch solche Videos in seinem Profil, die er eigentlich gerade nicht posten wollte und die gleichzeitig die Idee seiner Selbstdarstellung unterminierten. Die entsprechende Anwendung ist mittlerweile auf *facebook.com* nicht mehr verfügbar. Das Beispiel verdeutlicht aber, dass Jugendliche bei ihrer Selbstdarstellung immer auch auf technische Rahmenbedingungen angewiesen sind, die sie überblicken müssen. [...]

Quelle: Brüggen, N. (2017): Selbstdarstellung von Jugendlichen im Netz. Im Spannungsfeld zwischen Anpassung und Eigensinn. In: Unsere Jugend. 69 (7/8), S. 325–329.

Aufgaben

1. „Ich bin halt da so wie ich bin und nicht irgendwie anders." (Julia, 15 Jahre). „Ich bleibe ich, egal wer da ist, egal was man macht." (Onur, 14 Jahre). Nehmen Sie persönlich Stellung zu diesen Zitaten.
2. Diskutieren Sie, welche Chancen und Herausforderungen die Selbstdarstellung von Jugendlichen in Online-Kontexten für ihre Identitätsarbeit und übergreifende Entwicklung mit sich bringen.
3. Stellen Sie die Ergebnisse des JFF-Instituts für Medienpädagogik dar. Erläutern Sie, welche Perspektiven der Selbstdarstellung Jugendlicher sich hier erkennen lassen.
4. Diskutieren Sie in Kleingruppen, ob Sie sich in diesen Perspektiven wiederfinden. Ergänzen Sie, wenn möglich, weitere Perspektiven, die von der Studie nicht erfasst werden.
5. Haben Sie Lust auf eine eigene kleine Forschung? Sie könnten z. B. die Selbstdarstellungsformen von Jugendlichen in einem sozialen Netzwerk Ihrer Wahl analysieren.

M 3 Der Körper in der privaten Bildpraxis – Das Bildhandeln Jugendlicher

(Niels Brüggen)

Mit dem Fokus auf das Bildhandeln Jugendlicher in Sozialen Netzwerkdiensten hat Reißmann (2015) in einer ebenfalls explorativen Studie den präsentativen Teilbereich der Selbstdarstellungen von Jugendlichen untersucht. Aus der instruktiven Studie sollen an dieser Stelle nur die von ihm herausgearbeiteten Aneignungsfoki im Bildhandeln vorgestellt werden. Mit diesem Begriff bezeichnet Reißmann „sich wiederholende Orientierungen, Erfahrungen, Handlungs- und Interaktionsmuster sowie Diskussionen und Kontroversen" (Reißmann 2015, 201), die er aus seinem empirischen Material herausgearbeitet hat. Er hat also nicht allein Bildmaterial analysiert, sondern auch die Perspektiven von Jugendlichen auf ihr eigenes Bildhandeln sowie auch Diskussionen und Kontroversen in Gruppendiskussionen unter Jugendlichen über das Bildhandeln ausgewertet. So wurden insgesamt sechs Aneignungsfoki aus dem Material abstrahiert: „eine körper- und stilzentrierte Bildpraxis ('Spiegel'), eine freund- und partnerschaftszentrierte Bildpraxis ('Beziehung'), eine szene- und präferenzbezogene Bildpraxis

('Jugend- und Medienkultur'), eine kontaktzentrierte Bildpraxis ('Begegnung'), eine werkzentrierte Bildpraxis ('Kunst'), und eine publikumszentrierte Bildpraxis ('Bühne')" (Reißmann 2015, 201).

Interessant ist an der Studie, dass Reißmann auch Kontroversen über das Bildhandeln von Jugendlichen erfasst hat. So steht beim Aneignungsfokus ‚Spiegel' die Auseinandersetzung mit dem Körper, dem eigenen Aussehen und dem persönlichen Stil im Vordergrund. Eine derartige Selbstthematisierung sieht Reißmann als Default-Modus des Bildhandelns in Sozialen Netzwerkdiensten, wo man sich mit Profilbildern, Steckbriefen und Ähnlichem als Vorbereitung einer Interaktion selbst offenbaren muss. Die Selbstdarstellung ist mithin „als eine notwendige Bedingung kommunikativer Interaktion in translokalen Kommunikationsnetzwerken zu denken" (Reißmann 2015, 203). Bei dieser Selbstdarstellung spiele das 'Gut aussehen' und die wahrgenommene Schönheit eine große Rolle. Dabei sei auch das Zeigen des eigenen Körpers selbstverständlich, gerade Profilbilder werden demnach sorgsam ausgewählt, um einen guten Ersteindruck zu erzeugen. Die darin erkennbare Orientierung an Mainstreamvorstellungen wird von Jugendlichen aber auch in verschiedener Hinsicht gebrochen. So berichtet Reißmann (2015, 206) von Formen der demonstrativen Idealisierung und Überhöhung, die er als theatrale Varianten der Selbstinszenierung interpretiert. Doch auch wenn solche Poserbilder in der Überhöhung sowohl eine Anpassung als auch eine ironische Distanzierung beinhalten können, sind sie doch auf Resonanz und Kommentare ausgerichtet. Eine andere Form des Brechens mit der Anforderung des 'gut Aussehens' beschreibt Reißmann in der Strategie, sich den Blicken zu verweigern bzw. zu entziehen. Teils ist dies aus der Not geboren, da die Jugendlichen noch keine ausreichend schönen Bilder haben, die sie nutzen können. Teils sind es aber offenbar gezielte Strategien der Jugendlichen, den eigenen Körper nicht zu zeigen. Solche Strategien schließen die Nutzung von anonymen Bildern (z. B. von präferierten Medieninhalten oder -stars), Minimalvisualisierungen (nur ein Bild) oder Verdunkelungstaktiken (durch Bildeffekt, Überbelichtungen etc.) ein.

Die an dieser Stelle nur ausschnittartig dargestellten Ergebnisse der Studie untermauern den Hinweis, dass in den Selbstdarstellungen von Jugendlichen eine Mainstreamorientierung zu finden ist. Zugleich beschreibt Reißmann auch Jugendliche, die Strategien der Selbstdarstellung entwickeln, die solche Normierungen aufbrechen.

In ihren Selbstdarstellungen setzen sich Jugendliche mithin nicht nur mit sich und ihren Peers, sondern insbesondere auch mit gesellschaftlichen Anforderungen und Erwartungen auseinander.

„bei glücklichen Selfies hast du deine Ruhe" – Selfies als Gradmesser des Glücks einer Generation?

Mit dem angeführten Zitat als Titel wurde von Kathrin Kürzinger unter Mitarbeit von Sarah Schickell eine explorative Interviewstudie zum Zusammenhang zwischen Glück und Selfies veröffentlicht (Kürzinger 2016). Denn offenkundig sehen Menschen auf vielen Bildern nicht nur gut aus, sondern vielmehr dominieren gerade bei Egobildern solche, die die Fotografierten lächelnd zeigen. Ein Bezugspunkt von Kürzinger ist dabei die Studie Selfiecity (http://selfiecity.net/) von Lev Manovich, der das Glückslevel ganzer Städte anhand des Anteils der lächelnden Menschen auf dort geposteten Selfies ableiten wollte. Die offenkundige Inszenierung von Selfies aufgreifend ging Kürzinger mit einer kleinen Stichprobe von 13 jungen Menschen der Frage nach, welche Verbindungen Jugendliche selbst zwischen Selfies und Glück sehen. Als Selfie wird dabei nur ein Egobild verstanden, das auch mit anderen geteilt oder auf einer Plattform gepostet wurde. Übergreifend ist interessant, dass die Hälfte der befragten Jugendlichen von sich behauptet, keine Bilder zu posten, wenngleich sie Bilder über den Dienst WhatsApp teilen. So oder so werden die Bilder aber Teil einer medialen Selbstdarstellung.

Die Befragten wurden in den Interviews, die über WhatsApp geführt wurden, aufgefordert, drei Selfies auszuwählen, die sie selbst mit Glück verbinden. Die meisten so ausgewählten Bilder zeigen die Person mit anderen Personen aus der Familie, beste Freundinnen oder Partner. Glück in Bezug auf die Selbstdarstellung in Selfies erscheint damit als Gemeinschaftsaspekt (Kürzinger 2016, 107). Des Weiteren werden offenbar Bilder zu Selfies, die erlebte Glücksmomente bewahren, was eine Interviewpartnerin formuliert mit: „ich würde sagen wenn man einen glücklichen moment erlebt hat kann man ihn durch selfies einfach festhalten" (Kürzinger 2016, 108). Bei beiden Aspekten sind deutliche Bezüge zu den oben dargestellten Studien erkennbar.

Eine neue Facette bietet dagegen ein Zitat, das Kürzinger für den Einstieg in ihren Beitrag nutzt und das hier in voller Länge wiedergegeben werden soll. Die WhatsApp-eigene Schreibweise der Interviews wurde beibehalten:

Interviewerin: *Warum denkst du machen die meisten hauptsächlich Selfies, wenn sie glücklich sind?*

Teilnehmer: *aja wer zeigt schon gerne seine schlechte Seite? Wenn interessierts heute schon wirklich ob's einem schlecht geht? Da kommt dann nur geheucheltes Mitleid und das machts nicht besser oder nervige oberflächliche Fragen die einen nur noch mehr aufregen also totschweigen und gute Miene zum schlechten Spiel machen. Bei glücklichen Selfies hast deine Ruhe*" (Interview 011-102-104 m25 in Kürzinger 2016, 103) […]

Quelle: Brüggen, N. (2017): Selbstdarstellung von Jugendlichen im Netz. Im Spannungsfeld zwischen Anpassung und Eigensinn. In: Unsere Jugend. 69 (7/8), S. 329–332.

Aufgaben

1. Erläutern Sie die sechs Aneignungsfoki im Bildhandeln Jugendlicher und finden Sie Beispiele in sozialen Netzwerken.
2. Diskutieren Sie: „*Die an dieser Stelle nur ausschnittartig dargestellten Ergebnisse der Studie untermauern den Hinweis, dass in den Selbstdarstellungen von Jugendlichen eine Mainstreamorientierung zu finden ist*" (Z. 72 ff.)
3. Erörtern Sie, inwieweit das »Bildhandeln« als Bewältigung von lebenslaufspezifischen Anforderungen zu deuten sein kann.
4. Beurteilen Sie die Aussage, dass Selfies Gradmesser des Glücks sind.

M 4 Kid-cool in Neverland: der Verlust der Familien

(Alexander Korritko/Gerald Hüther)

Der übermäßig gewachsene Einfluss der Medien und die Orientierung an den Bedürfnissen des globalen Marktes sind nicht ohne Einfluss auf die Struktur und die Funktion der Familie geblieben. Anstatt die Möglichkeit der Wahl für die eigenen Bedürfnisse zu nutzen, unterwerfen sich mehr und mehr Familien den vom Markt vorgefertigten Strukturen. Der Tagesablauf richtet sich nach dem Fernsehprogramm, die Gestaltung der Zimmer einer Wohnung richtet sich nach den Anschlüssen ans Internet, die gemeinsam verbrachte Zeiten reduzieren sich auf ein Mindestmaß. Abends sitzt jedes Familienmitglied vor seinem elektronischen Medium. […]

In etlichen Familien werden für die Kinder ab frühstem Alter Bildungs- und Freizeitmöglichkeiten so differenziert ausgewählt, dass jedes Familienmitglied einen Terminkalender benötigt, dessen Eintragungen in Bezug auf die Häufigkeit denen eines Managers nicht unähnlich sind. In einer Familie, in der sich die Eltern getrennt hatten, war anscheinend kein Kontakt zwischen dem 4-jährigen Sohn und dem Vater innerhalb der Woche möglich. Neben dem regelmäßigen Besuch des Kindergartens hatte der Sohn von Montag bis Freitag an jedem Nachmittag regelmäßig stattfindende Termine. Sportliche Aktivitäten, Kunsterziehung, musikalische Angebote usw. werden von frühster Kindheit an aus der Familie ausgelagert und in die Hände von SpezialistInnen gegeben. Das Tun und der Erfolg, der natürlich in Zusammenarbeit mit den jeweils besten SpezialistInnen eher ermöglicht wird, werden mancherorts wichtiger als die innerfamiliären Beziehungen. Bei fast allen Angeboten dieser Art findet ein frühes Training zur Anpassung statt. Zu Hause kann geknetet werden, so lange man Lust hat; im Kunstunterricht für 3-Jährige von 4 bis 5 Uhr. Papa kann mit dem Sohn die erste Strophe eines Piraten-Liedes singen, solange beide Spaß daran haben; in der Musikschule bestimmt der Musiklehrer, was wann gesungen wird. Kurz: schon früh gewöhnen sich Kinder an vorgefertigte Strukturen und Abläufe, an vorgefertigte Welten und an nachlassende Kommunikation mit den anderen Familienmitgliedern und FreundInnen.

Hinzu kommt eine Vielzahl von Trennungen und Scheidungen, seit Jahrzehnten in den westlichen Industrienationen auf hohem Niveau, die die betroffenen Kinder und Jugendlichen noch stärker in Anpassungsdruck bringen. Der Kontakt zu Mutter und Vater wird nach Zeitfenstern geregelt, die alle Beteiligten immer wieder neu aushandeln müssen, je nach Schulsituation der Kinder und Berufssituation der Eltern. […]

Die Kinder des 21. Jahrhunderts leben in fragmentierten Kontexten und erleben von frühester Jugend an, dass das Gewebe von Beziehungen zerreißt. Auch die Gespräche über die politischen und sozialen Haltungen der Eltern finden in vielen Familien nicht mehr statt. Auch wenn solche Gespräche früher zu Streit und tiefen Gräben zwischen den Generationen führten, gab es mindestens ein Wissen darüber, woher man kommt, eine historische Dimension der eigenen Existenz. Heute haben sich viele Eltern und Jugendliche so sehr an ihre eigene Geschichtslosigkeit gewöhnt, dass sie sich in einem Leben von Moment zu Moment eingerichtet haben. Die Kids haben ebenso wenig Interesse an der Geschichte der Familie wie an der Geschichte der Menschheit. Und damit entsteht nach Ziehe (2003) auch ein großer Abstand zur kulturellen Überlieferung. Typisch ist z.B. in Shows wie „Wer wird Millionär?“ bei einer Frage nach klassischer Literatur die Antwort:

„Das weiß ich nicht, das war vor meiner Zeit.“ Die Populärkultur reduziert auf Teilwissen und Sonderwissen. [...]

Es ist für viele Kids angstbesetzt, eine eigene, einzigartige Leidenschaft zu entwickeln, die sie von Gleichaltrigen trennen könnte. Sie beobachten permanent die Pop-Kultur: sich richtig anzuziehen, die richtigen Sachen zu besitzen, die richtigen Dinge zu konsumieren wird zum Lebensinhalt. [...]

Quelle: Korittko, A./Hüther, G. (2012): Zwischen selbst gewählter Gleichförmigkeit und vernetzter Identität. Stationen auf dem Weg zur Generation Web 2.0. In: Unsere Jugend. 64 (4). S. 183–185

Aufgaben

„Das Potenzial, das Kinder überall auf dieser Erde und zu allen Zeiten mit auf die Welt bringen, ist erheblich größer als das, was sie in der jeweiligen Lebenswelt, in die sie hineinwachsen, zu entfalten imstande sind“ (Korittko & Hüther).
Nehmen Sie vor dem Hintergrund des Textes begründet Stellung.

M 5 Das authentische Selbst: Yes, we can?
(Alexander Korritko/Gerald Hüther)

So betrachtet, wird das noch so schwierige Verhalten von Jugendlichen verständlich. Was tun sie in der vorgefertigten, wettbewerbsorientierten Welt, um ihr authentisches Selbst zu finden? Sie fordern von ihren verunsicherten Eltern endlos Konsumgüter und alles, was „in“ ist, und zwar mit einer atemberaubenden Selbstverständlichkeit und ohne Selbstbeschränkung. Sie „dissen“ und erniedrigen ohne Vorwarnung und mit wenig Empathie für ihre Wirkung auf andere. [...]

Wenn das authentische Selbsterleben, wie Funk (2003) ausführt, zum Hindernis wird, weil man anpassungsfähig, flexibel, cool, ungebunden, mobil und „immer gut drauf“ sein will, kann man sicher über eine gewisse Zeit die Persönlichkeit darstellen, die für den Weg durch die Konformität zwingend notwendig ist. Wenn aber der Erfolg ausbleibt oder ein Ereignis der normalen Wechselfälle des Lebens, wie z.B. Krankheit, Tod eines Familienmitgliedes, Arbeitslosigkeit usw., eintritt, bricht die äußere Fassade zusammen, und die Folgen werden sichtbar: quälende Langeweile, Depressivität, suchthafte Abhängigkeit von stimulierenden Stoffen oder Tätigkeiten, lähmende Antriebslosigkeit, Ohnmachtsgefühle, Sinnlosigkeits- und Minderwertigkeitsgefühle.

Offenbar sind tatsächlich psychische und psychosomatische Erkrankungen im Vormarsch. Immer mehr Menschen kommen wegen psychischer Störungen ins Krankenhaus. Laut „Barmer GEK Report Krankenhaus 2011“ hat ihre Zahl in den letzten zwanzig Jahren um 129% zugenommen. Der Psychosomatik-Forscher Ulrich Egle (2008) sieht eine Welle von Menschen mit somatoformen Störungen auf die Kliniken zukommen. Vielleicht ist der Preis für den Verlust des authentischen Selbsterlebens die Rebellion des Körpers und der Seele. [...]

Die politischen Bewegungen wie z.B. „Attac“, ein Zusammenschluss von Gegnern der wirtschaftlichen Globalisierung, oder in letzter Zeit wieder stärker in den Vordergrund getretene GegnerInnen von Neo-Nazis sind hoffnungsvolle am Gemeinsinn orientierte Gruppierungen zu erkennen. Nicht ohne Grund wurde der Begriff „Wutbürger“ für die Protestbewegung des Jahres 2010 geprägt. Es sind Jugendliche, junge Erwachsene und ältere „BügerInnen“, die diese Bewegungen tragen. Nach einer Untersuchung sind SchulabgängerInnen 2010 wieder aktiver als ihre unmittelbaren VorgängerInnen. Ein Drittel engagiert sich für mehr als nur individuelle Belange. In den 1970er Jahren wirkte noch die Hälfte aller Schulabgänger bei mindestens einer Veranstaltung für einen gemeinnützigen oder wohltätigen Zweck mit (Trzeniewski/Donnelan 2010).

Quelle: Korittko, A./ Hüther, G. (2012): Zwischen selbst gewählter Gleichförmigkeit und vernetzter Identität. Stationen auf dem Weg zur Generation Web 2.0. In: Unsere Jugend. 64 (4). S. 185–186

Aufgaben

Diskutieren Sie das »authentische Selbst« vor dem Hintergrund des 10. Prinzips des Modells der produktiven Realitätsverarbeitung.

M 6 Web 2.0: Ich bin verbunden, also bin ich
(Alexander Korritko / Gerald Hüther)

Kinder, Jugendliche und junge Erwachsene haben die gleichen Bedürfnisse wie früher: Sie wollen mit anderen Menschen verbunden sein, Spaß haben, eine Zugehörigkeit entwickeln, mit anderen kommunizieren und ein möglichst angenehmes Leben führen. Sie suchen all dieses nur nicht mehr bei ihren Eltern, sondern viel früher durch ihre Beziehung zu Gleichaltrigen. Und sie orientieren sich an den Vorgaben der Medien, des Marktes und an vorstrukturierten Welten, die sich schon bei den Eltern von klein auf kennengelernt haben. [...]

Wer damit begonnen hat, die Möglichkeiten des Cyberspace zu nutzen, und dazu beiträgt, dass mehr und mehr Menschen miteinander kommunizieren und Ideen austauschen, merkt, wie die Haltung der Menschen zueinander in einen Veränderungsprozess gerät. In Nachbarschaften, Dörfern und Städten, in der Politik, in der Kunst, im Gesundheitswesen, in der Geschäftswelt, in Regierungskreisen und in Wohlfahrtsorganisationen – ein Thema zeigt sich immer deutlicher: die wachsende und ungezügelte Kraft des öffentlichen Engagements, die durch digitale Technologie möglich wird. Die politischen Veränderungen in den Nordafrika-Staaten oder die Entlarvung von Dissertationen als wissenschaftlich wertlose Plagiate wären ohne Web 2.0 nicht möglich gewesen.

Heute sind viele von uns Teil eines privaten Netzwerkes, das uns stärker prägt als die Stadt oder die Gemeinde, in der wir leben. Mit unserem 24-Stunden-/7-Tage-Zugang haben wir die Macht in den Händen, wie Schnecken unser Haus permanent mit uns herumzutragen. Die Grenzen zwischen privat und öffentlich, zwischen Arbeit und Freizeit, zwischen Familie und Beruf verschwinden. [...]

EvolutionswissenschaftlerInnen sagen, dass die Kooperation mit anderen in der menschlichen Natur angelegt ist. Die Neurobiologie hat gezeigt, dass sich unsere Gehirne nur in Kooperation mit anderen Gehirnen entwickelt. Menschen brauchen Menschen. Oder: Ich bin verbunden, also bin ich.

Kenneth Gergen stellt in seinem neuen Buch *Relational Being* (2011) fest, dass die Menschen zunehmend mehr Fähigkeiten entwickeln, effektiver miteinander zu kommunizieren. Er meinte vor allem in den Bereichen Jura, Bildung, Psychologie und Konfliktmanagment Anzeichen dafür zu erkennen, dass wir uns von einer individualistischen zu einer sozialen Gesellschaft bewegen.

Das Web 2.0 hat eine neue Welt der Möglichkeiten eröffnet und einen permanenten Gedankenaustausch von Vielen gegenüber Vielen ermöglicht. Und wenn so viele Menschen miteinander in Verbindung stehen, wird es schwerer, zu verbergen, was in unserer Gesellschaft schief läuft. [...]

Doch die Technik hat auch zu Vertrauen zwischen Fremden geführt. Wir haben tatsächlich wenig Hemmungen, mit Fremden online zu kommunizieren oder mit ihnen Handel zu betreiben. Wir benutzen meist unsere richtigen Namen, zeigen uns Bilder oder „twittern“ unsere Meinung und unsere „Lieblings-Links“. Die sozialen Netzwerke führen zu einer digitalen Bewusstseinserweiterung, denn jede E-Mail und jedes „Tweet“ heißt soviel wie: „So fühlt es sich an, der Mensch zu sein, der ich bin.“ Und man sieht sich als jemand, der sich um andere kümmert und mit anderen kooperiert.

Es scheint, als würden wir beginnen, die Begriffe „Nachbar“ und „Freund“ neu zu definieren. Es geht um weltweite Beziehungen, Verbindungen zueinander und um den Austausch von Waren. Über Ebay kaufen und verkaufen wir, über andere Portale nehmen wir an neuartigen Geschäftsmodellen teil (car sharing, couch surfing). Wir werden zu globalen kollaborativen KonsumentInnen.

Es gibt auch Gründe, skeptisch zu sein. Das Online-Universum ist wie eine Großstadt. Jeder kann hier leben und sich austoben: Scharlatane und Verrückte, Verbrecher und verbale „Trolle“, die andere Nutzer beschimpfen und quälen, Hacker und Zerstörer, Verschwörungstheoretiker und Hassprediger. Mit diesen „toxic raiders“ musste die Menschheit von jeher umgehen. Vielleicht befinden wir uns jetzt in einem „Zeitalter des Entweder/Oder“, in dem sich entscheidet, ob wir das immense Potenzial des Internets nutzen können, um für Millionen von Menschen eine dramatische Veränderung zu bewirken und ihnen damit ein besseres Leben zu ermöglichen oder lediglich Konsum von Waren, der unsere Kultur so sehr prägt, zu erweitern. Es wird sich zeigen, ob wir zu passiven KonsumentInnen werden oder das kognitive Plus nutzen, um der Menschheit eine bessere Zukunft zu bereiten. [...]

Nach allem, was wir wissen, geschieht dieser Prozess des sozialen Lernens von früh auf durch zwischenmenschliche Kontakte. Kinder lernen von ihren engsten Bezugspersonen, wie sie in dieser Welt sicher geborgen sind und mutig Neues entdecken können.

Kinder haben in ihrem Bedürfnis nach Verständnis, Unterstützung und Dauerhaftigkeit bestenfalls Kontakt mit Menschen, die ihnen eine Orientierung geben, wie sie nur liebevolle Erwachsene anbieten können, die über Wissen und Erfahrung verfügen. Dazu ist es erforderlich, dass sich die Erwachsenen auf das besinnen, was diesen Kontakt so einzigartig macht: gemeinsam neugierig auf die großen und kleinen Dinge der Welt schauen und sie verstehen lernen. „Shared Attention" nennen das die KommunikationsforscherInnen. Es ist nicht so bedeutsam, das Gehirn auch Gedächtnisleistung zu trainieren, sondern den jungen Menschen im direkten Kontakt miteinander etwas über Zusammenhänge zu lehren und Begeisterung zu vermitteln. Wenn Kinder und Jugendliche die Erfahrung machen, dass sie wachsen und sich entwickeln können und dass dies in körperlicher, seelischer und emotionaler Verbundenheit gegenüber zuverlässigen Bezugspersonen geschieht, können sie individuelle Fähigkeiten und Potenziale entwickeln, die weit außerhalb von Gleichförmigkeit angesiedelt sind.

Quelle: Korittko, A./ Hüther, G. (2012): Zwischen selbst gewählter Gleichförmigkeit und vernetzter Identität. Stationen auf dem Weg zur Generation Web 2.0. In: Unsere Jugend. 64 (4). S. 186–189.

Aufgaben

Teilen Sie die Auffassung der Autoren? Nehmen Sie begründet Stellung.

Nach allem, was wir wissen, geschieht dieser Prozess des sozialen Lernens von früh auf durch zwischenmenschliche Kontakte. (Z. 98 ff)

Erörtern Sie diese Aussage vor dem Hintergrund von Chancen und Risiken im Web 2.0

M 7 Zwischen Schutz und Freiheit
(Nadia Kutscher)

Digitale Medien sind ab dem frühen Kindesalter Teil des Alltags vieler Kinder und Familien. Ein Viertel der 6- bis 13-Jährigen besitzen ein eigenes Smartphone und nutzen Apps – bei den 12- bis 13-Jährigen sind es schon mehr als die Hälfte (55 Prozent; MPFS 2015a). Das Textnachrichten-Programm WhatsApp, Facebook und andere Medien werden von den meisten jungen Menschen genutzt – auch weit unter dem offiziell erlaubten Alter, das bei WhatsApp bei 16 Jahren und bei Facebook bei 13 Jahren liegt (ebd.).

Auch für junge Flüchtlinge haben digitale Medien einen hohen Stellenwert: Sie nutzen sie zur Information, zur Orientierung und für die Teilhabe an der Gesellschaft, etwa indem sie Übersetzungsdienste zum Verstehen der neuen Sprache nutzen, Navigations-Apps zur räumlichen Orientierung und soziale Netzwerke zur Kontaktpflege (Kreß/ Kutscher 2015). Die Kommunikation innerhalb der Familie, aber auch in Institutionen der Kinder- und Jugendhilfe sowie zwischen Fachkräften und Adressatinnen und Adressaten, verlagert sich ebenfalls auf digitale Medien.

Kinder und Jugendliche werden vielfach als »digital natives« bezeichnet, also als Personen, die mit Computern, Internet und Mobiltelefonen groß geworden sind. Mit dieser Benennung wird zumeist verbunden, dass junge Menschen nicht nur technisch kompetent mit digitalen Medien umgehen, sondern auch selbstverständlich und routiniert. Die Debatte um Kindheit und digitale Medien ist jedoch kontrovers. Je nach Position der Diskutierenden zeichnen sie ein unterschiedliches Bild von Kindern als kompetente, als gefährdete oder als zu schützende Nutzerinnen und Nutzer. Und auch digitale Medien werden je nach Standpunkt mit Blick auf die damit verbundenen Gefahren oder Möglichkeiten betrachtet (Kutscher 2013). Wissenschaftliche Studien zeigen, dass Kinder digitale Medien differenziert und kompetent nutzen, ihr Wissen hinsichtlich der Datenverwendung – etwa durch Unternehmen – oder des Umgangs mit ihren eigenen Daten jedoch eingeschränkt ist (DIVSI 2014, Wagner u.a. 2010). Viele Untersuchungen verweisen zudem darauf, dass sich die ungleiche Teilhabe in der Mediensozialisation von Kindern in Familien und Bildungseinrichtungen reproduziert (vgl. überblicksweise Kutscher 2014). [...]

Die Diskussion um die Begleitung von Kindern in der digitalen Gesellschaft bewegt sich zwischen zwei Polen: Junge Menschen sollen befähigt werden, digitale Medien zu nutzen, weil diese in der modernen Gesellschaft ein zentraler Bereich des gesellschaftlichen Lebens sind und damit auch Bildungs- und Teilhabemöglichkeiten beeinflussen. Zum anderen geht es um den Schutz von Kindern in einer digitalen Welt, die globalisiert, monopolisiert und politisch kaum kontrolliert ist. Diese Welt ist laut der Medienwissenschaftlerin Danah Boyd geprägt von der potenziellen Verbreitbarkeit, Durchsuchbarkeit, nachhaltigen Beständigkeit und Sichtbarkeit (Boyd 2013) von Daten. Es finden sich also auch hier die Spannungsfelder, die den Blick auf Kindheit oft kennzeichnen: zwischen Schutz und Autonomie, zwischen Kindern als kompetenten Subjekten und sozialen Akteurinnen und Akteuren einerseits und schutzwürdigen Objekten andererseits (Himmelbach / Schröer 2014, Tillmann / Hugger 2014).

Diese Pole bilden sich ebenfalls in der UN-Kinderrechtskonvention (KRK) ab, die Teilhabe- wie Schutzrechte formuliert. In Artikel 17 wird das Recht auf Zugang zu Medien mit dem Schutz des Wohlergehens von Kindern verbunden. Das Kinderhilfswerk der Vereinten Nationen UNICEF erarbeitete mit 148 Kindern aus 16 Ländern die »Children's Rights in the Digital Age« (»Kinderrechte im digitalen Zeitalter«; Third u.a. 2014). Dabei werden drei Dinge deutlich: erstens, dass Kinder digitale Medien als relevant erachten, zweitens, dass sie beteiligt werden wollen und drittens, dass sie sich eine austarierte Gewichtung zwischen Teilhabe und Schutz wünschen. [...]

In der Systematik des länderübergreifenden Projekts »EU Kids Online« werden die Risiken und Chancen der Internetnutzung mit den Beteiligungsgraden von Kindern und Jugendlichen im Alter von 6 bis 17 Jahren in Beziehung gesetzt (siehe Abbildung 1). Dabei wird deutlich, dass Handlungsmöglichkeiten – die immer ein gewisses Risiko in sich bergen – gleichzeitig die Bedingung für eine gewinnbringende Nutzung von Medien sind.

Kinder sollten vor übergriffigen und gewaltbeinhaltenden Medienerfahrungen wie Mobbing im Internet (»Cybermobbing«) oder dem Versenden erotischer Nachrichten und Fotos (»Sexting«) geschützt werden. Gleichzeitig werfen diese Phänomene grundlegende pädagogische Fragen auf, weil derartige problematische Erfahrungen auch unabhängig von digitalen Medien existieren. Daher scheint das reine Schützen und Vermeiden solcher Erfahrungen zu kurz zu greifen, da es die Option ausschließt, pädagogisch begleitet Erfahrungen zu machen, an ihnen zu wachsen und Kinder zu befähigen, mit unangenehmen Aspekten von Medien umzugehen.

Aber auch manche Schutzpraktiken von Eltern sind fragwürdig: Ist es gerechtfertigt, dass Eltern ihre Kinder mit Smartphones überwachen, um sie vor unangenehmen oder gefährdenden Erfahrungen zu beschützen? Durch sogenannte Tracking-Apps wie »Pocket Nanny« oder »Familonet« können Eltern die Kinder »verfolgen« und mit Apps

		Kind als Rezipient (»Content«)	Kind als Teilnehmer (»Contact«)	Kind als Akteur (»Conduct«)
CHANCEN	**Bildung, Lernen und digitale Kompetenz**	Bildungsressourcen	Kontakt mit Gleichgesinnten	Eigeninitiative oder gemeinsames Lernen
	Teilnahme und soziales Engagement	Allgemeine Informationen	Austausch in Interessengruppen	Konkrete Foren sozialen Engagements
	Kreativität und Selbstdarstellung	Ressourcenvielfalt	Eingeladen/inspiriert werden kreativ zu sein oder mitzumachen	Erstellung von benutzergenerierten Inhalten
	Identität und soziale Beziehungen	Beratung (Persönliches/Gesundheit/Sexualleben usw.)	Soziale Netzwerke, Erfahrungen mit anderen teilen	Ausdruck eigener Identität
RISIKEN	**Kommerziell**	Werbung, Spam, Sponsoring	Verfolgung/Sammlung von persönlichen Informationen	Glücksspiel, illegale Downloads, Hacken
	Aggressiv	Gewaltverherrlichende/grausame/volksverhetzende Inhalte	Mobbing, Belästigung oder Stalking	Andere mobben oder belästigen
	Sexuell	Pornografische/schädliche Inhalte	Treffen mit Fremden, missbräuchliche Annäherungsversuche	Erstellen/Hochladen von pornografischem Material
	Werte	Rassistische/verzerrende Informationen/Ratschläge (z. B. Drogen)	Selbstverletzung, ungewolltes Zureden/Überredung	Ratschläge z. B. zu Selbstmord/Magersucht geben

(Quelle: Livingstone/Haddon 2009, S. 3)

Abb. 1

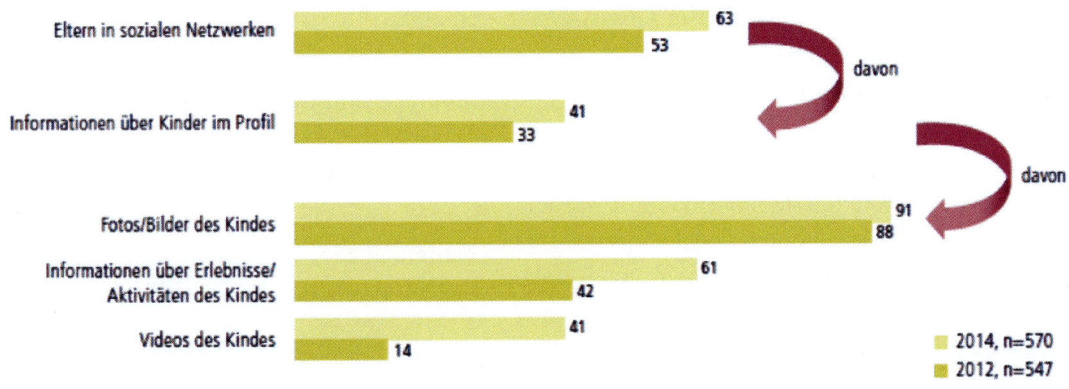

Quelle: Medienpädagogischer Forschungsverbund Südwest (MPFS 2015, S. 30)

Abb. 2 Partizipation von Eltern in sozialen Netzwerken und Informationen, die sie dort über ihre Kinder veröffentlichen (in Prozent)

wie »Mobiflock« oder der »Spy Phone App« auf fast alle Inhalte auf dem Smartphone ihres Kindes zugreifen und viele Funktionen beziehungsweise den Zugriff darauf deaktivieren. Inwiefern achten Eltern dabei das Selbstbestimmungsrecht ihres Kindes? Apps wie »Ignore no more« ermöglichen es Eltern sogar, das Handy ihres Kindes zu sperren, falls es ihnen nicht antwortet. Dadurch verschärft sich der Druck auf die Kinder, jederzeit erreichbar zu sein und Auskunft über Ort und Befinden geben zu müssen.

Doch auch die digitalen Praktiken von Eltern selbst werfen Fragen nach der Achtung der Rechte der Kinder auf: Die »mini-KIM-Studie« des Medienpädagogischen Forschungsverbundes Südwest zum Mediennutzungsverhalten von Zwei- bis Fünfjährigen zeigt, dass viele Eltern auf ihren sozialen Netzwerk-Profilen Informationen über ihre Kinder veröffentlichen – in Form von Fotos, Filmen oder Berichten über den Alltag des Nachwuchses (siehe Abbildung 2).

Die Eltern verletzen dabei das Recht ihrer Kinder auf informationelle Selbstbestimmung, das vom Bundesverfassungsgericht im Jahr 1983 als Bestandteil des allgemeinen Persönlichkeitsrechts formuliert wurde (BMI o. J.). Im Sinne der KRK werden dadurch zwei Artikel verletzt: Artikel 16 (»Kein Kind darf willkürlichen oder rechtswidrigen Eingriffen in sein Privatleben [...] oder seinen Schriftverkehr [...] ausgesetzt werden«) und im übertragenen Sinne auch Artikel 32 (»Schutz vor wirtschaftlicher Ausbeutung« – hier: im übertragenen Sinn durch Datenauswertung).

Daraus lässt sich folgern, dass besonders drei Bereiche digitaler Kinderrechte noch nicht hinreichend berücksichtigt wurden: erstens der Schutz von privaten Daten, zweitens das Recht auf digitale Teilhabe für alle (Zugangs- und Nutzungsmöglichkeit, Recht auf digitale Medienbildung) und drittens die Etablierung von kindgerechten Möglichkeiten der Beteiligung und der Autonomierechte im Kontext digitaler Medien.

Die bisherigen Regelungen zum Schutz von Kindern – wie beispielsweise im Jugendmedienschutz-Staatsvertrag – bilden die Optionen und Risiken digitaler Medien nur unzureichend ab.

Altersbegrenzungen bei Whatsapp, Facebook, der Video-Streaming-Plattform YouNow oder Youtube funktionieren nicht. Im Bereich von E-Books mutet die zeitliche Begrenzung des Online-Verkaufs von nicht jugendfreien Büchern auf die Zeit zwischen 22 und 6 Uhr geradezu hilflos an. Jugendschutzrelevante Inhalte sind ebenfalls schwer zu kontrollieren. Und der Schutz vor der künftigen Nutzung von Daten, die im Kindesalter produziert und durch kommerzielle oder staatliche Akteure gesammelt werden, wird nicht hinreichend umgesetzt.

Ähnliche offene Fragen zeigen sich bei den Freiheits- und Teilhaberechten von Kindern in der digitalen Gesellschaft: Wo können Kinder im digitalen Raum Erfahrungen sammeln – auch mit dem Risiko, schwierige Erfahrungen zu machen? Wie sehr sollen ihre Freiheitsrechte zugunsten ihres

Schutzes beschnitten werden, oder anders formuliert: Welche Freiheiten gesteht die Gesellschaft Kindern zu, welche Möglichkeiten, sich gegen Eingriffe in ihre Autonomie zu wehren? Und welche Instrumente (zum Beispiel einfach verständliche Informationen oder Personen, die ihre Rechte treuhänderisch vertreten) können etabliert werden, die Kinder über die eigenen Rechte informieren und die sie in ihrem Sinne begleiten und – falls erforderlich – schützen? Kinder sollen handlungsfähig sein in einer Gesellschaft, in der sie mit digitalen Medien umgehen müssen und gleichzeitig Verantwortung für ihre Daten übernehmen, wo es kaum möglich ist. Eine stärkere staatliche Kontrolle über Online-Daten (insbesondere minderjähriger) Mitglieder der Gesellschaft ist erforderlich, ruft aber Befürchtungen bezüglich der Kontrolle und Einengung von Handlungsmöglichkeiten hervor.

Die Umsetzung digitaler Kinderrechte benötigt neben der Befähigung von Kindern auch die Aufklärung und Bildung der Erwachsenen – der Eltern ebenso wie der pädagogischen Fachkräfte, die Kinder beim Aufwachsen in der digitalen Gesellschaft begleiten. Dabei spielen die Kinder- und Jugendhilfe sowie die Schulen eine wichtige Rolle – wenn auch notwendigerweise eine unterschiedliche.

Die Gesellschaft braucht in einer globalisierten, ökonomisierten und monopolisierten Welt eine stärkere Steuerung bei der Absicherung der Rechte von Bürgerinnen und Bürgern und insbesondere der Kinder. Ein erster Schritt in diese Richtung wurde durch das Urteil des Europäischen Gerichtshofs vom 6. Oktober 2015 zum »Safe-Harbour-Abkommen« gemacht: Dabei wurde entschieden, dass digitale Daten von EU-Bürgerinnen und -Bürgern besser geschützt werden müssen als bisher. Nun sind die Politik und eine wachsame und informierte Zivilgesellschaft gefragt, um die entsprechenden Rahmenbedingungen zu entwickeln.

Quelle: Kutscher, Nadia (2015): Zwischen Schutz und Freiheit. In: DJI IMPLUSE 3-2015, S. 29–32

Aufgabe

„Kinder nutzen ganz selbstverständlich digitale Medien. Die Debatte, welche Rechte sie dabei haben und wie sie geschützt werden sollten, hinkt der Realität weit hinterher. Und sie wird oft von den falschen Personen geführt“ (Kutscher 2015, S. 290.

»Kinder nutzen digitale Medien kompetent, ihr Wissen über den richtigen Umgang mit den eigenen Daten ist aber eingeschränkt.«

Nehmen Sie aufgrund Ihrer Texterfahrungen begründet Stellung.

Sie haben nun Argumente für Ihre Fragestellungen gesammelt. Sichten Sie gerne weitere Quellen, um Ihre Argumentationsbasis zu erweitern. Nutzen Sie diese, um über die folgende Beobachtung (M8) pädagogisch zu urteilen.

M 8 „Das Spontane, Eigene, Zufällige wird verdrängt“

(Sandra Schulz / Boris Zizek)

Brauchen wir überhaupt noch ein Gedächtnis, wenn unser ganzes Leben im Netz steht? Unbedingt, sagt der Erziehungswissenschaftler Boris Zizek.

Zur Person: Boris Zizek, ist Geschäftsführender Leiter des Instituts für Erziehungswissenschaft der Leibniz Universität Hannover

SPIEGEL ONLINE: Was macht es mit unserem Gedächtnis, wenn wir unsere Eindrücke ständig digital abspeichern – auf WhatsApp, Instagram oder Facebook?

Zizek: Viele Fotos zu machen, eröffnet enorme Möglichkeiten: Ich kann uneingeschränkt Eindrücke sammeln von einem Motiv, das mich interessiert. Und mehr Fotos heißt auch: mehr Irritationsmöglichkeiten. Ich schaue mir Bilder an und denke: „Ach, das war so und so“ oder „Oh, da sieht der aber nicht glücklich aus!“ Digitale Medien schaffen ein großes Potenzial für die bewusste Auseinandersetzung mit dem eigenen Erleben und damit für autobiografische Reflexion.

SPIEGEL ONLINE: Führt diese Fülle von Fotos nicht eher zu einer Überflutung unseres autobiografischen Gedächtnisses?

Zisek: Natürlich gibt es auch die andere Seite: Früher musste man schon beim Fotografieren eine Auswahl treffen, schließlich hatte man ja nur 12, 24 oder 36 Fotos auf der Filmrolle. Heute ist dieser Akt der Selektion aufschiebbar. Deswegen besteht das Risiko, dass die vielen digitalen Bilder, die schon Kinder knipsen, während sie am Zoogehege vorbeieilen, später nicht intensiv betrachtet werden. Die Möglichkeit des Aufschubs entlastet dann von der Erfahrung vor Ort, die immer auch ein wenig anstrengend ist. Und so wird aus der potenziellen Erweiterung der Erfahrung eine Form der Vermeidung.

SPIEGEL ONLINE: Bewahrt dann ein digitales Fotoalbum die Erinnerung genauso gut wie ein Album zum Anfassen?

Zizek: Ein Fotoalbum, auch ein digitales, setzt einen Rahmen – das ist das Entscheidende. Es gibt eine Begrenzung, also muss ich überlegen: Was ist mir wichtig gewesen? Wer muss auf dem Foto zu sehen sein? Welche Fotos spiegeln die Stimmung im Urlaub wider? Erst dann wird aus Protokollen der Wirklichkeit eine Gestaltung der Wirklichkeit.

SPIEGEL ONLINE: Heute gibt es den Druck, Persönliches ins Netz zu stellen, und genaue Leitbilder, wie das auszusehen hat.

Zizek: Ja, ich nenne das einen „autobiografischen Glücks- und Erfolgszwang". Damit meine ich solche Beobachtungen: Drei Mädchen verbringen eine halbe Stunde damit, ein Selfie von ihrem gemeinsamen Spaziergang zu machen. Sie laufen den Weg vor und zurück, bis alle mit dem Foto zufrieden sind. Hier wird das eigentliche Erlebnis getilgt durch das Bestreben, es als besonders gelungen festzuhalten und zu posten.

Es geht nicht mehr darum, gemeinsam Zeit zu verbringen, sondern Erlebnisse für andere zu inszenieren. Vielleicht um sie neidisch zu machen. Schon sehr früh trainieren Kinder heute über digitale Medien und Apps wie TikTok, sich so zu verhalten, wie sie annehmen, dass andere es als erfolgreich und glücklich einschätzen würden. Dabei wird das Spontane, Eigene, Zufällige und auch das Glückliche verdrängt.

SPIEGEL ONLINE: Überlagern die digital gespeicherten Bilder bald unsere eigenen Erinnerungen im Kopf?

Zizek: Das Gedächtnis ist kommunikativ, es wird also immer durch Fotos oder Erzählungen anderer modelliert. Ein Problem sehe ich aber schon in fremdgestalteten Rückblickfilmen. Diese geben Deutungsmuster vor, die über eine relativ neutrale Protokollierung hinausgehen. Dort fließt alles ineinander über, wirkt harmonisch. Doch die Erinnerungen unseres Lebens sollten wir niemandem überlassen. Erstens, weil wir damit wirklich wichtige Dinge bewerten, und zweitens, weil wir das unbedingt selbst tun sollten, und uns nicht davon zu entfremden.

SPIEGEL ONLINE: Verändert sich denn durch die digitalen Medien die Art, wie wir uns unsere Lebensgeschichte erzählen?

Zizek: Dass Sie das eigene Leben als ein zu gestaltendes Projekt wahrnehmen, ja, dass Sie überhaupt wissen, wann es anfängt, ist eine relativ neue Erscheinung. Erst in der Moderne fing man an, stolz hervorzuheben, wann und wo man geboren wurde, und zeigte damit, dass man sich in historische Prozesse einzugliedern vermag. Das Interessante ist: Man würde ja denken, dass diese Selbstverortung zunimmt. Stattdessen ist uns schon vor zehn Jahren aufgefallen, dass Jugendliche zunehmend das Geburtsjahr weglassen, wenn sie von sich erzählen. Es gibt eine Tendenz, sich stärker auf seine Eigenwelt zu fokussieren und das Weltgeschehen auszublenden. Das ist einen Schritt weg von einer anstrengenden Selbstverortung.

Wir stellen eine Art zeitliche Vernebelung fest, die mich davon befreit, mein eigenes Leben einzuordnen und an so etwas wie „Lebenslauf-Erwartungen" zu messen. Wenn ich nicht genau sehe: Okay, in vier Jahren bin ich dreißig, dann müsste ich eigentlich schon dies und jenes erreicht haben – dann entlastet mich das.

SPIEGEL ONLINE: Im Netz steht quasi unsere komplette Vergangenheit – werden wir dadurch auch zur Erinnerung gezwungen?

Zizek: Junge Menschen hinterlassen heute bereits mehr Spuren im öffentlichen Raum als einst in einem ganz anderen Leben. Man kann also vielen Menschen zeigen, wer man sein möchte. Doch es ist eine Herausforderung, dass öffentliche und private Räume nicht mehr so deutlich getrennt erscheinen. Es ist dadurch viel schwieriger geworden, Aspekte von sich hinter sich zu lassen. Früher konnte man notfalls in eine andere Stadt ziehen, um einen Neuanfang zu wagen. Heute ist es nahezu unmöglich, dass etwas vergessen wird.

SPIEGEL ONLINE: Das klingt lähmend.

Zizek: Ja, denn für Lebewesen, die sich ein Leben lang entwickeln, ist es wichtig, dass man etwas hinter sich lassen kann. Man muss Vergangenheit haben dürfen! Es wird künftig also eine neue Form der Souveränität nötig sein, die einen sagen lässt: Ja, ich habe vor zehn Jahren diesen Blödsinn gemacht, aber das war einmal, das bin ich nicht mehr.

Quelle: Schulz, Sandra (2019): Das Spontane, Eigene, Zufällige wird verdrängt. Verfügbar unter https://www.spiegel.de/wissenschaft/mensch/gedaechtnis-und-digitale-medien-das-spontane-eigene-zufaellige-wird-verdraengt-a-1277600.html (06.06.2020; 22:10 Uhr)

Weiterführende Aufgabe (Forschungsprojekt)

Sie haben nun unterschiedliche Standpunkte erarbeitet. Gibt es eine Fragestellung, die Sie gerne selbst einmal nachspüren wollen. Oder interessiert es Sie, wie es sich an Ihrer Schule verhält etc.? Haben Sie eine eigene Hypothese, dann begeben Sie sich doch auf eine kleine Forschungsreise und entwerfen ein Projekt dazu. Führen Sie Interviews, sammeln Sie Daten mithilfe eines Fragebogens, beobachten Sie gezielt. Daten können Ihnen einen anderen Blick verschaffen auf den Gegenstand »Medien/Web 2.0«.

Vorschlag für ein eigenes Projekt

Eine Einrichtung der Kinder- und Jugendhilfe unterhält mehrere Häuser für Mädchen und Jungen ab dem Einschulungsalter sowie Jugendliche aller Altersstufen, deren Sorgeberechtigten Anspruch auf eine Erziehungshilfe gem. § 27 SGB VIII in Verbindung mit §§ 34 ff. haben. Sie arbeiten in einer altersgemischten und koedukativen Wohngruppe mit acht Kindern und Jugendlichen im Alter von 11 bis 17. Derzeit befinden sich vier Mädchen und vier Jungen in der Gruppe. Das Durchschnittsalter der Kinder und Jugendlichen liegt bei 12 Jahren. Der Grund der Aufnahme liegt überwiegend bei einer Überbelastung der Ursprungsfamilien.

Die pädagogische Arbeit ist ressourcen- und lebensweltorientiert, als auch partizipativ ausgerichtet. Ein wichtiger Schwerpunkt der Arbeit ist die Förderung und Unterstützung der persönlichen Entwicklung der Klienten. Hierbei spielt die eigene Identitätsentwicklung mit dem Ziel der Verselbstständigung eine bedeutsame Rolle.

Durch den gemeinsamen Austausch im Team als auch mit der pädagogischen Leitung wurde deutlich, dass es eine Handlungsunsicherheit bezüglich des Umgangs mit Medien im Team gibt. Dieser Eindruck wurde durch den Besuch einer Fortbildungsveranstaltung zum Thema „Identität und Medienwelt“ durch zwei pädagogische Fachkräfte der Einrichtung manifestiert. Das Team fragt sich nun, wie ein tragfähiges Medienkonzept für die eigene Einrichtung aussehen könnte.

4. Pädagogische Urteilsbildung

Sie haben sich nun intensiv mit mindestens einem der fünf angebotenen »fachspezifischen Gegenstände«

1. Diversität und Ungleichheit
2. lebensspezifische Anforderungen und Lebensbewältigung
3. Gender
4. Identität
5. Medien

auseinandergesetzt, indem Sie ausgehend von einer persönlichen Perspektive, fachliche Perspektiven kennengelernt haben. Immer wieder sind Sie dabei angehalten worden, über die dargestellten Konzepte, Modelle und biographischen Schilderungen ein pädagogisches Urteil zu fällen. Ebenso haben wir Ihnen Ideen vorgestellt, wie Sie selbst bezogen auf den jeweiligen Gegenstand forschend lernen können.

Im Folgenden wollen wir einen Schritt weiter gehen und fordern Sie auf, Ihr erworbenes Wissen und Ihre Fähigkeiten und Fertigkeiten anzuwenden, indem Sie nun faktischen Bedingungen, unter denen (sozial-) pädagogisches Handeln stattfindet bzw. stattfinden sollte, erörtern und bewerten. Für Ihre eigene Position ist dabei entscheidend, dass Sie Ihr Urteil über eine Prüfung der Überzeugungskraft alternativen Positionen gegenüber fachlich vertreten können, d. h. dass Sie den Geltungsanspruch Ihres pädagogischen Urteils auf dessen Überzeugungskraft hin prüfen sowie selbst Geltungsansprüche erheben und diesen in einer kontroversen Debatte fachlich begründen. Eine solche Idee eines Pädagogikunterrichts erhebt dabei den Anspruch, dass Sie selbst in der Auseinandersetzung mit der Sache (neue) Einsichten erlangen.

Hinweise zur Urteilsbildung

Zur Urteilsbildung schlagen Edwin Stiller und Heinz Dorlöchter folgende Schrittfolge vor, an der Sie sich orientieren können:

1. Was soll beurteilt werden? Wozu ist Ihre Meinung gefragt? (z. B. Wie ist Ihre Sichtweise der menschlichen Entwicklung?)
2. Wie lautet meine spontane Antwort auf diese Frage? (Spontanurteil)
3. Wenn ich über meine spontanen Äußerungen nachdenke und diese reflektiere, dann fällt mir zur Qualität der Argumentation auf … (Was geht Ihnen durch den Kopf?)
4. Wie kann ich mit dem im Unterricht erworbenen Wissen argumentieren? Habe ich fachliches Wissen zureichend in meiner Argumentation verwendet, ist meine Begründungsstruktur stringent und vertiefend genug? Habe ich die pädagogischen Konsequenzen genügend bedacht?
5. Wie lautet nun mein pädagogisches Urteil? Kann ich dieses aus voller Überzeugung gegenüber anderen vertreten?
6. Ist mein Urteil ein begründetes? Ist mein Urteil auch ein verantwortbares? Bin ich mir über die normativen Grundlagen und Konsequenzen im Klaren?

Zur Prüfung Ihres Urteils können Sie auf folgende Formulierungen achten (Tiefenstruktur einer Begründung):

Note »maximal ausreichend«: Die **Begründung erfolgt in Anlehnung an eigene Beobachtungen / den eigenen Erfahrungen / einfache Vergleichsmuster**. Erkennbar an Formulierungen wie z. B.

- Ich denke / meine etc. …
- Meiner Erfahrung nach …
- Ich habe selbst erlebt …
- Ich habe von anderen gehört …

Note »befriedigend«: **Herstellen eines fachlichen Bezugs** (Theorien/Modelle/Aussagen anerkannter Persönlichkeiten/Empirie. Erkennbar etwa an:

- Nach Aussage von …
- Mit Bezug auf …

Note »gut«: **Vertiefende Begründung** (Menschenbild, Grundannahmen bei der empirischen Vorgehensweise, logische Denkmuster, Analogien, Aussagefähigkeit eines Modells). Erkennbar etwa an:

- Nach der grundsätzlichen Annahme von …
- Im Sinne der Argumentationsstruktur von …

Note »sehr gut«: **Reflexives Fazit**

- Ausgehend von folgenden Annahmen …
- Mit Bezug auf die nach folgendem Muster vollzogene Argumentationsstruktur (linear, kausal, zirkulär) …
- Nach Abwägung …

Hinweis: Die Formulierungen dienen lediglich der Orientierung und sind kein Garant dafür, dass das entsprechende Leistungsniveau erreicht wird.

Als Ausgangspunkt für Ihre Urteilsbildung stellen wir Ihnen zwei Materialien zur Verfügung.

M1 Was ist Professionalisierung und was wird unter ihr verstanden?
(Hilmar Hoffmann)

Im Gegensatz zur Sozialen Arbeit (vgl. Dewe & Otto 2011) kann man im Bereich der frühkindlichen Bildung von einem expliziten theoriebezogenen Umgang mit dem Begriff der Professionalisierung nur schwer sprechen. Insofern handelt es sich in den Veröffentlichungen auch weniger um eine Analyse der Genese und des Entwicklungsverlaufes von Professionalisierungsprozessen, sondern stärker um die Beschreibung und Analyse von bereichsspezifischen Entwicklungen oder Programmatiken, die selbst als Teil eines Professionalisierungsprozesses gesehen werden wie Veröffentlichungen zur Entwicklung domänenspezifischer Programme zur Aus-, Fort- und Weiterbildung (z. B. Thoma, Ofner, Seybel & Tracy 2012). Explizite Beschreibungen und Kontextualisierungen zum Professionalitätsbegriff werden daher eher von anderen Subdisziplinen der Erziehungswissenschaft, wie z. B. der Sozialpädagogik – insbesondere im Kontext von Kinder- und Jugendhilfeforschung – für die Frühpädagogik relevant gemacht. So beschreibt Thole (2008) unterschiedliche Professionalitätsmodelle im Professionalisierungskontext:

- Z. B. an berufsständischen Definitionen geknüpfte indikatorengestützte Modelle: Ein Beispiel für eine solche formale, struktur- und indikatorenorientierte Fassung bildet die Kinder- und Jugendhilfestatistik ab. Sie rekurriert in ihrem Professionalisierungsverständnis auf statusabhängige Indikatoren. Der Professionalisierungsgrad des Feldes wird daher am Grad der Beteiligung von diplomierten Sozialpädagoginnen und -pädagogen, Diplom-Sozialarbeiter/innen und Diplom-Pädagoginnen und Pädagogen gemessen. Akademisierung bezieht zusätzlich Lehrkräfte und sonstige Hochschulabschlüsse mit ein. Der Beruf der staatlich anerkannten Erzieherin ist dort wiederum Teil eines Verfachlichungsgrades, der sich in dieser Perspektive unterhalb der der Professionalisierungsebene (vgl. Autorengruppe 2012, Tab. C4) befindet.
- Z. B. merkmal- oder indikatorenbasierte Modelle anhand festgelegter Kriterien. Sie rekurrieren beispielsweise auf ein dokumentiertes Fachwissen, geregelte Zugangsberechtigung, am Gemeinwohl orientiertes pädagogisches Handeln, das Vorhandensein von Standesorganisationen uvm. (vgl. Combe & Helsper 1996).
- Demgegenüber seien empirisch ausgerichtete Modelle zu zeigen, die Professionalität und ihren Entwicklungsprozess „über die pädagogischen Beziehungen, über die Genese, Konsistenz, Kontinuität und Ausgestaltung der pädagogischen Interaktionen zwischen Professionellen und Kindern" (Thole 2010, S. 211) beschreiben, beispielsweise durch Fallverstehen.

- Letztlich bleiben Modelle, denen „Messbarkeitsorientierte, wirksamkeitsevaluierende respektive qualitätssichernde Prämissen“ (Thole 2010, S. 211) zugrunde liegen, beispielsweise Positionen, die nicht das Fallverstehen als Ausgangspunkt für erfolgreiches Handeln sähen, sondern in einer Planung, die empirisch gesättigte und fachlich ausgewiesene Deutungs- und Handlungsmuster berücksichtige.

Diese Modelle bilden gleichermaßen potentielle Möglichkeiten ab, den Stand der Professionalität zu beschreiben oder zu messen und in Summe von Teilbereichen den Status quo des Professionalisierungsprozesses unter den vorgegebenen Prämissen zu analysieren (vgl. hierzu Thole 2008; 2010 und Vereinigung der Bayrischen Wirtschaft 2012; Autorengruppe Bildungsberichterstattung 2012). Weit weniger betrachtet werden die damit verbundenen individuellen und gesellschaftlichen Aushandlungs- und Markterschließungsstrategien (vgl. Dewe & Otto 2012b, S. 1144). Nimmt man diese Perspektive ein, zeigt sich, dass unterschiedliche Modelle dann gleichzeitig, z. B. im Kontext wissenschaftlicher Beratung von Politik auch mit normativen Schlussfolgerungen über die Entwicklung von Professionalisierungsstrategien verbunden sind, seien sie betont auf Akademisierung als Struktur setzend, seien sie auf domänenspezifische Qualifizierung (z. B. Sprache oder Mint-Fächer in Kompetenzkatalogen) von Personal gerichtet und vieles mehr.

Das heißt, Professionalisierung ist nicht nur in ihrer Abbildung different, sondern ist grundsätzlich auch von Form, Inhalt und strukturellen Folgen beeinflusst – hier nur am Beispiel wissenschaftlicher Modelle beschrieben – von Strategien, die sich im Wettbewerb um die Teilhabe und Partizipation an Forschungsmitteln und/oder zur Durchsetzung von pädagogischen Konzepten und Ideologien befinden.

Ähnliches ließe sich auch über andere Akteure analysieren, ginge man im Kontext von Professionalisierungsforschung weg von einer berufsbezogenen, hin zu einer feldbezogenen Forschung. Gerade hier fehlt es aber im Kontext der Frühpädagogik noch an Untersuchungen, die selbstreflexiv die eigenen Konstitutionsbedingungen der Diskurse und ihrer Folgen für das Feld untersuchen. Mithin: es fehlt an Selbstreflexivität der Wissenschaftsdisziplin selbst.

Geht man zu einer Feldperspektive über, wäre der Kreis dessen, was als Professionalisierungsprozess zu untersuchen wäre, erheblich breiter. Insofern wären für das gesamte Feld der Kindertageseinrichtungen zumindest folgende Felder in den Blick zu nehmen, in denen in Deutschland hierzu fachliches Wissen und Können verhandelt wird (vgl. Tab. 1):

Bereiche der Professionalisierungsprozesse	**Beispiele**
Aus-, Fort- und Weiterbildung	z. B. Universitäten, Hochschulen, Fachschulen/Fachakademien, Berufsfachschulen, Fort- und Weiterbildungsträger
Personal (auf allen Ebenen)	z. B. Hochschullehrer*innen, Fachschullehrer*innen, Berufsfachschullehrer*innen, Erwachsenenbildner*innen, Erzieher*innen, Kinderpfleger*innen
Institution	Tageseinrichtungen für Kinder
Träger	Kommunen, Wohlfahrtsverbände usw.
Weitere gesellschaftliche Steuerungsebenen	Bund, Länder und Gemeinden
Weitere Einflussfaktoren	Fachzeitschriften, Websites, Medien usw.

Löst man sich nämlich von einem reinen Strukturmodell von Professionalisierung und nimmt ein spezifisches notwendiges Wissen hinzu, welches hilft, spezifische Probleme zu lösen (vgl. Rabe-Kleberg 2008, S. 243), dann sind unterschiedliche Fragen zu stellen, z. B. unter anderem

- wie dieses Wissen dem Personal überhaupt fachlich in einer Weise zur Verfügung gestellt wird, die den Ansprüchen der Profession gerecht wird,
- von wem dies angeboten wird,
- wie dieses Wissen zu den normativen Zielen, z. B. gesetzliche Vorgaben passt,
- wie es an die Realität der Strukturen und Rahmenbedingungen des Feldes rückgebunden ist

- und selbstverständlich, wie sich der Einfluss dieses o. g. Wissen zeigt und wie es in
- welche Institutionen übergeht (machtpolitische Perspektive).

Es geht mithin dann eben nicht mehr nur um eine an normativen Kriterien festgelegte Messung des 'Status quo' von Professionalisierung, sondern um die Suche nach Entwicklungspotentialen und hemmenden Faktoren im Feld selbst. Professionalisierung wird dann als relationales Konstrukt deutlich und nicht als formale Beschreibung derselben. [...]

Quelle: Hoffmann, Hilmar (2013): Professionalisierung der frühkindlichen Bildung in Deutschland. In: Stamm, M. & Edelmann, D. Hrsg. (2013): Handbuch frühkindliche Bildungsforschung. Wiesbaden: Springer VS, S. 315–317

Aufgaben

Hoffmann stellt am Ende seiner Ausführungen sechs Fragen (Z. 125 ff). Finden Sie ausgehend von den erarbeiteten Gegenständen (Kap. 3) Antworten auf diese. Beurteilen Sie, über welches Fachwissen und Methoden pädagogische Fachkräfte demnach verfügen sollten. Entscheiden Sie sich dabei zunächst für ein (sozial-) pädagogisches Arbeitsfeld (Kindertagesstätten, Einrichtungen der stationären Jugendhilfe, Schule etc.).

M 2 Zukunftswerkstatt

Kritikphase (K)

K1: Kritiksammlung

Sie haben sich mit einem Schwerpunkt (Medien, Gender, Identität, Ungleichheit oder lebensspezifische Anforderungen) vertieft auseinandergesetzt. Denken Sie sich nun in die Strukturen einer (sozial-) pädagogischen Einrichtung (Einrichtung der Kinder- und Jugendhilfe, Schule etc.) ein. In dieser Phase geht es um eine möglichst präzise und radikale Kritik gegenwärtiger Missstände und ungelöster (sozialer) Verhältnisse. Bezogen auf Ihre Schwerpunktsetzung beantworten Sie nun die folgenden Fragen:

- Was stört Sie?
- Was haben Sie zu kritisieren?
- Was bedrückt Sie?
- Worüber empfinden Sie Wut bzw. Empörung?

Notieren Sie jeden Aspekt in kurzen Stichworten auf einem halben DIN-A4-Bogen mit großer Schrift und legen Sie diese in die Mitte des Raumes.

K2: Systematisierung und Bewertung

Systematisieren Sie Ihre Kritik nach Problembereichen. Bewertung Sie anschließend die erkannten Problembereiche. Dazu erhält jeder Teilnehmer fünf Bewertungspunkte. Verteilen Sie diese je nach Gewichtung auf die Problembereiche. Sie können auch alle fünf Punkte für einen Bereich vergeben.

K3: Thematische Schwerpunkte bilden

K2 liefert sichtbare Problemkreise für alle TN. Fassen Sie im Plenum (in Ihrer Arbeitsgruppe) noch einmal zusammen, was bisher geschehen ist und wo die Gruppe steht.

Entscheiden Sie sich im Plenum bzw. in der Gruppe für einen Problemkreis, mit dem Sie im Folgenden weiterarbeiten möchten.

Fantasiephase (F)

Nun geht es darum, die in der Kritikphase aufgedeckten Probleme, Schwierigkeiten, Ängste, Befürchtungen etc. ins Positive zu wenden. Lassen Sie Ihrer Fantasie freien Lauf. Gehen Sie dabei davon aus, dass Sie alle Macht und alles Geld haben, um Ihre ideale Institution zu schaffen. Greifen Sie dabei auf die Problemschwerpunkte der Kritikphase zurück und wenden Sie diese durch die Einbindung sozialer Fantasie und utopischen Denkens ins Positive.

Auch diese Phase lässt sich in einzelne Schritte untergliedern:

F1: Kritikpunkte positiv umformulieren

Suchen Sie zunächst für jeden Kritikpunkt eine positive Alternative.

F2: Brainstorming

Denken Sie daran: Ihnen stehen alle Mittel und Wege zu Verfügung, um Ihre gewählte „Institution" in Ihrem Sinne zu verändern. Seien Sie fantasievoll. Nehmen Sie keine Rücksicht – auf niemanden. Entwickeln Sie, bezogen auf Ihren Arbeitsschwerpunkt, ganz frei Ihre Ideen einer gelingenden Persönlichkeitsentwicklung.

F3: Systematisierung und Bewertung (Hinweise für den Moderator)

Systematisieren Sie Ihre Problemlösungsvorschläge aus F2. Jede/r Teilnehmer*in erhält fünf

Bewertungspunkte und verteilt diese je nach ihrer/seiner Gewichtung. Auch hier können alle Punkte auf einen Lösungsvorschlag entfallen.

F4: Ausarbeitung und Konkretisierung eines utopischen Entwurfs

Entwerfen Sie so konkret wie möglich eine Projektskizze, wie Sie Ihre Ideen umsetzen können. Überlegen Sie sich eine angemessene und möglichst anschauliche Form der Darstellung.

Verwirklichungsphase (V)

In der dritten Hauptphase sind Sie angehalten, Ihre Zukunftsentwürfe und Fantasien mit den realen Verhältnissen (sozial-) pädagogischer Institutionen zusammenzubringen. Interessant wäre es sicherlich, Ihre Ideen mit erfahrenen Praktiker*innen zu diskutieren sowie Wege und Strategien zu ihrer Durchsetzung zu finden. In dieser Phase kann die bis dahin aufgestaute Kritik wieder voll zum Zuge kommen, ohne Ihre Zukunftsentwürfe gleich wieder zu erdrücken. Nutzen Sie in dieser Phase Ihren Erfindungsreichtum und soziale Fantasie, um möglichst vielfältige, neuartige und erfolgsversprechende Wege zur Verwirklichung einer besseren Zukunft zu finden. Prüfen Sie den Geltungsanspruch der jeweiligen Aussagen. Dabei können Sie wie folgt vorgehen:

V1: Kritische Prüfung der utopischen Entwürfe

Bestimmen Sie eine/n Moderator*in, die/der durch die „kritische Prüfung“ führt. Stellen Sie Ihre Arbeitsergebnisse aus der Fantasiephase den anderen TN und ggf. Vertreter*innen aus der Praxis vor.

Diskutieren Sie, ...

- inwieweit sich Ihre Ideen schon jetzt in Angriff nehmen lassen.
- ob es bereits reale Ansätze in der gewünschten Richtung gibt.
- welche Hindernisse Ihnen entgegenstehen können.
- welche Beharrungskräfte überwunden werden müssen.
- ob es Urteile von Fachleuten, Wissenschaftlern, Politikern über Erfolgschancen gibt.

V2: Entwicklung von Durchsetzungsstrategien

Diskutieren Sie im Plenum, ...

- woran Sie unbedingt festhalten wollen.
- wie vorgegangen und taktiert werden müsste werden, um wenigstens Teile Ihrer Ideen zu retten
- welche politischen und ökonomischen Voraussetzungen notwendig wären
- ob es Bündnispartner, die für eine Unterstützung infrage kommen, gibt
- ob man offen vorgehen oder so lange wie möglich ohne große Publizität arbeiten sollte.

Gehen Sie so, sofern Sie arbeitsteilig vorgegangen sind, jede einzelne Arbeitsgruppe durch.

V3: Planung eines gemeinsamen Projekts bzw. einer Aktion

Diskutieren Sie abschließend die Konsequenzen für die Gestaltung (sozial-) pädagogischer Praxis und kommen Sie zu einer abschließenden Bewertung.

Nachbereitungsphase (N)

Alle Zukunftswerkstätten sollen dazu beitragen, eine bessere Zukunft vorzubereiten. Können Sie sich vorstellen, auf eine Praxiseinrichtung zuzugehen, um Ihre Ideen umzusetzen? Was könnten Hindernisse sein, diesen Schritt zu gehen. Sie merken schon: Eine Zukunftswerkstatt könnte eine weitere nach sich ziehen beziehungsweise eine „weiterführende Werkstattarbeit" initiieren.

Weiterführende Literatur: Dauscher, Ulrich (1998): Moderationsmethode und Zukunftswerkstatt. 2. Auflage. Neuwied: Luchterhand

5. Reflexion des Lernprozesses

Im Folgenden finden Sie eine Reihe von Fragen, die Ihnen helfen können, Ihren Lernprozess nachzuzeichnen und zu reflektieren. Beantworten Sie diese Frage zunächst allein und diskutieren Sie gemeinsam im Kurs, was Ihnen für das weitere Lernen wichtig ist.

Kooperationsfähigkeit

1. Welche Formen der Zusammenarbeit (Kooperation) haben Sie gewählt? Was hat sich in der Zusammenarbeit bewährt? Wo sehen Sie im Hinblick auf die Kooperation bei sich und den anderen Kursteilnehmer*innen Entwicklungsbedarf?
2. Wo sehen Sie im Hinblick auf die Präsentation der Ergebnisse bei sich und den anderen Kursteilnehmer*innen Entwicklungsbedarf?

Methodenkompetenz

3. Welche (Fach-) Methoden haben Sie bei der Erschließung der Texte eingesetzt? Welche am häufigsten?
4. Wie sind Sie bei evtl. zusätzlichen Recherchen vorgegangen?
5. Wo sehen Sie für sich Entwicklungsbedarf im Hinblick auf die (fach-) methodische Arbeit? Wie können Sie dabei vorgehen?

Pädagogische Handlungs- und Urteilskompetenz

6. Inwiefern verändert das neue Wissen Ihre Sicht auf pädagogisches Handeln, auf pädagogische Fachkräfte, Lehrkräfte, aber auch auf Institutionen, in den pädagogisch gehandelt wird?
7. Welchen Wert hat dieses Wissen und Können für Ihre eigene Lebenswelt bzw. (pädagogische) Praxis? Gibt es gegenwärtige Situationen, zu deren Bewältigung sie nützlich sein können?
8. Kann Ihnen das neu erworbene Wissen und Können in Zukunft helfen? Geben Sie ein Beispiel an.

Weiterarbeit im Kurs

Welche ist die dringlichste Frage, die bei Ihnen offengeblieben ist? Welcher Frage möchten Sie im Unterricht noch nachgehen?